国家检察官学院检察实务培训讲义
全国检察机关十大业务系列教材配套用书

民事检察实务
培训讲义

| 第三版 |

MINSHI JIANCHA SHIWU
PEIXUN JIANGYI

主　编◎朱全景　邵世星
副主编◎姜廷松　李天昊

法律出版社
LAW PRESS · CHINA
北京

图书在版编目(CIP)数据

民事检察实务培训讲义 / 朱全景，邵世星主编. --
3版. -- 北京：法律出版社，2022(2023.9 重印)
ISBN 978-7-5197-6744-0

Ⅰ. ①民… Ⅱ. ①朱… ②邵… Ⅲ. ①民事诉讼-检
察制度-研究-中国 Ⅳ. ①D925.104

中国版本图书馆 CIP 数据核字(2022)第 090909 号

民事检察实务培训讲义(第三版)
MINSHI JIANCHA SHIWU PEIXUN
JIANGYI(DI-SAN BAN)

主 编 朱全景 邵世星
副主编 姜廷松 李天昊

策划编辑 薛 晗 赵明霞
责任编辑 赵明霞
装帧设计 汪奇峰

出版发行 法律出版社
编辑统筹 法商出版分社
责任校对 杨锦华
责任印制 胡晓雅
经 销 新华书店

开本 710 毫米×1000 毫米 1/16
印张 13.25 字数 230 千
版本 2022 年 9 月第 3 版
印次 2023 年 9 月第 3 次印刷
印刷 三河市龙大印装有限公司

地址：北京市丰台区莲花池西里 7 号(100073)
网址：www.lawpress.com.cn
投稿邮箱：info@lawpress.com.cn
举报盗版邮箱：jbwq@lawpress.com.cn

销售电话：010-83938349
客服电话：010-83938350
咨询电话：010-63939796

书号：ISBN 978-7-5197-6744-0 定价：76.00 元

凡购买本社图书，如有印装错误，我社负责退换。电话：010-83938349

《检察实务培训讲义》编委会

出版说明

为适应新时代对检察教育培训工作的新要求，通过教育培训推动检察队伍建设迈上新台阶，学院在充分发掘近一年优质师资和课程的基础上，决定编写一套贴近检察实务、满足培训需求的高质量系列讲义和教材。本次出版的检察实务培训讲义即是该系列的重要组成部分，包括《刑事检察实务培训讲义》《民事检察实务培训讲义》《行政检察实务培训讲义》《公益诉讼检察实务培训讲义》《检察官职业道德实务培训讲义》。所收录的专题文章，主要是在学院课堂上备受学员好评的教学成果，还有个别立足办案能极大助力检察人员业务素能提升的特约稿件。现整理结集出版，作为学院教育培训的辅助用书。

本套讲义具有以下突出特点：

第一，理念引领，知识方法并重。方向决定道路，理念事关全局。本套讲义深入贯彻社会主义法治理念教育，强化政治意识、大局意识，把新时代检察工作新理念传导给广大检察人员。不仅强调传授知识、技能，更重要的是传授方法，切实帮助检察人员全面提高业务素质和工作能力。

第二，内容合理，重点难点突出。本套讲义在兼顾体系完整性的前提下，着力突出对办案中重点、难点和疑点问题的研究。同时还关注司法实践和司法改革前沿热点问题，让检察人员了解立法司法的最新情况。力求在内容上直面热点、回应关切、重点突出，不必面面俱到，但要皆为“干货”和“精华”。

第三，面向实战，讲究实用实效。本套讲义的目的重在加强理念引领和提升职业素能，书中的问题均来自实践第一线，解决问题的办法也来自实践第一线，是实实在在理念思维、技能方法的传授。讲义内容主要根据讲课录音整理,尽量保留口语授课通俗易懂、生动活泼的表达特点,力求再现课堂教学的良好效果。

近年来,学院以争创“中国一流的干部学院、世界一流的司法官学院”为目标,下大力气推动教学改革,以培训项目化管理为抓手,全面推行集体备课、教学会商、课程体系完善、教学质量评估等一系列创新举措,积极推动检察教育培训创新,现已初显成效。

我们真诚期盼这套讲义和教材能够在培育检察专业精神和素养方面切实发挥作用,做到既授人以鱼更授人以渔。随着司法改革和检察改革的不断深入,学院将会编写出版更多更好的系列教学科研成果,提供更加优质的教育培训,全面促进检察工作更大发展。

本系列讲义于2019年初版,在编写和修订过程中,恰逢最高人民检察院组织编写了全国检察机关十大业务系列教材,为与之成龙配套,我们特别在体例和内容上做了系统调整。尽管我们力求编写出上品佳作,但由于水平有限,加之时间仓促,难免存在疏漏与不足,诚请读者批评指正。

编委会

目录 contents

以贯彻实施《民法典》为契机，推进检察职能融合发展

冯小光 * 最高人民检察院

目　次

* 冯小光，最高人民检察院检察委员会委员，第六检察厅厅长。

一、"四大检察"融合发展的内涵和意义

2021年1月,张军检察长在第十五次全国检察工作会议(以下简称十五检会议)上提出,"高质量履行监督办案职责,必须努力做到检察职能融合发展。随着经济社会关系更加多元复杂,涉案刑事、民事、行政法律关系往往相互交织。检察履职必须坚持系统思维,统筹考虑刑事、民事、行政法律相关规定,综合运用检察职能,切防机械办案、'自扫门前雪'。各业务部门履职中涉及其他业务部门监督事项的,应征询各处意见、报告院领导协调处理或者移送线索,自觉、充分形成合力"。[①]

(一)检察权及检察职能

检察权,是国家赋予检察机关对国家的宪法、法制的统一、正确执行监督的权力,是国家权力在社会生活中的体现。检察权是检察机关对相对方遵守法律、法规、规章、执行行政命令、决定的情况进行了解、检查、监督和引导的权力。"检察权是一种复合型权力,检察权并不是一种简单的相加,而是一个弹性的概念,在某个时期某个地区可能侧重某种权力的行使。"[②]"检察机关的职能是指一段时期内,检察机关在依法行使检察权的过程中所负有的职责和发挥的作用。从世界范围看,各国检察机关因其在本国政治体制中的法律地位、性质以及法治传统和当下历史任务的不同,其职能各有差异,法律授予的职权也各有差异。"[③]由此看出,检察权权能是法定的,随着国家传统与历史任务不同而存在差异。在我国,人民检察的法定职能是随着党和国家中心任务的发展变化而变化的。

就检察权权能而言,陈光中老师认为,"从宪法层面理解,检察机关行使的一切职能都属于法律监督职能,都是为了维护法制的统一实施,是一种广义的法律监督职能。但如果对检察机关的法定职能作一认真辨析,我们就不难发现,将这种广义的法律监督职能分为追诉职能和狭义法律监督职能是比较科学、合理的。其中,检察机关的公诉和侦察属于追诉职能;而批捕、立案监督、侦查监督、审判监督、执行监督以及对部分司法行政机关活动的监督属于狭义的法律监督职能。这

---

① 《第十五次全国检察工作会议召开 张军出席会议并讲话》,载人民网,http://cpc.people.com.cn/n1/2021/0112/c64094-31997351.html。

② 彭艳华:《我国检察权性质探讨》,载《今日湖北·下旬刊》2013年第8期。

③ 陈光中:《论检察》,中国检察出版社2013年版,第27页。

两大职能，既相互分立、相互矛盾，又相互联系、相互统一”①。

从人民检察发展历程可以看出人民检察法定职能的发展变化。1931 年 11 月，土地革命时期，中央工农检察人民委员部和政治保卫部检察科共同承担检察职能。张闻天在《苏维埃工作的改善与工农检察委员会》一文指出，“工农检察委员必须是党和苏维埃最好的干部，这个干部必须是群众中最有威望的干部，他们应当把全部精力用在工作上，把工农检察委员会的工作作为各部门的榜样和模范”。1939 年 4 月，延安时期，陕甘宁边区政府颁布实施《高等法院组织条例》，将检察职权分为检察长职权和检察员职权。检察员职权分为八类：案件之侦查；案件之裁定；证据之搜集；提起公诉，撰拟公诉书；协助担当自诉；为诉讼当事人或公益代表人；监督判决之执行；在执行任务时，如有必要，得咨询当地军警帮助。检察权可分为四类：侦查权；公诉权；公益诉讼权和协助自诉权；监督判决执行权。1946 年 10 月，边区政府颁布的《陕甘宁边区暂行检察条例》规定的检察职权分为十项：刑事法规内之事项；宪法内所规定人民权利义务，经济财政及选举等之违反事项；行政法规内所定之惩罚事项；一般民事案件内之有关公益事项，如土地租佃、公营事业、婚姻等；实施侦察；提起公诉或提付行政处分；协助自诉；担当自诉；指挥刑事判决之执行；其他法令所定职务之执行。《陕甘宁边区暂行检察条例》与《高等法院组织条例》比较，保留了原有的侦查权、公诉权、公益诉讼权、协助自诉权（并对内容进行细化）；增加了监督权内容，包括违宪行为之监督；违反行政行为之监督。原监督判决之执行，包括刑事判决和民事判决，改变后的规定使检察人员监督民事判决之执行没有了法律依据。1943 年 2 月，边区政府发布的《晋察冀边区法院组织条例》规定，检察官职权为“实施侦查、提起公诉、协助自诉、实行公诉、担当自诉及指挥刑事裁判之执行；其他法令所定职务之执行”。1948 年 1 月，晋冀鲁豫边区设立审检厅，负责“不服二审民事判决而上诉的案件，不再受理一、二审民、刑案件；死刑案件的复审复判；检举和通缉罪犯”。1947 年 6 月，关东行政公署颁布的《关东各级司法机关暂行组织条例草案》规定：关东所有机关、社团，无论公务人员或一般公民，对于法律是否遵守之最高检察权，均由检察官实行之，是最接近检察机关为法律监督机关的定位表述。检察官职责为实施侦查、处分，提起公诉，实行上诉，协助自诉，担当自诉人，指挥刑事裁判之执行和其他法令所定职务之执行。1951 年 9 月，中央人民政府委员会通过的《中央人民政府最高人民检察署暂行组织条例》全面传承《陕甘宁边区暂行检察条例》规定内容，将涉

① 陈光中：《论检察》，中国检察出版社 2013 年版，第 34 页。

及民事检察"对于全国社会和劳动人民利益有关之民事案件及一切行政诉讼,均得代表国家公益参与之"。修订为"代表国家公益参与有劳动人民利益之重要民事案件及行政诉讼"。上述规范性文件在文意内容、表述方式等存在差异,但通过协助自诉,担当自诉,为诉讼当事人或公益代表人,监督判决之执行等监督方式提起民事公诉、在民事诉讼中实施监督、民事执行监督等多元形式履行法律监督职能。目前,经济社会发展及立案登记制改革,法院每年受理的"民商事"案件数量已超3000万件,新类型及疑难复杂案件数量激增,大城市的中级人民法院及中心城区的基层人民法院的民事法官难以应对。为落实中央政法委郭声琨书记提出的"推进加强对民事案件审判的检察监督制度机制建设,对重大案件发挥检察一体化优势,拓宽监督的广度和深度"的工作目标,在制度安排上,需进一步细化检察监督手段、方式,赋予民事检察以"诉中监督"权限并明确民事检察、民事审判、诉权三权间的边缘界限。据此,不同时期的检察职能是随着党和国家工作重心的变化而变化的,始终不变的是为大局服务。

(二)最高人民检察院提出"四大检察"融合发展理念,旨在尊重规律,适应形势发展,更好地为大局服务

2018年,反贪转隶后最高人民检察院(以下简称最高检)机关开展内设机构改革。2019年3月15日,全国人大十三届二次会议最高检工作报告首次提出"四大检察"概念,即"要求检察机关更好发挥人民检察刑事、民事、行政、公益诉讼各项检察职能,为决胜全面建成小康社会提供更高水平的司法保护"。为何在此时提出"四大检察"?此前的2019年2月,张雪樵副检察长提出"四大检察"全面协调充分发展的新理念;2019年10月,最高检领导万春提出,"四大检察"协同共进实现全面协调充分发展,必须整体部署,统筹安排,相互融合,协调共进,而不是顾此失彼,厚此薄彼,壁垒分割,影响法律监督的整体效能。2019年9月,检察理论研究所就"四大检察"召开理论研讨会,中国政法大学樊崇义老师指出,"四大检察"全面协调充分发展,必须坚持法律监督地位不动摇。可以说,"四大检察"的生命线,就是要建立和完善我国的法律监督体系。在"四大检察"的战略布局中,把法律监督职能全面充分地落实在"四大检察"中,必将迎来"检察机关不是没事干,而是干不完"的新局面。2021年3月,全国"两会"上最高检工作报告提出,"全面推进'四大检察',以检察监督维护公平正义""贯彻落实十三届三次会议《关于推进刑事、民事、行政、公益诉讼检察工作全面协调发展》的要求,自觉在促进社会公平正义中担当作为"。据此,可以看出"四大检察"提出的背景是反贪反渎职转隶后，最高检在尊重检察活动规律基础上创新整合检察职能后形成"四大检察""十大业务"，旨在最大限度地统筹发挥检察职能的复合作用，形成监督合力，提升监督效能。

"四大检察"与最高人民法院（以下简称最高法）、司法部相关改革措施可以进行比较。2000 年以后，最高法将传统民事审判、商事审判、知识产权审判、海商海事与涉外商事审判等审判统一纳入大民事格局，分别将原有的民事审判庭、经济审判庭、知识产权审判庭、交通运输审判庭改为民事审判第一庭、第二庭、第三庭、第四庭，旨在提炼凸显平等主体间民事权益纠纷的共性特征，理顺民事审判机制，整合民事审判资源，尊重民事审判活动规律，发挥民事审判组合优势，将平等保护理念作为关键词予以贯彻实施。2002 年，司法部实行国家统一司法考试制度，终止初任法官资格考试、初任检察官资格考试、律师资格考试，变"三考"为"一考"。改革宗旨是，这是我国司法体制改革的一项重大举措，是法律职业资格的统一准入制度，实行这一制度将进一步促进法律从业人员的职业化、同业化和精英化，有利于全面提升包括法官、检察官、律师在内的法律职业的专业素质和标准，促进司法公正和高效；有利于在法律从业人员中形成共同的法律信仰、知识、技能，维护法制的权威和统一；有利于法学教育和法律后备人才的培养和储备，实现法学教育与司法考试的合理衔接。由此看出，法院系统"大民事"格局的形成、"三考"变"一考"的统一司法考试制度改革，与"十大业务""四大检察"内设机构改革有异曲同工之处，旨在整合具有共性的法律资源，以形成"一加一大于二"的组合效应。

（三）"四大检察"融合发展内涵

首先，"四大检察"融合发展，讲的是刑事检察权、行政检察权、民事检察权在权利内涵、权利行使范围，边缘界限清晰明确的前提基础上，立足于各自的检察职能，统筹配合协调，形成化学反应、复合效应，形成检察监督合力。其次，"四大检察"融合发展，并不是刑事检察权、行政检察权、民事检察权三项检察权交叉混用，界限不清，相互代替；也不是几种检察权能简单相加，对监督对象形成威慑力，迫使监督对象屈从；更不是，以刑事自侦权、刑事追诉权做后盾，迫使监督对象对民事、行政监督案件作出支持检察监督的裁判意见。大家都明白，能够依靠行使权力解决问题，可能就不愿用心钻研业务并凭借自身技能去提升检察监督水准，毕竟发号施令行使权力要比依靠业务技能以理服人简单且效能高。《民法典》颁布实施、反贪反渎职转隶等变革，为民事检察重生与创新发展带来新的契机，改变原有的反贪独大的格局,提升民事检察队伍业务水准特别是实体业务水准是重中之重,是摆脱民事检察短板弱项的重要契机。最后,检察机关行使裁判结果监督、执行监督职权与法院独立行使审判权之间是检察监督与独立审判反向制约的关系,民事检察监督应当准确有力,同时注重维护司法权威,维护生效裁判既判力,形成检察监督与独立审判之间的动态平衡。刑事诉讼中,宪法及刑事诉讼法规定:侦查权、检察权、审判权分工负责、相互配合、相互制约。此原则旨在形成分权制约,以最大限度地尊重和保护人权。人民法院内部,实行立审分离、审监分离、审执分离,形成内部的监督制约关系。人民检察院内部,刑罚执行监督部门负责办理刑事自侦案件,而非刑事追诉部门,也是为了避免形成侦查、批捕、起诉、量刑建议"一条龙",在刑事追诉权不同权能间形成监督制约机制。自侦案件共 14 种,包括:非法拘禁罪;非法搜查罪;刑讯逼供罪;暴力取证罪;虐待被监管人罪;私放在押人员罪;滥用职权罪;玩忽职守罪;徇私枉法罪;民事、行政枉法裁判罪;执行判决、裁定失职罪;私放在押人员罪;失职致在押人员逃脱罪;徇私减刑、假释、暂缓执行罪。其中,徇私枉法罪,民事、行政枉法裁判罪,与民事检察直接相关。民事诉讼程序中,客观上达不到犯罪标准的,属于民事检察监督范围;构成犯罪的,应当向检察自侦部门移送犯罪线索。客观上,既有配合,也有制约,民事检察权与自侦权形成协调配合机制,但不宜混用,应当各自权限清晰明确。

(四)"四大检察"融合发展理念提出的现实基础

检察机关是政治性很强的业务机关,也是业务性很强的政治机关,为大局服务是检察机关各个业务部门的第一职责。"四大检察"融合发展,是大势所趋,是完成法定职责、政治使命所必需的。当前,大局是什么?形势如何?2020 年 11 月召开的中央全面依法治国工作会议明确提出习近平法治思想。我国社会主要矛盾转化,人民群众对民主、法治、公平、正义、安全、环境等方面的需要日益增长,过去并非紧迫、难险的问题,现在更鲜明、更突出摆在面前。"四大检察"融合发展为大局服务的工作目标凸显。此外,按照检察业务性质及职能,部分检察业务实行刑事检察、民事检察、行政检察、公益诉讼检察"多合一"模式。现实生活中,发生的纠纷案件存在刑民、行民、行刑、民行等交叉混杂,采用单一检察模式实施法律监督难以达到最佳监督效果,需要综合多种检察职能即关联司法统筹发挥作用,才能取得较好效果。故检察实务亟须"四大检察"融合发展理念引领。未成年人检察、公益诉讼检察、知识产权检察、控告申诉检察等检察业务本身就是刑事、行政、民事检察"多合一"模式。

1. 未成年人检察。“最有利于未成年人原则”贯穿始终，《民法典》许多条款涉及未成年人权益保护。修改后《未成年人保护法》把近年来最高检会同相关部门力推的“强制报告”“入职查询”相关机制以及禁止胁迫、引诱、教唆未成年人参加黑社会性质组织或者从事违法犯罪活动检察政策，以立法形式固定下来，并且要求人民检察院通过行使检察权，对涉及未成年人的诉讼活动等依法进行监督，赋予了检察机关对未成年人保护更重的责任和更高的要求。张军检察长多次要求各级检察机关要把贯彻实施《民法典》与修改后《未成年人保护法》有机贯通衔接，紧密结合持续落实“一号检察建议”，更好地促进未成年人保护综合治理。

《民法典》强化了未成年人权益保障。首先，《民法典》总则编专设“监护”一节，《未成年人保护法》也明确了家庭监护职责、国家监护制度。对于监护侵害、监护缺失致严重损害未成年人身心健康及合法权益的，不仅要依法惩治，还要督促、支持民政部门、有关个人或者组织向法院起诉撤销监护人资格，解决监护照料问题。就此规定，检察机关要立足检察办案，通过检察建议、工作协调机制，督促职能部门落实紧急情况下对未成年人临时生活照料，对事实无人抚养儿童、困境儿童临时监护、长期监护等规定。其次，《民法典》《未成年人保护法》都对未成年人权益遭受侵害司法救济作出具体规定。《民法典》第 191 条明确规定，未成年人遭受性侵害的损害赔偿请求权的诉讼时效期间，自受害人年满 18 周岁之日起计算。《未成年人保护法》第 106 条规定，未成年人合法权益受到侵犯，相关组织和个人未代为提起诉讼的，人民检察院可以督促、支持其提起诉讼；涉及公共利益的，人民检察院有权提起公益诉讼。就落实此规定，检察机关要积极、有效履职，特别是支持遭受性侵害的未成年人依法行使损害赔偿请求权。再次，针对未成年人个人信息保护问题，《民法典》第 1035 条规定，处理个人信息的应“征得该自然人或者其监护人同意”；《未成年人保护法》第 72 条也明确规定：处理不满 14 周岁未成年人个人信息的，应当征得未成年人的父母或者其他监护人同意。当前，利用网络、手机应用程序非法收集、使用未成年人个人信息问题时有发生。检察机关要通过检察建议、公益诉讼等方式积极开展法律监督，推动专项治理。最后，未成年人检察工作还涉及刑事检察、行政检察、民事检察（监护权纠纷、抚养权纠纷等）以及法治进校园、参与未成年人保护立法、参与保护未成年人专项活动等，“四大检察”在未成年人检察工作中深度融合产生化学反应，已经逐步演化形成具有鲜明未成年人检察保护独立特征的检察业务类别。

与未成年人审判工作比较，域外家事法院一般负责审理离婚、子女监护与抚养、领养以及与家庭关系相关事项，如家暴案件中的禁止令等，也审理未成年人犯罪案件。2010 年起,最高法推行家事审判改革,旨在修复破损的婚姻家庭关系,依法保护未成年人、妇女、老年人合法权益,实现未成年人利益最大化,反对家暴等。为此,法庭引进家事调查员、心理辅导师、志愿服务者、法庭内外网格化协作机制等,力求最大限度地修复破损家庭关系,实行恢复性司法,改变坐堂问案、一判了之的局面。

2. 知识产权检察。知识产权案件前沿性、交叉性、专业性问题多,往往同时涉及行政执法、刑事追诉或民事追责,依法妥处、从严保护、标本兼治,必须强化综合司法。最高检专门组建知识产权检察办公室(以下简称知产办),整合刑事、民事、行政检察职能,贯彻综合保护指导思想。首先,知识产权检察工作办公室属于"四大检察"融合发展的典型。涉及侵犯知识产权犯罪包括:假冒注册商标罪;销售假冒注册商标的商品罪;非法制造、销售非法制造的注册商标标识罪;假冒专利罪;侵犯著作权罪;销售侵权的复制品罪;侵犯商业秘密罪等。上述侵犯知识产权刑事犯罪均属于知产办刑检追诉职能。其次,民法典、刑法、专利法、商标法、反不正当竞争法、种子法等法律、法规、司法解释分别从民事、行政、刑事等角度对知识产权保护作出规定,特别是《民法典》对侵犯知识产权作出惩罚性赔偿的规定。《民法典》第 1185 条规定,故意侵害他人知识产权,情节严重的,被侵权人有权请求相应的惩罚性赔偿。整体看,《民法典》侵权责任编适度减轻侵权人应当承担的侵权赔偿责任,但对侵害生态环境、侵犯知识产权作出惩罚性规定,凸显了习近平生态文明思想及知识产权国家战略。最后,2021 年 3 月,最高法出台《关于审理侵害知识产权民事案件适用惩罚性赔偿的解释》。中美贸易谈判涉及知识产权谈判达成协议后修订系列民事、刑事、行政法律、法规、司法解释规定,加大对侵权的处罚力度。据此,一般认为知识产权为准物权,部分知识产权权属设立、变更、终止须参照物权法定原则,即履行国家公权力审批、审核、备案等流程,如版权登记、商标注册、授予专利,商标、专利的初审、复审等,均属行政程序。依上述行政程序作出的决定常常是影响民事案件成败的核心要素,如专利复审委撤销某项专利,专利侵权民事案件中的原告因不享有该项专利权而败诉。所以,因某一知识产权权属或侵权引发的纠纷,常常是民事诉讼与行政复议交叉并行展开,行政诉讼与民事诉讼交叉关联,互为因果。故最高法知识产权审判庭也是"三合一"模式,最高检成立知产办更是"四大检察"融合创新发展的例证。

3. 公益诉讼检察。公益诉讼检察工作包括:行政公益诉讼、民事公益诉讼、刑事附带民事公益诉讼及诉前检察建议程序,应适用民法、行政法、刑法,最高法、最高检司法解释规定,依法对生态环境资源、食品药品安全、英烈荣誉等公共利益予以特别保护。由此可见，公益诉讼检察本身就是“多合一”的检察模式，需要将“四大检察”理念相互融合，统筹发力，引领发展。一般来说，涉及公共事务、公共利益应由行政先导，属政府职责范围的，由政府职能部门处置，或者社会组织、公益组织履职尽责，检察权等司法权在后行使，但因少数公共事务权责不清，个别行政机关怠于履职，公益组织尚不完善等，故当下公益诉讼发挥作用的空间余地很大，特别是通过诉前检察建议化解公益未了事项成本低、效率高，效果好。张军检察长指出，“刑事检察部门在办理生态环境和资源保护、食品药品安全等领域犯罪案件时，就要注意将带有地域性、倾向性、普遍性的涉案问题线索移送公益诉讼检察部门，对有关行政机关是否严格履行了法定职责等进行审查，一体履行检察监督职责”。

二、《民法典》对“四大检察”融合发展的引领作用

习近平总书记主持中央政治局学习《民法典》时讲到，“要加强民事检察工作，加强对司法活动的监督，畅通司法救济渠道，保护公民、法人和其他组织合法权益，坚决防止以刑事案件名义插手民事纠纷、经济纠纷”。[①] 据此，习近平总书记指明了民事检察工作发展的大方向。

（一）《民法典》体系完整、严谨

《民法典》的体系结构由外在的制度体系结构与内在的价值体系结构组成。首先，外在价值体系结构，为总分结构，总则是法典中枢神经，指挥分则，是分则的概括与升华。《民法典》的主线为权利，即权利贯彻始终。总则包括：权利主体、权利类型、权利行使方式等。分编逻辑关系为：以权利为中心依次展开；物权编，保护所有权；合同编，保护债权；人格权编，保护公民人身权与人格尊严；婚姻家庭编，权利主体在婚姻家庭中的权利义务；继承编，权利主体享有的继承权；权利救济法（侵权责任编）。其次，1986 年 4 月颁布实施的《民法通则》第 2 条规定，民法调整平等主体的公民之间、法人之间、公民和法人之间的财产关系和人身关系。《民法典》第 2 条规定，民法调整平等主体的自然人、法人、非法人组织之间的人身关系和财产关系。人格权独立成编体现出物质建设发展到一定程度人们更加重视人身权与人格尊严，凸显宪法尊重与保护人权理念。最后，“法典在手，办案无忧”。我国 250 多部单行法律，多为民商事法律规范。统一适用《民法典》，有助

---

① 习近平：《充分认识颁布实施民法典重大意义，依法更好保障人民合法权益》，载《求是》2020 年第 12 期。

于统一法律适用。《民法典》凸显公开、透明的立法理念。法律关系主体、客体、权利义务都须明确具体。

内在价值体系结构包括法律思想、法律思维与法律意识、法律技术规范。

1. 法律思想。法律思想是指导法律制定并实施的根本的、内在的、体系化的指导思想。古罗马查士丁尼民法大全旨在维系并稳定庞大的罗马帝国统治,核心内容是私有财产神圣不可侵犯。在等级身份制的奴隶社会,奴隶不是法律意义上的人,而是财产所有权的客体。资产阶级人文主义革命后,新兴资产阶级制定了各种版本民法典,旨在维护具有阶级属性的资本的利益。与之相比,我国《民法典》是一部具有中国特色、体现时代特点、反映人民意志的法典,能够以法治方式推进国家治理体系与治理能力现代化,更好地发挥法治固根本、稳预期、利长远的保障作用。《民法典立法草案说明》指出,完善民商事领域基本法律制度和行为规则,为各类民商事活动提供基本遵循,有利于充分调动民事主体的积极性和创造性、维护交易安全、维护市场秩序,有利于营造各种所有制主体依法平等使用资源要素、公开公平公正参与竞争、同等受到法律保护的市场环境,推动经济高质量发展。物权编,旨在完善产权保护制度、健全归属清晰、权责明确、保护严格、流转顺畅的现代产权制度;合同编,旨在维护契约、平等交换、公平竞争,促进商品和要素自由流动,完善合同制度等。社会主义核心价值观被写入《民法典》第 1 条,体现了依法治国与以德治国相结合的鲜明的中国特色。为贯彻习近平生态文明思想,《民法典》第 1232 条、第 1234 条、第 1235 条规定了生态环境损害的惩罚性赔偿制度。

据此,《民法典》蕴含深刻法理和法律精神,与党和国家大政方针,村规民约、善良风俗等朴素正义观保持一致;既有一般规定,又有除外条款,体现了辩证法。《民法典》外在的制度体系结构与内在的价值体系结构形成完整、严谨组成,构成内外结合、相互融合的统一整体一并发挥规制经济社会生活的法制保障作用。

2. 法律思维与法律意识。现实生活中,宗教界人士讲悟性,作家讲灵感,音乐家讲乐感,语言大师讲语感,开车司机讲车感,打仗讲究战略与战术配合,足球运动员讲“无球跑动”的意识,心灵手巧的能工巧匠可以修炼到庖丁解牛的境界,法律人讲的是法律思维和法律意识。法律思维与法律意识本质就是以法治方式思考问题、解决问题,是一种规范性的职业思维,是法律职业群体特有的思维,是法律职业共同体日常工作所必须掌握的技巧和本领,是站在人性恶的立场上思考一切行为的思维方式。

3. 法律技术规范。《民法典》涉及的法律技术规范商事规则与民事规则。

《民法典》实行“民商合一”，国家没有商法典单独立法规划，《民法典》就调整民事活动与规制商事活动制定了不同规则。例如，《民法典》第 933 条规定，委托人或者受托人可以随时解除合同。因解除合同造成对方损失的，除不可归责于该当事人的事由外，无偿委托的解除方应当赔偿因解除时间不当造成的直接损失；有偿委托合同的解除方应当赔偿对方的直接损失和合同履行后可以获得的利益。无偿委托为民事活动，有偿委托（销售代理、包销）属于商事活动；适用的规则分别为：“赔偿因解除时间不当造成的直接损失”与“赔偿对方的直接损失和合同履行后可以获得的利益”。所以，尽管“民商合一”，但民事与商事仍应适用不同规则。

民法、经济法、社会法应适用不同的法律规范。经济法是指“国家为了克服市场失灵而制定的调整需要由国家干预的具有全局性和社会公共性的经济关系的法律规范的总称”①。社会法是指“规范劳动关系、社会保障、特殊群体权益保障、社会组织等方面的法律规范的总和”②。社会法包括：劳动关系、劳动保障与社会保障、安全生产、就业促进、残疾人保障、老年人保障、妇女权益保护、个人信息保护等。民法、经济法、社会法均属民法范畴，但属不同法域，有自己特点和规律，同时规定在《民法典》中适用不同规则。例如，民间借贷与金融借款，同属借款合同，但分属不同法域，特点、规律不同，适用法律规范也不同。金融借款是民事主体向商业银行借款，受中央银行法、商业银行法、银行监管法等法律规制，央行有权运用货币政策工具对金融市场调控，属经济法范畴。经济法强调公权力对金融市场实施适度干预，维护金融市场公平竞争秩序，维护国家金融安全等公共利益。民间借贷属传统民法，与金融借款分属不同法域，特点、规律不同，适用的法律规范不同。

（二）《民法典》体系化思维为“四大检察”“十大业务”发展带来的启迪

如上所述，《民法典》体系结构完整、严谨，包括外在的制度体系结构与内在的价值体系结构。2018 年反贪反渎职分立后，形成“四大检察”“十大业务”新格局，本质是对检察权中的不同职能按体系结构作出合理划分。首先，刑检业务划分为职务犯罪检察、重罪检察、经济犯罪检察、普通刑事犯罪检察，既凸显专业检察特色，也要由普通刑事犯罪检察兜底，体现特殊与一般的辩证关系。检察自侦业务不宜与刑检追诉业务组合成一个部门，否则，形成自侦自诉格局，不利于监督制约。故将检察自侦业务与刑罚执行监督业务组成一个独立机构，性质上有别于

---

① 李昌麒主编：《经济法学》，法律出版社 2008 年版，第 53 页。

② 李飞：《立法法与全国人大常委会的立法工作》，载《光明日报》2008 年 5 月 26 日，第 9 版。

其他刑检部门。将原民事行政检察分立为民事检察、行政检察、公益诉讼检察、知识产权检察、未成年人检察民事等,强化并丰富检察职能,凸显检察专业化发展趋势,适应检察监督对象的业务变化。其次,从业务类别看,"十大业务"与法院民商事、刑事、行政、环境资源、知识产权等审判业务基本对应。"十大业务"的追诉业务,分别与监委自侦案件,与公安侦查的危害国家安全犯罪、经济类犯罪、破坏金融秩序犯罪、金融诈骗类犯罪、危害公共安全、侵犯公民人身权利民主权利、扰乱社会秩序、妨害司法秩序犯罪、渎职犯罪等侦查业务相对应。总之,内设机构改革后的"四大检察""十大业务",按司法活动根本属性及活动规律,实施精准分类,与法定协作执法部门或者监督对象的业务类别基本对应,有利于实施精准监督。再次,理念上看,"四大检察""十大业务"之所以能够组合到一起统筹形成监督合力,共同发力,是因为同属检察权不同权能,有着共同的执法理念。《民法典》亦是如此。"民法与国家其他领域法律规范一起,支撑着国家制度和国家治理体系,是保证国家制度和国家治理体系正常有效运行的基础性法律规范。"① 《民法典》坚持依法治国与以德治国相结合,注重社会主义核心价值观融入民事法律规范,大力弘扬传统美德和社会公德,强化规则意识,倡导契约精神,维护公序良俗等价值理念。民事检察应当培育、养成权力监督与权利救济相结合的民事检察思维,确立法定性与必要性相结合的民事检察监督标准。民事诉讼监督不仅监督审判权,也是当事人权利救济的重要途径;不仅要考虑是否符合监督的法定条件,还要考虑监督的必要性,选择合适的监督方式。民事检察理念与民法典蕴含的法律精神是一致的,是包括民事检察在内的司法实践的总结与升华,《民法典》又为司法实践提供了法律遵循。最后,随着经济社会发展,法治进步,重大刑事犯罪显著减少,适用轻刑、缓刑的被告人占比高,以刑罚威慑并引导社会行为为主,化解社会矛盾的主要手段是民事、行政、民间自治等方式。《民法典》给刑法带来的影响包括:民事责任优先原则;民法是刑法的前置法,民法意义上的合法行为不能被认定为刑法意义的犯罪行为;刑法的谦抑就意味民法的扩张,民法的谦抑就意味着当事人意思自治领域扩张,更多的民事事项由当事人自主协商或者民间自治组织调停解决;民法与刑法并非无缝衔接,并非离开民法调整范围即进入刑法调整范围,而是民法与刑法之间存在灰白地带,应由民法、行政法等法律规范调整。"司法机关应尊重国家权力机关之间的权限划分,尊重立法及行政机关的权限及其行使,严格恪守自身的权限和定位,不能主动对社会生活进行干预,不能

① 王晨:《编纂民法典是推进国家治理体系和治理能力现代化的重大举措》,载中国新闻网,https://www.chinanews.com.cn/gn/2020/05-22/9191754.shtml。

任意扩权主管、管辖的范围。”①面对新形势，最高检提出认罪认罚认赔从宽、少捕慎诉慎押等刑事政策，彰显刑罚的谦抑，体现刑事政策与时俱进，符合经济社会发展规律。

（三）《民法典》体系化思维方式对检察融合的影响

民法典中的“典”是指基本法律制度规范。《民法典》价值理念统一，带来了体系化思维方式。据王利明老师统计，《民法典》中有 49 个条文属转致性条款、管道性条款或称为影子条款。例如，《民法典》第 1113 条规定，有本法第一编关于民事法律行为无效规定情形或者违反本编规定的收养行为无效。无效的收养行为自始没有法律约束力。此条文将第一编总则与第五编婚姻家庭编贯通运用。又如，《民法典》关于信息权保护的规定。《民法典》总则第 111 条规定，自然人的个人信息受法律保护；第 127 条规定，法律对数据、网络虚拟财产的保护有规定的，依照法律规定。《民法典》第四编第六章人格权编第 1030 条规定，民事主体与征信机构等信用信息处理者之间的关系，适用个人信息保护的规定。第 1034 条第 1 款规定，自然人的个人信息受法律保护。个人信息中的私密信息，适用有关隐私权的规定；没有规定的，适用有关个人信息保护的规定等。《民法典》第七编侵权编第 1194 条至第 1197 条规定，专门规定包括侵犯个人信息在内的网络侵权的民事责任。据此，《民法典》有关个人信息和隐私权规定，从定义开始，到个人信息处理原则、条件和免责事由，再到个人信息主体的权利和与之对应的信息处理者的信息安全保障义务，和公权力机关及其工作人员的保密义务，环环相扣，思路清晰，勾勒出一个完整的个人信息制度框架轮廓。除《民法典》之外，国家还颁布实施了《个人信息保护法》《数据安全法》《消费者权益保护法》《关于加强网络信息保护的决定》《App 违法违规收集使用个人信息行为认定办法》《常见类型移动互联网应用程序必要个人信息范围规定》《国务院社会信用体系建设规划纲要（2014 年－2020 年）》等，形成以《民法典》为基础的个人信息保护法律体系。《民法典》的贯穿性、基础性作用十分重要，《民法典》产生了体系化效应，以便达到统一法律适用及公正高效审理案件的目的。《民法典》颁布实施对民事、行政、刑事三大诉讼法及相应的实体法产生深刻影响，民法典典籍编纂的体例与民法典的贯穿性、基础性作用产生溢出效应，对规制司法权特别是自由裁量权、行政执法、弱势群体保护等均产生深刻影响。例如，《民法典》第 128 条规定，法律对未成年人、

---

① 范愉、彭小龙、黄娟编著：《司法制度概论》，中国人民大学出版社 2016 年版，第 6 页。

老年人、残疾人、妇女、消费者等的民事权利保护有特别规定的,依照其规定。《民法典》既帮助法官提供找法便利,又限缩法官自由裁量权,对行政权、司法权产生深刻影响。

《民法典》提供了典籍编纂的体系化法典范本。民事检察依托《民法典》带来的体系化思维方式,借鉴学习刑事检察体系化的监督理念,力求形成监督有力的民事检察新理念。

首先,《民事诉讼法》第 14 条规定,人民检察院有权对民事诉讼实行法律监督。《刑事诉讼法》第 8 条规定,人民检察院依法对刑事诉讼实行法律监督。两部诉讼法就检察监督原则的规定并无差异,但对监督手段、监督措施等的具体规定差异巨大。刑事检察权包含 14 类刑事案件自侦权,决定逮捕权,审查起诉权,量刑建议权(求刑权);审判和刑罚执行监督权等。刑事检察监督涵盖刑事诉讼流程中的立案,一审、二审、再审、死刑复核程序,刑罚执行等。此外,检察机关享有认罪认罚从宽制度主导权;享有诉讼程序中的调查核实权。刑事检察权内涵丰富,有能力对刑事诉讼实行全流程、立体式、无死角的全方位检察监督,在刑事诉讼不同阶段享有的不同权能,相互借力、相互补漏,构建成为一组完整的监督权体系,形成"一加一大于二"的组合效应。国家之所以要配强刑事检察权,旨在实现审判权、检察权、侦查权之间分工负责、互相配合、互相制约的宪法定位,以保证准确有效的执行刑事法律,尊重和保障人权。

其次,民事检察监督权限及实际效果远不及刑事检察监督。《民法典》本身就是以典籍方式自成体系、相互衔接、有机联系的宝典,民事检察必须吸收、借鉴《民法典》,还要学习刑事检察"捕诉一体化""认罪认罚认赔从宽制度""在监督中办案、在办案中监督"等体系化思维方式,补齐民事检察短板。民事检察监督主要包括:裁判结果监督、执行监督、审判人员违法监督和执行监督;监督方式主要是抗诉、检察建议。从三者关系看,民事案件裁判质量对强制执行产生直接影响,判项不明确、存在错误的,当然造成执行难;审判人员违法线索,多源于裁判结果监督案件;虚假诉讼等违法行为,也多源于裁判结果监督案件或执行监督案件。因"以上抗下"等制度安排原因,案件数量呈倒三角型,多数案件集中在最高检、省级检察院;因一般由一审负责执行,执行监督方式为检察建议,执行监督案件主要集中在基层人民检察院。故民事检察监督应统筹发挥三种监督方式的组合效应,统筹条线四级民事检察力量,充分发挥不同层级检察机关的各自优势,相互衔接,相互配合,在现有资源基础上取得最佳监督效果。但总体看,法定监督仅包含以上三种方式,监督范围相对较窄,监督方式、手段相对单一,统筹协调运用形成复合监督效应的空间余地有限，这也是制约民事检察尚不能实现对民事诉讼全程有效监督的重要客观因素。

《民法典》体系化思维方式不仅包括《民法典》不同编章、不同条文之间形成逻辑完整的体系化，还应包括《民法典》与各单行立法之间的统筹协调、内在联系、共同配合。民事检察如何实现对民事审判权、裁判执行权的有效监督呢？业务信息共享是一条好路径，能够加强与民事审判信息共享机制建设，强化民事检察监督质量和效果，可以解决监督信息滞后、监督信息不足的短板，以实现《民事诉讼法》规定的对民事诉讼全流程实施检察监督的立法意图。最高检早在2011年召开的全国民事行政检察第二次会议就提出，坚持以执法办案为中心，发挥监督方式、监督手段多元化，注重各种监督方式和手段的综合运用，增强监督的实效性和针对性，推动民事诉讼多元化监督格局的形成。中央政法委郭声琨书记在2019年7月召开的政法领域全面深化改革推进会上强调，“强化检察机关法律监督。改变重刑轻民的法律监督格局。加快推进全国跨部门大数据办案平台建设，实现办案系统互联互通、业务协同，有效解决检察机关获取监督信息渠道不畅的问题。推进加强对民事案件审判的检察监督制度机制建设，对重大案件发挥检察一体化优势，拓宽监督的广度和深度”。[①] 充分了解是有效监督的前提和基础，只有充分及时获取监督信息，才能实现有效及时的检察监督。民事诉讼程序中立案、审判到执行的全流程信息均应与检察机关同步适时共享，才能筛出个案或者类案存在缺陷的监督信息；否则，通过办案自行发现、当事人或者代理人反映、公众信访等形式，必然存在监督信息量小、信息相对滞后、信息内容不完整等先天缺陷。如何对民事案件实行更加有效监督呢？实时同步获取民事审判运行态势相关信息是其关键环节，通过大数据分析，就上诉、申请再审、申请检察监督的比例或二审发回重审、改判比例等基础性数据进行量化比对分析，找出导致某类案件裁判质量不高的共性原因，进而确定实施类案监督的重点。只有这样，才能实现通过对一件典型案件的抗诉以实现对某一类案件的精准监督。

最后，针对民事检察收案分布典型的“倒三角”，要健全检察一体化工作机制，省级人民检察院和市级人民检察院要以生效裁判结果监督为重点，基层人民检察院则要以审判人员违法行为监督和执行监督为重点，形成分工负责、各有侧重的工作格局。民事检察业务中裁判结果监督、执行监督与司法人员违法行为监督、查处虚假诉讼等性质上是存在很大差异的。裁判结果监督、执行监督属性很

---

① 李万祥：《聚焦政法领域全面深化改革：破难题解新题谱新篇》，载《经济日报》2019年7月28日，第8版。

大程度上讲是私权救济,如民间借贷纠纷、施工合同纠纷、劳动争议、房地产纠纷等案件属私权争议,就个案而言,与社会公共利益关联不大,从检察监督视角审视前端至少经历一审、二审、申请再审程序的民事案件是否符合法定再审条件,主要功能是私权救济。司法人员实施违法行为、虚假诉讼等违法行为损害特定民事主体的民事权益,如原被告恶意串通虚构争议事实、伪造借据提起诉讼意图让无辜案外人承担还款责任的虚假诉讼,当然会损害无辜案外人权益;但虚假诉讼更多的是妨害民事诉讼,侵害国家司法权的公信力,毒化社会风气,在性质上与裁判结果监督、执行监督不同,检察机关应当主动出击、积极作为、实施跟进监督等监督手段,直至纠正违法行为。所以,最高检提出,要养成权力监督与权利救济相结合的民事检察思维,确立法定性与必要性相结合的民事检察监督标准。

《民法典》对行政法以及行政检察亦会产生影响。《民法典》也是行政机关行使公权的根本遵循,《民法典》扩张私权,必然限缩公权,为公权行使划定界限。首先,习近平总书记在中央政治局集体学习时指出,各级政府不得违背法律法规随意作出减损公民、法人和其他组织合法权益或增加其义务的决定。据此,办理行政诉讼监督案件,不仅要对行政诉讼本身进行审查,还要以《民法典》为标尺,从行政行为的程序、依据等方面对行政行为合法性进行审查。发现违法情形,要督促行政机关纠正。对办案中发现行政许可、行政处罚、行政强制等方面带有的较突出和倾向性问题,要提出检察建议,促进提高依法行政水平。行政诉讼法规定行政诉讼可以一并审理民事争议,检察监督就要从整体上把握案件焦点,不仅要用行政法判断行政行为是否依法有据,还要正确运用《民法典》,从整体上把握案件争议问题,厘清因果关系,促进行政争议和民事纠纷"一揽子"解决,确保案结事了政和。统筹"四大检察"准确适用法律,刑民交叉、行民交叉等法律制度衔接问题,要积极推动行政执法与刑事司法无缝对接、双向衔接。① 王利明老师认为,规范公权,保障私权,为依法行政确立了标准。《民法典》确立了公权力行使的边缘界限,是国家治国理政的重器,因此不得减损其赋予的公民享有的私权内涵。所以,《民法典》颁布实施确定民事权利范围,同时也划定行政权行使范围,起到对行政权的规制作用,划定了行政权不得干预的私权的边缘界限。根据《民法典》新设的行政职责规范,应对行政检察监督内容予以健全完善,办好要求行政机关履行法定职责的行政诉讼监督案件,推动行政机关依法保护公民、组织合法权益。在行政诉讼监督中可以发现,行政诉讼背后往往存在各类民事纠纷,行政

---

① 摘自张军检察长在全国检察机关贯彻实施民法典工作会议上的讲话。

争议与民事纠纷交叉已成为实质性化解行政争议案件中的“新常态”。其次，2020年8月，国务院修订《行政执法机关移送涉嫌犯罪案件的规定》明确提出，行政执法机关移送涉嫌犯罪案件，应当接受人民检察院和监察机关依法实施的监督。最高检正在会同行政执法机关总结行刑衔接办案难点和突出问题，就司法信息共享、案情通报、案件移送制度、机制等作出具体规定，共同促推依法行政落实。最后，有学者认为，公私法律规范共同支撑国家和社会治理，是法治应有之义，也是《民法典》突出特点。据马怀德老师统计，《民法典》有多达160多个条文与行政法直接相关。马怀德老师认为，《民法典》许多内容涉及行政法律规范，公法私法交织规制社会生活将成为新常态。如政府承担防止性骚扰义务，突发事件应急处置中民政部门为居民提供必要的生活照料措施，物权登记中政府履行登记职责，政府实施征收征用措施，行政机关对高空抛物的调查职责等，都说明了《民法典》实施离不开公权力的介入。我们应完成行政法律与《民法典》的衔接，如动产质押、婚姻登记、住宅使用权续期、政府协助成立业主委员会、个人信息保护等。《民法典》强调的保护产权、优化营商环境等，有待政府出台相关行政法规予以落实。[①] 总之，《民法典》必将对规范行政执法产生影响。

《民法典》对刑事法律同样也产生影响。首先，《民法典》保留《民法总则》有关民事责任优先原则的规定。《民法典》总则编第187条规定，民事主体因同一行为应当承担民事责任、行政责任和刑事责任的，承担行政责任或者刑事责任不影响承担民事责任；民事主体的财产不足以支付的，优先用于承担民事责任。民事责任与刑事责任区分在于补偿性与惩罚性，民事责任优先在于公民私权保护优先，即优先保护公民个人权益，国家不与民争利，体现尊重和保护人权和以人为本的亲民理念。随经济社会发展和法治成熟进步，处理刑民交叉案件的司法理念处于动态变化中，具体表现为从“先刑后民”，到区分刑民事案件不同类型和具体案件不同情形后因案施策，到民事责任优先；在裁判理念上，尊重和保护人权的刑事诉讼理念与平等保护公民私权的法治理念，逐步成为处理刑民交叉案件的主流裁判观点。张军检察长指出，民事责任优先的规定“突出体现了人民至上的立法理念和价值追求。检察办案中要正确理解、贯彻，尤其办理刑事附带民事诉讼案件，要充分体现依法平等保护当事人的民事权利；办理财产刑执行监督案件时，发现未按这一原则处置涉案财产的，要及时提出监督意见”[②]。

其次，部分刑法规范与《民法典》相衔接。例如，《民法典》第191条规定，对

① 马怀德：《民法时代行政法的发展与完善》，载《光明日报》2020年6月3日，第11版。

② 摘自张军检察长在全国检察机关贯彻实施民法典工作会议上的讲话。

性侵未成年人的诉讼时效，作出便于被害人主张民事权利的规定。《民法典》第1011条规定，非法拘禁等方式剥夺、限制他人的行动自由，或者非法搜查他人的身体，应当承担民事责任。《民法典》规定的上述两类侵权行为，很可能就是犯罪行为，本质属刑民交叉问题。如上述行为被刑事追诉，应当提起刑事附带民事诉讼；未被追诉或者超过刑事追诉期限，权利人有权提起民事侵权赔偿诉讼。又如，《民法典》第185条规定，侵犯英雄烈士等的姓名、肖像、名誉、荣誉，损害社会公共利益的，应当承担民事责任。《民法典》第680条第1款规定，禁止高利放贷，借款的利率不得违反国家有关规定。《民法典》第819条、第820条规定，承运人迟延运输或者由其他不能正常运输情形的，应当及时告知和提醒旅客，采取必要的安置措施，并根据旅客的要求安排改乘其他班次或者退票；由此造成旅客损失的，承运人应当承担赔偿责任，但是不可归责承运人的除外。旅客对承运人为安全运输所做的合理安排应当积极协助和配合。《民法典》第1009条规定，从事与人体基因、人体胚胎等有关的医学与科研活动，应当遵守法律行政法规和国家有关规定，不得危及人体健康，不得违背伦理道德，不得损害公共利益。《民法典》第1254条规定高空抛物的责任制度，适用过错责任推定原则和无过错责任原则。针对上述《民法典》规定，国家制定了相应的刑罚规则。2021年3月实施的《刑法修正案（十一）》分别增设与《民法典》衔接的高空抛物罪、妨害安全驾驶罪、非法植入基因编辑、克隆胚胎罪、暴力催收高利贷罪、侵害英雄烈士名誉荣誉罪等，即针对同一个侵权行为按侵权损害程度区分为民事责任与刑事责任，二者形成有机衔接。

2020年5月29日，习近平总书记主持中央政治局学习《民法典》时讲到，坚决防止以刑事案件名义插手民事纠纷、经济纠纷。早在2006年1月，最高检时任检察长贾春旺在《最高人民检察院工作报告》（第十届全国人民代表大会第四次会议，2006年3月11日）中指出，检察机关在立案监督中，既要依法监督纠正有案不立、有罪不究、以罚代刑等问题，又要坚决纠正滥用刑事追诉手段插手民事经济纠纷、违法立案等问题。2017年1月，最高检颁布实施《关于充分履行检察职能加强产权司法保护的意见》明确，加强对刑事立案活动的监督，重点监督侦查机关以刑事手段插手经济纠纷、选择性执法等妨碍产权平等保护的问题，加大该立不立、不该立乱立等执法不严、司法不公问题的监督纠正力度。2018年1月，最高法发布《关于充分发挥审判职能作用为企业家创新创业营造良好法治环境的通知》指出，利用刑事手段插手民事纠纷，是当前企业家们反映比较突出的问题，直接影响企业家人身及财产财富安全感，关系到企业家能否真正做到安心经营、放心投资、专心创业。对此，该通知强调要依法保护企业家的人身自由和财产权利；要严格执行刑事法律和司法解释，坚决防止利用刑事手段干预经济纠纷；要坚持罪刑法定原则，对企业家在生产经营融资活动中的创新创业行为，只要不违反刑事法律的规定，不得以犯罪论处。同时，要严格非法经营罪、合同诈骗罪的构成要件，防止随意扩大适用。对于在合同签订、履行过程中产生的民事争议，如无确实充分证据证明符合犯罪构成的，不得作为刑事案件处理。《民法典》颁布实施大背景下，习近平总书记强调"防止以刑事案件名义插手民事纠纷、经济纠纷"意义重大，旨在彰显民法典平等保护理念，民事检察应对以刑事手段插手民事经济纠纷的违法行为实施有效的法律监督。

《民法典》私权保护原则与刑法的谦抑相呼应。王利明老师提出，民法要扩张，刑法要谦抑。陈兴良老师认为，民法是前置法，刑法是后置法；只有在民法不能解决问题的情况下，刑法才能介入，以避免重刑主义和泛刑主义。[①] 两位法学家所讲的观点是一致的，即在一个治理体系、治理能力相对成熟的社会，应当抑制重刑主义、泛刑主义，发挥民法以及自治机制对社会的调节作用，刑法谦抑必然导致民法的扩张、当事人私权自治的扩大适用。例如，《民法典》侵权责任编第 1176 条规定，自甘风险；第 1177 条规定，自助行为。物权法定原则，体现出公权对所有权私权的背书和增信。《民法典》物权编担保物权部分，大部分新增加条款将合同自由与物权法定原则结合，最大限度尊重意思自治。第 389 条规定担保物权的担保范围包括主债权及其利息、违约金、损害赔偿金、保管担保财产和实现担保物权的费用。当事人另有约定的，按照其约定。第 406 条规定，抵押期间，抵押人可以转让抵押财产。当事人另有约定的，按照其约定。抵押财产转让的，抵押权不受影响。上述条文体现出公权力应有的谦抑态度。一般认为，司法权具有被动性或谦抑性，对外实行"不告不理"，对内受到当事人、代理人诉权的制约，司法权应在严格的诉讼程序内行使。

《民法典》对公益诉讼也会产生影响。《民法典》为推动深化做好公益诉讼检察提供了遵循。《民法典》多个条文涉及公共利益，一些规定补强了公益诉讼检察法律依据，探索完善了公益保护"中国方案"。《民法典》第 9 条规定，民事主体从事民事活动，应当有利于节约资源、保护生态环境。此即"绿色原则"。侵权责任编设有环境污染和生态破坏责任专章，明确生态环境损害的修复和赔偿规则。最高检提出，持续抓好生态环境和资源保护领域公益诉讼检察工作，探索公益诉

---

① 陈兴良、姚辉、周光权：《民法典实施与刑事司法高质量发展》，载《检察日报》2020 年 12 月 17 日，第 3 版。

讼检察与生态环境损害赔偿有效衔接,全面推开“专业化监督 + 恢复性司法 + 社会化治理”生态检察模式,推动绿色发展。《民法典》侵权责任编第 1234 条、第 1235 条规定了生态环境损害的民事责任,包括生态环境修复的构成要件、本位责任与替代责任、生态环境损害的责任主体和请求权主体、生态环境损害的赔偿责任及范围等,为救济生态环境损害环境公益诉讼和生态环境损害赔偿提供了实体法依据。此外,《民法典》第 185 条规定,侵害英雄烈士等的姓名、肖像、名誉、荣誉,损害社会公共利益的,应当承担民事责任。中共中央、国务院印发的《关于深化改革加强食品安全工作的意见》也明确提出探索建立食品安全民事公益诉讼惩罚性赔偿制度。同时,《民法典》强化了对妇女权益、公民隐私权和个人信息等保护,检察机关应注重在相关领域积极探索开展公益诉讼。

三、指引“四大检察”融合发展的共同理念

“四大检察”之所以能够融合发展,在于“四大检察”同属检察权不同职能,具有共同法律监督属性,具有共同发展理念。“四大检察”融合发展的不同理念源于检察实践,实现“四大检察”发展目标的路径、平台也是检察实践,终极目标是履职中为人民提供更优检察产品。“四大检察”融合发展,理念是引导,须理念先行。最高检党组提出,自觉用习近平新时代中国特色社会主义思想指导检察履职,“在办案中监督、在监督中办案”“精准监督”“智慧借助”“秉持客观公正立场”“全面协调充分发展”“双赢多赢共赢”等深入人心的新时代司法检察理念。

(一)精准监督理念

什么是精准监督?检察机关应当聚焦突出问题,精准履行监督职责,及时监督纠正与民法典精神和规定不相符的司法裁判,维护司法公正和人民群众合法权益。“精”就是要注重选择在法治理念、司法活动中有纠偏、创新、进步、引领价值的典型案件,努力做到监督一件,促进解决一个领域、一个地方、一个时期司法理念、政策、导向问题;“准”就是要做到案件事实认定清楚、法律适用正确,在此基础上根据案件具体情况,选择适当的监督方式。有同志认为精准监督就是要压减监督案件数量,甚至以此为由,对一些虽有错误但没有典型意义的案件不支持监督申请,这是一种误解。应以检察建议等方式促请法院自行纠正。笔者认为,精准监督符合民事审判与民事检察活动规律,现阶段对诉讼活动实施精准监督可以最大限度地提升监督质效。目前,法院每年审结民商事案件及民商事执行案件多达 1000 万件以上。最高法分管日常工作的副院长贺荣讲到,“2021 年,全国法院

审结民商事案件1823.9万件。一审服判诉率88.7%，二审后达98%，长期未结诉讼案件同比减少16.3%。"①

民事检察如何对如此庞大民商事案件实施有效法律监督呢？精准监督、类案监督是个好办法。近年来，检察机关受理民事申诉持续上升，2020年受理14.2万件，同比上升23.9%。2021年，全国检察机关共办结民事生效裁判监督案件8万余件，同比上升8.7%，其中向法院提出抗诉5000余件，同比上升6.5%，提出再审检察建议8000余件；对民事审判活动违法行为提出检察建议4万余件，同比上升37.8%，对民事执行活动违法行为提出检察建议5000余件，同比上升43.6%，抗诉案件中涉及虚假诉讼近2000件。检察机关开展法律监督的各项办案指数不断持续增长。今后在加强全面监督的同时，要注重通过类案深化研究，努力做到精准监督，促进解决更多类似问题。

（二）检察官的客观公正义务

司法权本质属性是判断权，法官行使审判权作出胜诉与否的判断，检察官行使检察权作出是否实施法律监督的判断。审判权、检察权司法权属性有哪些异同呢？审判权是法院专有职权，依照法律规则、法定程序对案件审理并作出裁判。审判权是司法权核心，具有被动性、中立性、程序性、专属性、职业化等特征。民事审判权包括立案决定权、证据调查权、诉讼指挥权、释明权、特定事项决定权、民事裁判权，行使民事审判权应当遵循谦抑性，或称为被动性原则。检察权与审判权有哪些不同法律特征？审判权、检察权同属于司法权；因权利性质不同而差异很大，但客观公正义务是一样的。《检察官法》第5条与《法官法》第6条规定，检察官（法官）履行职责（法官审理案件），应当以事实为依据，以法律为准绳，秉持客观公正的立场。客观公正义务，是人民司法优良传统，也是国际公认执业准则，是法官、检察官均应遵循的职业准则。

延安时期的人民法学家朱婴在《论检察制度》一书谈到，建立独立的检察制度，就是为了防止司法专制。一方面，国家设立检察机关以监视和辅助独立审判的行使；另一方面，检察机关也同样受到审判机关的限制和匡正，二者相扶而行。二者都同样地规定在当时的宪法之中，同样地向当时的法律看齐。因此，法律好像一根线，审判机关和检察机关一个在线的左边，一个在线的右边，彼此互为照应地沿着这条线前进而已。有所不同的是，审判机关专司裁判，而检察机关则是代表该国家为原

---

① 罗沙：《践行为民宗旨　严格公正司法——访最高人民法院分管日常工作的副院长贺荣》，载新华网，http://www.news.cn/2022-03/01/c_1128427967.htm。

告,它一方面要检察被告,另一方面要保护被告。[①] 1999 年联合国《关于检察官作用的准则》第 12 条、第 13 条、第 14 条规定,检察官应始终一贯,迅速而公平地依法行事,尊重和保护人的尊严,维护人权,从而有助于法定诉讼程序和刑事司法系统的顺利进行;检察官在履行职责时,应当保证公共利益,按照客观标准行事,适当考虑嫌疑人和受害人的立场,并注意到一切有关的情况,无论是否对嫌疑人有利或不利;如若一项不偏不倚的调查表明起诉缺乏依据,检察官不应提出或继续检控,而应竭力阻止诉讼。在美国,检察官被认为是当事人,但同样负有客观公正义务。1963 年美国联邦最高法院明确将检察官开示一切与定罪量刑有关的证据,包括有利于被告人的证据的规定为检察官宪法义务。[②]学习贯彻《民法典》,应当与尊重司法活动规律、尊重检察活动规律统筹结合起来,以期《民法典》在检察监督中发挥更大效应。

刑事检察也应以《民法典》权利规定为遵循,客观公正履行刑事检察职能,尊重和保障人权。刑事司法保障是对民事权利保护的底线救济,要客观公正履行刑事检察职责,坚决惩治侵害人身权、财产权、人格权的犯罪行为。要对标民法典精神,在刑事案件办理中树立民事权利保护的观念,平等、充分保障诉讼参与人的合法权益。特别是要充分尊重、保障刑事犯罪嫌疑人、被告人的民事权利。习近平总书记在中央政治局集体学习时指出:"各级党和国家机关开展工作要考虑民法典规定,不能侵犯人民群众享有的合法民事权利,包括人身权利和财产权利。"[③]司法机关依法采取强制措施限制嫌疑人、被告人的人身权、财产权,必须依法、审慎履职,避免对私权造成不应有损害和干预。

不仅刑事检察官负有客观公正义务,民事检察官更是如此。实践中,对民事检察官应尽的客观公正义务重视不足。多数情形是,因法律未规定应采取听证等民事两造抗辩的诉讼模式,办案流程、监督文书等的公开性、透明度不高,严重限制了监督申请人以外的其他当事人行使诉权,造成检察监督程序中的当事人诉权事实上不平等。行使调查核实权时,检察官更应依据《民法典》规定,秉持客观公正立场,确保监督申请人以外的其他当事人的诉权和实体权利不因此受到损害。

---

① 巩富文主编:《陕甘宁边区的人民检察制度》,中国检察出版社 2014 年版,第 145 页。

② 范愉、彭小龙、黄娟编著:《司法制度概论》,中国人民大学出版社 2016 年版,第 142 页。

③ 习近平:《充分认识颁布实施民法典重大意义,依法更好保障人民合法权益》,载《求是》2020 年第 12 期。

（三）深化落实关联司法

什么是关联司法呢？经济社会的客观事务有着自身发生发展以及消亡的内在规律，并非按照刑法调整的违法犯罪事实、民法调整的民事法律事实等发生、变更、消灭，不同性质的法律定位是按照客观事务的法律属性而人为划分出来的。现实生活发生的案件事实通常是民事关系、刑事关系、行政关系等法律关系混杂在一起，应适用多种法律规定。张军检察长讲到："进入新发展阶段，随着经济社会关系更加多元、复杂，民事法律关系往往与刑事法律关系、行政法律关系相互交织关联。民法典不仅是民事检察的依循，与刑事、行政、公益诉讼检察履职也紧密相连。刑事检察办案监督，如果不熟悉合同编、不尊重人格权、不充分保障物权、不了解侵权责任，如何处理好经济犯罪、职务犯罪及其他普通刑事犯罪案件？如何准确区分民事侵权、民事违约与刑事犯罪之间的界限？就拿办好正当防卫案件来说，面对现实、严重的人身、财产危险还要苛求防卫人先盘算一下什么叫'适当'吗？这不符合常人对重大危险应激反应的生理和心理特点。此类对公民人身、财产权保护案件，人民群众呼声在前，我们执法司法检察观念滞后！"①

司法实务中，涉及最多的关联司法案件是刑民交叉案件。刑民交叉，是指案件性质既涉及刑事关系，又涉及民事关系，相互间存在交叉、牵连影响的案件，或者根据同一法律事实所涉及的法律关系，一时难以确定是刑事法律关系，还是民事法律关系的案件。常见的刑民交叉案件，基于同一个事实或数个关联事实，当事人行为同时受到民事、刑事法律规范调整；或者案件事实间存在一定牵连关系，导致民事关系与刑事关系间相互影响或者存在依存关系。民事案件与刑事案件的裁判理念、保护法益、取证方式、证明标准、归责原则、责任形式等均有不同，刑事侦查阶段获取的证据旨在证明犯罪嫌疑人有罪或无罪、罪轻或罪重，只有纳入民事诉讼程序审查，才可能具有民事诉讼程序意义上的证据效力。

刑民交叉是法律问题，更是司法实务问题，体现在实务中最为复杂。其掺杂在讼争民事法律关系中，与刑事关系、民事关系、行政关系以及刑事民事诉讼程序、法官认知、裁判理念、认定证据标准、法人或当事人及代理人诉讼策略等交织在一起，就像一团麻，很难归纳几条予以类型化。从承担刑民责任的角度看，理论界到实务界存在不同观点，包括"先刑后民""刑民并行""先民后刑""先决的裁判观点"等。裁决涉及刑民交叉个案时，选择哪种裁判方案，不仅需要上升为理性认识的审理民刑交叉案件的裁判理念、规则指引；更需要司法官结合民事个案案

---

① 摘自张军检察长在全国检察机关贯彻实施民法典工作会议上的讲话。

情系统梳理后作出分析判断,属需要审判权厘清的问题,司法官判断的核心标准应为民案能否脱离刑案独立作出裁判。

20 世纪 80 年代,刑民交叉理念为审理相关民事案件,发现犯罪线索的,应及时书面向侦查机关移交;侦查机关已立案侦查的,中止民事诉讼;如不影响民事案件审理的,继续审理民事案件,即基本理念为"先刑后民"。长期以来,在国家本位基础上的"重刑轻民"思想的影响力甚深甚远。前期,对涉及刑民交叉的民事案件,很少区分刑民交叉的具体形态和类型,不再详细考证民事案件能否脱离刑事案件独立裁判,也不在民事法律文书上阐明事实原委而直接裁定中止民事案件审理。张卫平老师认为,为什么民事与刑事案件一旦就同一事实存在交叉或者关联就一定要"先刑后民",几乎所有认同"先刑后民"为原则的裁判文书中均没有涉及理由,似乎司法解释已经明确,是不言自明的。"先刑后民"的主要理由为"事实揭示优越论",即在揭示案件事实或者真实性方面,刑事案件优越于民事案件,刑事案件对同一事实的揭示能够为民事案件的审理提供事实基础,其深层理念是国家本位、全能国家或者全能政府的认知。在刑事诉讼中,因为借助于公权力,侦查方法丰富、技术手段先进,一般而言在揭示案件事实方面具有一定的优越性。[①] 随着市场经济的充分发展,民商法学及司法实务日臻成熟,在理论体系和司法实践中与刑法各居其位,平等拥有各自独立位置,刑民交叉问题必将逐步形成民商理念与刑法理念相互尊重的和谐态势。例如,2021 年 3 月,最高法、最高检、公安部、司法部制定实施《进一步加强虚假诉讼犯罪惩治工作的意见》第 14 条规定,人民法院向公安机关移送涉嫌虚假诉讼犯罪案件,民事案件必须以相关刑事案件的审理结果为依据的,应当依照《民事诉讼法》第 150 条规定裁定中止诉讼。刑事案件的审理结果不影响民事诉讼程序正常进行的,民事案件应当继续审理。该意见第 15 条规定,刑事案件裁判认定民事诉讼当事人的行为构成虚假诉讼犯罪,相关民事案件正在审理或者执行过程中的,作出刑事裁判的人民法院应当及时函告审理或者执行该民事案件的人民法院。人民法院对于虚假诉讼刑事案件的裁判存在冲突的已经发生法律效力的民事判决、裁定、调解书,应当及时依法启动审判监督程序予以纠正。总之,"民事案件必须以相关刑事案件的审理结果为依据的",即刑事是民事的前提和基础,此时民事以刑事为先决条件,应当中止民事案件。若"民事诉讼当事人的行为构成虚假诉讼犯罪",即民事"争议事实"与刑事犯罪事实重合,应"先刑后民"。又如,2020 年 6 月,最高法《关于审理

---

① 张卫平:《民刑交叉诉讼关系处理的规则与法理》,载《法学研究》2018 年第 3 期。

民间借贷案件适用法律若干问题的规定》第 5 条规定，人民法院立案后，发现民间借贷行为本身涉嫌非法集资等犯罪的，应当裁定驳回起诉，并将涉嫌非法集资等犯罪的线索、材料移送公安或者检察机关。公安或者检察机关不予立案，或者立案侦查后撤销案件，或者检察机关作出不起诉决定，或者经人民法院生效判决认定不构成非法集资等犯罪，当事人又以同一事实向人民法院提起诉讼的，人民法院应予受理。该规定第 6 条规定，人民法院立案后，发现与民间借贷纠纷案件虽有关联但不是同一事实的涉嫌非法集资等犯罪的线索、材料的，人民法院应当继续审理民间借贷纠纷案件，并将涉嫌非法集资等犯罪的线索、材料移送公安机关或者检察机关。该规定第 7 条规定，民间借贷纠纷的基本案件事实必须以刑事案件的审理结果为依据的，而该刑事案件尚未审结的，人民法院应当裁定中止诉讼。该规定第 8 条规定，借款人涉嫌犯罪或者生效判决认定其有罪，出借人起诉请求担保人承担民事责任的，人民法院应予受理。上述规定，进一步重审上述与例一相同原则。

总之，刑民交叉案件处理的基本规则为民事争议事实与犯罪事实重合的，即“同一事实”，为刑民交叉最深的情形，应当“先刑后民”；民事争议事实相对独立的，移交犯罪线索，继续审理民事案件；一般不因民事当事人涉嫌犯罪，而否定合同效力；民事案件与刑事案件存在“先决关系”，即有待查清刑事犯罪事实，才能查清民事争议事实的，应当依据《民事诉讼法》第 150 条规定，中止民事诉讼。

专题二

《民法典》公共利益保护与检察工作

邵世星[*] 国家检察官学院

目 次

---

* 邵世星,国家检察官学院教授。

《民法典》已于2020年5月28日由第十三届全国人民代表大会第三次会议通过,并于2021年1月1日起生效。《民法典》是民事基本法典,也是中华人民共和国立法史上第一部以“法典”命名的法律。其体系完整、结构科学、内容丰富,在我国法制建设上具有里程碑的意义。

《民法典》在性质上归属于私法,大多数条款表现为任意性的法律规范,以促进民事法律关系的形成,切实丰富民事主体的权利内容,保障民事主体权利的实现。但与此同时,作为新时代的《民法典》,其非常重视公共利益的保护,构建了相对完善的公共利益保护体系,设置了内容丰富的公共利益保护制度。这为检察机关履行公共利益保护的职责提供了坚实的依据。

一、公共利益保护在民法中的地位

(一)民法的属性、原则及其影响

公共利益保护规范在民法中居于何种地位?这是研究《民法典》公共利益保护制度的起点,是应当首先厘清的问题。而正确认识这个问题,则需要从对近代民法的产生进行溯源开始。

以《法国民法典》为代表的近代民法是资产阶级大革命胜利的产物[①],大革命提出的“天赋人权、人人平等”等人文价值理念就直接塑造了近代民法的精神品格。尽管对划分标准存在争议,但近现代民法的性质基本上被确立为私法、权利保护法。[②] 民法以解决民事主体之间的民事权利义务争议为己任,贯彻意思自治原则,尽可能地把公权力排斥在私人领域之外;民法以帮助民事主体创设和行使民事权利为宗旨和归宿,使民众的社会主体地位得以彰显和充分保护。

对民法属性的定位延伸出近代民法的三大原则:所有权神圣、意思自治(契约自由)、过失责任。[③] 三大原则分别指向民事主体赖以生存的核心权利、民事主体的行为自由(保障)、民事主体的行为约束(边界)。它们强调的内容不同但相互关联,使民法的宗旨和追求在法律的框架内受到保障。可以说,三大原则是近代民法的精神支柱。虽然随着时代的变化,现代民法对近代民法的三大原则进行了

① 刘春田、许炜:《法国民法典制定的历史背景》,载《法学家》2002年第6期。

② 徐国栋:《民法是私法吗?》,载《江苏行政学院学报》2009年第3期。

③ 叶秋华、洪荞:《论〈法国民法典〉的历史演进——纪念〈法国民法典〉颁布二百周年》,载《外国法制史研究》2003年第1期。

必要的限制,以防止将其绝对化而不符合日益发展的社会生活的需要,①但三大原则的基本精髓已在民法理念中深深扎根,使民法的基本精神得以维护。

近代民法确立的三大原则及借此建立的相关制度,对于保护民事主体的民事权利和行为自由,确实做出了非凡的贡献,具有重大的积极主义。但是,产生于反对封建压迫背景之下的近代民法,由于对三大原则的强调及理解都比较绝对,这从制度逻辑看就潜藏着一定的问题。实践层面,随着工业化、社会化程度的提高带来的利益关系及社会管理的复杂化,这些问题日益显现并不断加剧。主要是以下三个方面:

其一,民法对"公共性"关注是相对缺失的。② 近代民法三大原则体现的精神是鼓励个人自由,保障个人权利,实则是以个人为本位的,由此决定了民法对"公共性"的事务缺乏关注。

其二,民法无法兼顾实质平等。民法属性及原则所体现的精神,必然要求民事主体平等。但近代民法在规定民事主体一律平等时,实际是从摧毁奴隶社会、封建社会下民众作为社会主体的资格不平等的要求出发的,所要解决的是法律上的资格问题。这决定了民法平等是一种法律地位的表达,并不等于实质上的平等。③ 甚而,由于民法所能保障的平等是形式意义上的,在民事主体存在经济地位及其他社会地位客观差别的现实背景下,民法倡导的形式上的平等反而有可能带来实质上不平等加大的风险。

其三,有和公共利益产生内在冲突的风险。在民法三大原则的感召和保障之下,民事主体在追求个人权利最大化的同时,存在行使权利越界从而触犯他人权利和社会公共利益的风险。④ 也就是说,至少从制度逻辑看,民事主体的行为自由和公共利益保护之间存在内在张力。

(二)公共利益保护规范的重要性

由于受民法权利神圣和意思自治影响下的行为自由与公共利益保护之间存在内在张力,而公共利益又事关社会成员的整体利益,为社会稳定发展所必需,因

① 梁慧星:《从近代民法到现代民法——二十世纪民法回顾》,载《中外法学》1997 年第 2 期。

② [日]吉村良一:《从民法角度看公法与私法的交错与互动》,张挺译,载《人大法律评论》2012 年第 2 辑。

③ 陈甦主编:《民法总则评注》(上册),法律出版社 2017 年版,第 28 页。

④ 熊谞龙:《私法中的"社会公共利益"》,载王利明、郭明瑞、潘维大主编:《中国民法典基本理论问题研究》,人民法院出版社 2004 年版,第 104 ~ 105 页。

此其位阶优先于个人利益。[①] 对此，在民法立法中设置公共利益保护规范是非常重要。

首先，设置公共利益保护规范可以对意思自治进行必要限制。[②] 民法确立民事法律行为贯彻意思自治原则的目的主要是阻止公权力对私人利益的不当干涉和侵犯，但确也给不当民事行为的存在提供了空间。公共利益保护规范此时能从民事行为意思自治的逻辑出发，在自身制度框架内对意思自治进行必要的限制，以协调意思自治和公共利益保护的关系，起到"补漏"的作用。

其次，设置公共利益保护规范可以对私权利进行必要的制约。[③] 财产所有权对于民事主体的生存及发展非常重要，民法强调个人所有权的神圣对防止公权力对私人权利的侵害和强化民事主体的主体地位是必要的。但是，现代社会条件下，个人财产权的保护和公共利益保护之间产生冲突的情况也是比较常见的，甚至也有不当行使私人权利侵害国家利益、社会公共利益的情况发生。此时，就有必要对私人权利给予必要的限制，以协调公共利益和个人所有权的关系。[④] 这种限制的恰当理由是公共利益保护，因此公共利益保护规范的设立就有重大意义。

最后，设置公共利益保护规范可以协调民法和其他法律的关系。[⑤] 就公共利益保护而言，需要多个法律部门共同起作用。公共利益的内容界定通常由公法进行，公法对公共利益的保护作用更为直接。民法保护的公共利益通常来自公法的设定，基本出发点是防治民事主体的民事行为损害到这些公法设定的公共利益。民法中的公共利益保护规范，实际上起着将民法制度和其他法律制度衔接起来的作用。

(三)引入公共利益保护条款的立法例

由于民法中设置公共利益保护规范非常重要，因此各个国家的民法典立法都明确规定有关公共利益保护制度。以下就通过不同国家的立法例进行观察。

1. 大陆法系。《法国民法典》第 6 条规定："任何人不得以特别约定违反有关公共秩序与善良风俗的法律。"第 1131 条规定："无原因之债，或者基于错误原因或者不法原因之债，不发生任何效力。"第 1133 条规定："如原因为法律所禁止，违

---

① 王利明：《民法上的利益位阶及其考量》，载《法学家》2014 年第 1 期。

② 李永军、胡亚妮：《民法上的公共利益考》，载《私法研究》第 8 卷。

③ 王利明：《物权法论》，中国政法大学出版社 2008 年版，第 215 页。

④ 余能斌、范中超：《所有权社会化的考察与反思》，载《法学》2001 年第 1 期。

⑤ ［日］吉村良一：《从民法角度看公法与私法的交错与互动》，张挺译，载《人大法律评论》2012 年第 2 辑。

反善良风俗或公共秩序时,此种原因为不法原因。”[①]《德国民法典》第138条规定:“违反善良风俗的法律行为,无效。”[②]深受大陆法系影响的《日本民法典》第90条也规定:“以违反公共秩序或善良风俗的事项为标的的法律行为,为无效。”[③]

2. 英美法系。英美法中对于公共利益的表达和大陆法系差别较大,早期判例法中普遍存在的“公共政策”“法律政策”的规定,其目的及内容即对于公共利益的保护。[④] 受此影响,近现代制定的成文法典中,也有明确的涉及遵守公共政策等的内容,如美国《纽约州民法典草案》第540条规定:“有以下情形之一的,为不合法之标的:1. 违反法律的明文规定;2. 虽未由法律明文禁止,但与法律的政策相悖;3. 违反善良风俗。”[⑤]

3. 俄罗斯。俄罗斯的前身是苏联,因此其法律在内容上有社会主义法律制度的痕迹。在保护公共利益有关规定上,更具有社会主义价值体系及法律用语方面的特色。如《俄罗斯联邦民法典》第49条规定:“实施目的违反国家和社会利益的法律行为无效。”第169条规定:“以违反法律秩序的基本原则和道德为目的而实施的法律行为无效,以故意违反法律秩序或道德为目的而订立的法律行为是自始无效法律行为。”[⑥]

4. 中国。我国的民事立法一直都有公共利益保护规定。如1987年1月1日生效的《民法通则》第7条规定:“民事活动应当尊重社会公德,不得损害社会公共利益,扰乱社会经济秩序。”1999年10月1日生效的《合同法》第7条规定:“当事人订立、履行合同,应当遵守法律、行政法规,尊重社会公德,不得扰乱社会经济秩序,损害社会公共利益。”第52条规定:“有下列情形之一的,合同无效:(一)一方以欺诈、胁迫的手段订立合同,损害国家利益;(二)恶意串通,损害国家、集体或者第三人利益;(三)以合法形式掩盖非法目的;(四)损害社会公共利益;(五)违反法律、行政法规的强制性规定。”2021年1月1日生效的《民法典》,更是有完善的公共利益保护内容。

上述规定反映出,虽然公共利益的内容在不同法系、不同国家的立法中各有侧重,但重视公共利益的保护则是立法共识。另外,公共利益保护的一般条款,多

---

① 《法国民法典》,罗结珍译,中国法制出版社1999年版。
② 《德国民法典》,陈卫佐译注,法律出版社2004年版。
③ 《日本民法典》,王书江译,中国法制出版社2000年版。
④ 杨祯:《英美契约法论》,北京大学出版社2003年版,第277页。
⑤ [美]菲尔德:《纽约州民法典草案》,田甜译,中国大百科全书出版社2007年版。
⑥ 《俄罗斯联邦民法典(全译本)》,黄道秀译,北京大学出版社2007年版。

采用禁止性规范,即民事法律行为不得损害公共利益等。[①]

(四)公共利益保护规范的功能发挥

公共利益保护规范的功能发挥,是通过立法定位其价值功能并向司法应用、裁判监督与评价进行传导展开的。因此,可以分别从立法、司法、监督评价三个层面分析公共利益保护规范的功能发挥方式。

第一,在立法层面,公共利益保护规范提供国家干预私法的管道。民法贯彻意思自治和私权神圣原则,这是民法的精神和灵魂,国家干预私法即是国家干预意思自治和所有权的绝对性,难免和私法的精神产生冲突。因此,国家干预私法要具有事由的正当性并以慎重的方式进行,否则将会有害于民法精神。鉴于社会整体的需要,公共利益被赋予高位阶从而需要获得优先保护,因而以公共利益保护对私法进行干预理由是恰当的。

公共利益规范干预私法的功能,一是体现在限制民事主体的行为上,也就是限制民事主体的意思自治。[②] 一方面,它为意思自治划定了边界,个人的意思自治不是绝对的,以不触犯公共利益为限;另一方面,法律对损害公共利益的民事行为给予否定的价值评判,民事行为损害公共利益的,产生无效后果和相应的法律责任。二是适当限制私权,也就是限制私人所有权。一般情况下,民事主体的财产权利受到足够的重视和保护,但为了特定情形下的公共利益,可以对财产权利给予必要的限制。[③] 如《民法典》第132条规定:“民事主体不得滥用民事权利损害国家利益、社会公共利益或者他人合法权益。”

第二,在司法层面,公共利益保护规范约束和指导裁判。在利益多元且有冲突的情形下,司法裁判应当优先保护公共利益,这是司法的基本价值追求和目标。为此,公共利益保护规范通过以下方式发生作用:其一,在民事行为损害公共利益但缺乏明确的裁判规则的情况下,公共利益保护的基本规定可以充当裁判依据,法官可以运用自由裁判权对公共利益保护规范的适用展开论证并评判具体案件。[④] 通常情况下,法官是用公共利益保护的一般规定否定民事法律行为的效力。其二,以公共利益保护的基本价值理念指导具体裁判规则的适用。裁判规则虽然相对具体,但很多情况下其正确适用仍然需要价值观和司法理念的引导,而

① 许中缘:《禁止性规范对民事法律行为效力的影响》,载《法学》2010年第5期。

② 李永军、胡亚妮:《民法上的公共利益考》,载《私法研究》第8卷。

③ 张翔:《财产权的社会义务》,载《中国社会科学》2012年第9期。

④ 梁慧星:《裁判的方法》,法律出版社2003年版,第156页。

公共利益保护就属于指导裁判规则运用的基本价值理念。[①]

在将公共利益保护作为裁判依据的问题上,2020 年 5 月 12 日最高人民法院发布的社会主义价值观十大典型民事案例就是很好的例证。[②] 这十大案例的裁判,都直接或间接地将维护社会主义核心价值观作为裁判依据。从内容上看,社会主义核心价值观本身即是公共利益的体现,因此也可以说这些案件的裁判都以一定的方式明确地适用了公共利益保护规范作为依据。比如,其中的"村民私自上树摘果坠亡索赔案"(李某月等诉广州市花都区梯面镇红山村村民委员会违反安全保障义务责任纠纷案。最高人民法院指导案例 140 号),再审裁判在阐述判决理由时指出:"吴某某私自爬树采摘杨梅,不仅违反了该村村规民约中关于村民要自觉维护村集体的各项财产利益的村民行为准则,也违反了爱护公物、文明出行的社会公德,有悖公序良俗。"[③]

第三,在监督与评价层面,公共利益保护规范是衡量裁判对错、优劣的重要标准。从司法监督的角度看,无论是审级监督、检察监督还是社会监督,都需要对被监督的裁判进行对错、优劣的评判。其中,裁判是否维护社会公共利益,是对裁判评价的重要标准。如引起社会广泛关注的"电梯劝阻老人吸烟猝死案"(田某某诉杨某生命权纠纷案),郑州市金水区法院做出一审判决,认定杨某行为与段某的死亡之间并无必然的因果关系,但段某确实在与杨某发生言语争执后猝死。依照侵权责任法相关规定,受害人和行为人对损害的发生都没有过错的,可根据实际情况由双方分担损失,判决杨欢向死者家属补偿 1.5 万元。[④] 二审法院认为:"本案中,杨某对段某某在电梯内吸烟予以劝阻合法正当,是自觉维护社会公共秩序和公共利益的行为,一审判决判令杨某分担损失,让正当行使劝阻吸烟权利的公民承担补偿责任,将会挫伤公民依法维护社会公共利益的积极性,既是对社会公共利益的损害,也与民法的立法宗旨相悖,不利于促进社会文明,不利于引导公众共同创造良好的公共环境。一审判决判令杨某补偿田某某 15,000 元错误,本院

---

① 王申:《理念、法的理念——论司法理念的普遍性》,载《法学评论》2006 年第 4 期。

② 这十大社会主义价值观案件分别是:(1)董存瑞、黄继光英雄烈士名誉权纠纷公益诉讼案;(2)淮安谢勇烈士名誉权纠纷公益诉讼案;(3)村民私自上树摘果坠亡索赔案;(4)撞伤儿童离开被阻猝死索赔案;(5)微信群发表不当言论名誉侵权案;(6)"暗刷流量"合同无效案;(7)开发商"自我举报"无证卖房毁约案;(8)吃"霸王餐"逃跑摔伤反向餐馆索赔案;(9)自愿赡养老人继承遗产案;(10)困境儿童指定监护人案。参见《人民法院大力弘扬社会主义核心价值观十大典型民事案例》,载《人民法院报》2020 年 5 月 14 日,第 3 版。

③ 参见(2019)粤 01 民再 273 号民事判决书。

④ 参见(2017)豫 0105 民初 14525 号民事判决书。

依法予以纠正。”①这个案件的审理过程受到社会的广泛关注，也足以反映出民众对裁判能否维护公共利益也是非常重视的。

二、《民法典》中的公共利益保护制度

（一）《民法典》涉及的公共利益内容

从制度逻辑讲，《民法典》要做到对公共利益的保护，首先需要明确公共利益的内容，而这可以采取两种方法进行：一是对公共利益的内涵进行定义；二是对公共利益的外延进行列举。这两种方法相结合，大致可以描绘出公共利益的内容。②

但立法现实是，《民法典》既无公共利益的定义，也无对公共利益内容的列举。之所以如此，原因是在于公共利益的法律特点：③其一，在法律上，公共利益的内容具有不确定性、动态性等特点。④ 首先，公共利益是在多元利益冲突的情况下，通过和个体利益等相比较而产生的，并不是具有明确确定性的利益内容。利益冲突的具体情形不同，公共利益的内容就会有所不同。其次，公共利益在不同的历史时期表现的内容及要求也不一样。比如，我国在计划经济时期将“投机倒把”行为视为损害公共利益的行为。但在市场经济改革的进程中，这个词汇已经退出历史舞台，因为所谓的“投机倒把”实则是市场交易行为，在市场经济语境下其是符合公共利益的。其二，从性质上看，公共利益属于法律上的价值判断范畴。⑤ 而价值判断体现强烈的政策性和利益衡平，主观色彩明显，属于法律理念范畴，要结合具体情形做出选择，无法适用统一的标准，由此也决定了对于公共利益问题，不适合用概念或者列举的方式予以描述。⑥

但是，从结合法条的规定看，《民法典》中涉及的具体情形的公共利益内容是十分丰富的。如《民法典》第 185 条规定：“侵害英雄烈士等的姓名、肖像、名誉、荣誉，损害社会公共利益的，应当承担民事责任。”第 243 条第 1 款规定：“为了公共利益的需要，依照法律规定的权限和程序可以征收集体所有的土地和组织、个人的房屋以及其他不动产。”第 494 条第 1 款规定：“国家根据抢险救灾、疫情防控

---

① 参见（2017）豫 01 民终 14848 号民事判决书。

② 范进学：《定义公共利益的方法论及概念诠释》，载《法学论坛》2005 年第 1 期。

③ 刘连泰：《公共利益的解释困境及其突围》，载《文史哲》2006 年第 2 期。

④ 胡鸿高：《论公共利益的法律界定——从要素解释的路径》，载《中国法学》2008 年第 4 期。

⑤ 王轶、关淑芳：《认真对待民法总则中的公共利益》，载《中国高校社会科学》2017 年第 4 期。

⑥ 范进学：《定义公共利益的方法论及概念诠释》，载《法学论坛》2005 年第 1 期。

或者其他需要下达国家订货任务、指令性任务的,有关民事主体之间应当依照有关法律、行政法规规定的权利和义务订立合同。”第 680 条第 1 款规定:“禁止高利放贷,借款的利率不得违反国家有关规定。”等。从类别分析,《民法典》具体规定涉及的公共利益内容有社会和经济秩序、社会主义核心价值观、公序良俗、国家利益、社会公共利益、特殊群体利益①、民事主体的基本权利②、社会公共安全等。另外,国家利益和社会公共利益也往往交织在一起,一般情况下对二者不加以严格的区分,而是把它们都作为公共利益看待。

(二)《民法典》公共利益保护条款发挥作用的方式(从对民事行为的影响观察)

在民事活动的领域内,公共利益保护是在与个人利益相冲突的情况下作为优先选择而发生的。因此,《民法典》中的公共利益保护条款是通过对民事主体的民事行为发挥影响的方式起作用的。就此而观,《民法典》中的公共利益保护条款发挥作用的方式主要有以下四种:

1. 引导。也就是说,通过公共利益保护条款引导民事主体进行适当的民事行为,如《民法典》第 1 条规定:“为了保护民事主体的合法权益,调整民事关系,维护社会和经济秩序,适应中国特色社会主义发展要求,弘扬社会主义核心价值观,根据宪法,制定本法。”这里,弘扬社会主义核心价值观作为立法依据和立法目的,就起着引导民事主体开展民事行为的作用。

又如,为了贯彻绿色民法典的要求③,其中有一些条款对民事主体相关的活动也予以明确的引导。《民法典》第 9 条规定:“民事主体从事民事活动,应当有利于节约资源、保护生态环境。”第 326 条规定:“用益物权人行使权利,应当遵守法律有关保护和合理开发利用资源、保护生态环境的规定。所有权人不得干涉用益物权人行使权利。”第 346 条规定:“设立建设用地使用权,应当符合节约资源、保护生态环境的要求,遵守法律、行政法规关于土地用途的规定,不得损害已经设立的用益物权。”第 509 条第 3 款规定:“当事人在履行合同过程中,应当避免浪费资源、污染环境和破坏生态。”等。这些条文涉及总则、物权、合同等的规定,均使

---

① 《民法典》重视特殊群体利益的保护,特别是明确规定了未成年人利益最大化原则。在特殊情形下,涉及特殊群体利益的保护是作为公共利益保护看待的。

② 《民法典》扩大了民事主体的基本权利,有些权利的社会性使用特点突出,如个人信息权益。从实践层面看,涉及个人信息等具有社会性特点的权益的保护,可能会作为公益诉讼案件对待。

③ 为贯彻习近平生态文明思想,《民法典》编纂将绿色民法典确立为重要的指导原则之一。参见王晨副委员长关于《中华人民共和国民法典(草案)》的说明。

用“应当”而对民事主体的行为进行要求。但从法律条文的结构看，尚不构成完整的义务性规范，主要体现的是对民事主体行为的引导性要求。

2. 限制。公共利益保护条款的限制作用，主要表现为因公共利益的需要而限制民事主体的民事行为，或者适当减损民事主体的民事权利。这种作用发生的途径，是因公共利益的需要而许可行政机关采取必要的行政行为，其目的是对民事行为或者民事权利进行限制或者克减。① 这种规定方式在《民法典》中有很多，如物权编第 243 条规定：“为了公共利益的需要，依照法律规定的权限和程序可以征收集体所有的土地和组织、个人的房屋及其他不动产……”物权编第 245 条规定：“因抢险救灾、疫情防控等紧急需要，依照法律规定的权限和程序可以征用组织、个人的不动产或者动产。被征用的不动产或者动产使用后，应当返还被征用人。组织、个人的不动产或者动产被征用或者征用后毁损、灭失的，应当给予补偿。”物权编第 358 条规定：“建设用地使用权期限届满前，因公共利益需要提前收回该土地的，应当依据本法第二百四十三条的规定对该土地上的房屋以及其他不动产给予补偿，并退还相应的出让金。”人格权编第 1020 条规定：“合理实施下列行为的，可以不经肖像权人同意：(一)为个人学习、艺术欣赏、课堂教学或者科学研究，在必要范围内使用肖像权人已经公开的肖像；(二)为实施新闻报道，不可避免地制作、使用、公开肖像权人的肖像；(三)为依法履行职责，国家机关在必要范围内制作、使用、公开肖像权人的肖像；(四)为展示特定公共环境，不可避免地制作、使用、公开肖像权人的肖像；(五)为维护公共利益或者肖像权人合法权益，制作、使用、公开肖像权人的肖像的其他行为。”人格权编第 1025 条规定：“行为人为公共利益实施新闻报道、舆论监督等行为，影响他人名誉的，不承担民事责任，但是有下列情形之一的除外：(一)捏造、歪曲事实；(二)对他人提供的严重失实内容未尽到合理核实义务；(三)使用侮辱性言辞等贬损他人名誉。”等。

3. 否定。对于损害社会公共利益的民事行为，《民法典》公共利益保护的相关条款对其后果作出否定性评价，其属于无效民事法律行为，不能发生当事人追求的后果。② 如《民法典》第 153 条规定：“违反法律、行政法规的强制性规定的民事法律行为无效，但是该强制性规定不导致该民事法律行为无效的除外。违背公序良俗的民事法律行为无效。”除此之外，《民法典》第 680 条第 1 款规定：“禁止

---

① 余少祥：《论公共利益的行政保护——法律原理与法律方法》，载《环球法律评论》2008 年第 3 期。

② 刘凯湘、夏小雄：《论违反强制性规范的合同效力——历史考察与原因分析》，载《中国法学》2011 年第 1 期。

高利放贷,借款的利率不得违反国家有关规定。"第 1044 条规定:"收养应当遵循最有利于被收养人的原则,保障被收养人和收养人的合法权益。禁止借收养名义买卖未成年人。"这里的"不得""禁止"都属于法律上的禁止性规范的规定方式,一旦违反,其逻辑后果即为无效。

4. 责任。对于损害公共利益造成严重后果的行为,《民法典》规定应给予行为人相应的法律责任和司法制裁。其中既包含民事法律责任,也包括其他法律责任。[①] 例如,《民法典》第 534 条规定:"对当事人利用合同实施危害国家利益、社会公共利益行为的,市场监督管理和其他有关行政主管部门依照法律、行政法规的规定负责监督处理。"这里的"监督处理"后果,一般均体现为依照行政管理法律、法规对行为人施加行政处罚的责任。又如,《民法典》第 1009 条规定:"从事与人体基因、人体胚胎等有关的医学和科研活动,应当遵守法律、行政法规和国家有关规定,不得危害人体健康,不得违背伦理道德,不得损害公共利益。"这里的"不得"体现法律的禁止性要求,违反之要被追究相应的法律责任。如"贺某奎基因编辑婴儿"案,被告人即被追究刑事责任。[②] 再如,《民法典》第 1235 条规定了损害生态环境的公益损害赔偿责任,其也表现较为强烈的惩罚性,以体现法律的制裁功能。实务中,检察机关提起的三清山巨蟒峰遭受破坏的公益诉讼案件,法院即支持了较高的生态损害的赔偿诉求。[③]

从以上《民法典》公共利益保护规范发生作用的方式可以看出:对公共利益的保护,民法积极性的功能方式有限,主要的功能方式是消极性的,即通过对民事主体的行为限制、给予否定性评价和追责进行。这种样态跟民法的基本性质和价

---

① 朱维究、吴小龙:《论公共利益多元法律保护中的公法机制》,载《中国行政法之回顾与展望——中国行政法二十年》(博鳌论坛暨中国法学会行政法学研究会 2005 年年会论文集),第 290－299 页。

② 贺某奎等通过编辑人类胚胎 CCR5 基因可以生育免疫艾滋病的婴儿为名,将安全性、有效性未经严格验证的人类胚胎基因编辑技术用于辅助生殖医疗。贺某奎等人伪造伦理审查材料,招募男方为艾滋病病毒感染者的多对夫妇实施基因编辑及辅助生殖,以冒名顶替、隐瞒真相的方式,由不知情的医生将基因编辑过的胚胎通过辅助生殖技术移植入人体内,致使 2 人怀孕,先后生下 3 名基因编辑婴儿。此案发生后,贺某奎等三被告的行为以构成非法行医罪被追究刑事责任。法院依法判处被告人贺某奎有期徒刑 3 年,并处罚金人民币 300 万元;判处张某礼有期徒刑 2 年,并处罚金人民币 100 万元;判处覃某洲有期徒刑 1 年 6 个月,缓刑 2 年,并处罚金人民币 50 万元。参见《人民日报》2019 年 12 月 31 日,第 11 版。

③ 三清山巨蟒峰被张某明、毛某明、张某等打入 26 颗膨胀螺栓钉,造成难以弥补的生态隐患,检察机关对此提起民事公益诉讼,要求三驴友承担生态损害赔偿金 600 万元。法院判决被告张某明、毛某明、张某在全国性媒体上刊登公告,向社会公众赔礼道歉;连带赔偿环境资源损失计人民币 600 万元,用于公共生态环境保护和修复;赔偿公益诉讼起诉人上饶市人民检察院支付的专家费 15 万元。参见 2018 赣 11 民初 303 号民事判决书。

值定位有关:民法是个人权利保护法,并不以公共利益保护为主要使命,其不可能对公共利益保护从正面展开大量设计;民法是倡导意思自治的法律,其对于公共利益的保护,恰当的方式也只能是对相关的民事行为给予消极评价,所负的责任是防止民事主体借助民事行为侵害公共利益。

因此,下文将要讨论的《民法典》赖以保护公共利益的强制性条款和公序良俗条款,其基本的适用含义是民事行为不得违反强制性规定和公序良俗,是侧重从违反禁止性的内容来维护公共利益的。[①]

(三)强制性条款在保护公共利益中的作用

1. 强制性条款在《民法典》中的功能

法律规范中的强制性条款,即指其中的义务性规范和禁止性规范,它们是民法中的特殊存在。和民法的性质相适应,民法领域中一般的法律条款表现为任意性的规范,以保障当事人意思自治原则的实现,体现民事领域法无禁止皆可为的精神。由此可见,强制性规范在民法中的使用数量较少,一般只在涉及国家利益和社会公共利益保护时使用。[②]

在《民法典》中,强制性条款是实现公共利益保护的基本手段。公共利益是社会的整体利益,保护公共利益是所有法律部门的共同任务,各个法律部门基于其职能有着分工和配合。公共利益的界定及内容来自公法规范,民法承担的任务是防治民事主体的民事行为逾越或者违反这些公法的规定。对此,强制性条款就起着"引致"适法作用。强制性条款规定在民法中,但强制性内容来自有关公法,其起着跨法域保护公共利益的桥梁作用。

从引致适法的功能看,强制性条款的作用形态主要有:

其一,承接公法规范。《民法典》中的一些强制性条款承接公法规定的公共利益保护内容。它们是来自民法外部的行政法律、法规甚至刑事法律对民事法律行为的前端干预,是民事法律行为的底线。[③] 例如,《民法典》第597条规定:"……法律、行政法规禁止或者限制转让的标的物,依照其规定。"这是从有关公法禁止或者限制作为买卖标的物的规定出发,对民事交易行为的强制性要

---

① 冉克平:《论"公共利益"的概念及其民法上的价值——兼评〈合同法〉第52条之规定》,载《武汉大学学报(哲学社会科学版)》2009年第3期。

② 沈德咏:《最高人民法院关于合同法司法解释(二)理解与适用》,人民法院出版社2009年版,第108~109页。

③ 谢鸿飞:《论法律行为生效的适法规范——公法对法律行为效力的影响及其限度》,载《中国社会科学》2007年第6期。

求。民事法律行为如若违反,则即会因损害公共利益而被否定和追责。又如,《民法典》第 1030 条规定:“民事主体与征信机构等信用信息处理者之间的关系,适用本编有关个人信息保护的规定和其他法律、行政法规的有关规定。”信息处理涉及公共安全,公法上一般会做必要的强制性规定,有关民事法律行为也应当遵守。

其二,对接特殊民商法规范。我国民事立法采用民商合一的体系,《民法典》既规范民事活动,也规范商事活动。但《民法典》是民商事基本法,其主要规定民商事活动的一般性、共同性问题,对商事活动的规定尤其如此。这意味着在民法典之外仍存在一些民事、商事单行法律,尤其是商事特别法律,如银行法、票据法、证券法、知识产权法等。此外,还有一些特殊群体、特殊领域的民事权利,需要依靠《民法典》之外的一些社会保障类法律通过设置特殊的民事条款给予保护,如《未成年人保护法》《老年人权益保障法》《消费者权益保护法》等。①

无论是特殊的民商事单行法律,还是社会保障类法律中专门的民事法律条款,都因其具有较强的管制或者倾斜保护内容而比民事基本法更多地涉及公共利益保护内容。② 对此,《民法典》中的一些强制性条款起着与此对接而引致适法的作用。如《民法典》第 11 条规定:“其他法律对民事关系有特别规定的,依照其规定。”第 128 条规定:“法律对未成年人、老年人、残疾人、妇女、消费者等的民事权利保护有特别规定的,依照其规定。”

上述特殊的民商法规范是在民商法体系之内提供《民法典》中强制性条款指向的公共利益内容,这是用民事特别法的方法对民事法律行为给予管制,体现公共利益保护对民事行为的积极干预。

其三,内设具体规范。《民法典》中也有内设的保护公共利益的强制性条款,总体上看是为了适应现代民法的社会责任而做出的安排,因此可以看作这些内容是内生性的。③ 它主要指向对民事权利行使的具体要求,例如,《民法典》第 132 条规定:“民事主体不得滥用民事权利损害国家利益、社会公共利益或者他人合法权益。”又如,《民法典》第 1015 条规定:“自然人的姓氏应当随父姓或者母姓,但是有下列情形之一的,可以在父姓和母姓之外选取姓氏:(一)选取其他长辈直系

① 孙宪忠:《头等舱理论:民法典之外的民法体系》,载《人民法治》2010 年第 11 期。

② 谢鸿飞:《论法律行为生效的适法规范——公法对法律行为效力的影响及其限度》,载《中国社会科学》2007 年第 6 期。

③ 梁慧星:《从近代民法到现代民法——二十世纪民法回顾》,载《中外法学》1997 年第 2 期。

血亲的姓氏;(二)因由法定扶养人以外的人扶养而选取扶养人姓氏;(三)有不违背公序良俗的其他正当理由。少数民族自然人的姓氏可以遵从本民族的文化传统和风俗习惯。”

由此可见,《民法典》中强制性条款的功能方式是相对完善的,这种深具技术性的法律规范对于防止民事行为损害到公共利益至关重要。

鉴于民法中保护公共利益的条款主要表现为强制性条款和公序良俗条款,这就存在二者保护公共利益侧重点的区分问题。学理上,一般认为强制性条款和公序良俗条款存在种属关系,强制性的内容也属于公序良俗范畴。① 但观察立法演进可以发现,由于民法上的公共利益源于国家对社会生活的外在干预和市民生活秩序的内生需要两种不同的途径,立法上为使保护公共利益的规定更具有针对性,对强制性条款和公序良俗条款适用上作功能区分的意图是明显的。强制性条款着重于保护与“社会管理相关”的公共利益,他们通常已经上升为法律的明确规定,主要体现社会管理角度的政策要求,侧重于社会秩序的维护。而公序良俗条款主要注重日常民事生活层面的公共利益,侧重于生活秩序的维护。另外,公序良俗条款对保护公共利益具有兜底适用的价值。由于公序良俗的内容具有高度包容性,在损害公共利益的情形出现但没有明确法律规定的情况下,通常可以适用公序良俗条款去应对。

2.《民法典》对强制性条款的限制

从民法的价值观念出发,法律规范适用的强制性条款内容上应限于公共利益保护。但是,强制性条款的内容多源于公法的规定,而公法的价值追求及理念是不同于民法的,随着公法对私法的干预越来越多,就会频繁出现强制性条款指向的公法内容有些并不和公共利益内容相关,或者不明显体现公共利益的需要,而只是行政机关出于强化自身的管理职能而作的规定等。② 如果将这些内容不加甄别地运用于对民事法律行为的限制,将会导致大量的民事法律行为无效,从而严重损害民法的价值。这种风险虽然随着行政管理体制、管理职能改革正逐步减弱,但依然很高。③

审判实务演变的过程,亦能印证这种情况。1999 生效的《合同法》第 52 条规定:“有下列情形之一的,合同无效:(一)一方以欺诈、胁迫的手段订立合同,损害

① 谢鸿飞:《论法律行为生效的适法规范——公法对法律行为效力的影响及其限度》,载《中国社会科学》2007 年第 6 期。

② 许中缘:《禁止性规范对民事法律行为效力的影响》,载《法学》2010 年第 5 期。

③ 王利明:《论全面贯彻实施民法典的现实路径》,载《浙江社会科学》2020 年第 12 期。

国家利益;(二)恶意串通,损害国家、集体或者第三人利益;(三)以合法形式掩盖非法目的;(四)损害社会公共利益;(五)违反法律、行政法规的强制性规定。”合同法生效后的一段时间,法官对于合同违反第52条第(5)项规定的,几乎都作无效处理,而不细究该强制性规定的具体内容。这种处理显然不符合市场经济的需要,亦有违民法精神。为扭转这一局面,2009年最高人民法院颁布的《关于适用〈中华人民共和国合同法〉若干问题的解释(二)》第14条规定:“合同法第五十二条第(五)项规定的‘强制性规定’,是指效力性强制性规定。”但此规定颁布后,司法裁判又出现将强制性规定均理解为效力性强制性规定,从而将违反强制性规定的合同都裁判为有效的另一个极端。[①]

从对民事法律行为的效力有无影响的角度出发,需要对《民法典》强制性规定指向的公法内容做必要的区分,以限制其适用范围。这种区分的主要考虑因素有二:一是该强制性的内容是否具有民事法律上的价值。对于强制内容的着眼点并不在于限制民事法律行为或对其效果进行评判的,如仅是为了管理程序的需要而设定的内容,则不作为对民事法律行为效力的评判依据。二是该强制性的内容是否涉及公共利益保护。强制内容不涉及公共利益保护的,不应影响民事法律行为的效力。

3. 强制性条款的区分

《民法典》的规定吸收了理论研究和审判实践的合理成果,将强制性规定区分为管理性的强制性规定和效力性的强制性规定。《民法典》第153条第1款规定:“违反法律、行政法规的强制性规定的民事法律行为无效,但是该强制性规定不导致该民事法律行为无效的除外。”这是在立法层面首次将强制性规定做了区分,对于平衡民法保护公共利益和促进交易二者的关系有积极意义。

管理性强制性规定和效力性强制性规定的区分,需要结合立法意旨、价值评判等进行,以确认违反之是否损害公共利益。这本身是一个既带有认识因素,又带有变动性的事项,因此具有相当的难度,个案处理上也经常出现分歧。为在民事审判中正确适用强制性条款,最高人民法院先后以各种方法对管理性规定和效力性规定的区分进行阐释。这其中蕴含的观点和思路,对于实践中准确把握区分标准有重要的指导意义,本文加以简要梳理。

最高人民法院《关于当前形势下审理民商事合同纠纷案件若干问题的指导意

---

① 参见最高人民法院于2019年11月8日发布的《全国法院民商事审判工作会议纪要》关于合同纠纷案件审理的相关内容。

见》(法发〔2009〕40 号)第 16 条指出:“人民法院应当综合法律法规的意旨,权衡相互冲突的权益,诸如权益的种类、交易安全以及其所规制的对象等,综合认定强制性规定的类型。如果强制性规范规制的是合同行为本身即只要该合同行为发生即绝对地损害国家利益或者社会公共利益的,人民法院应当认定合同无效。如果强制性规定规制的是当事人的‘市场准入’资格而非某种类型的合同行为,或者规制的是某种合同的履行行为而非某类合同行为,人民法院对于此类合同效力的认定,应当慎重把握,必要时应当征求相关立法部门的意见或者请示上级人民法院。”

2019 年的最高人民法院《全国法院民商事审判工作纪要》(以下简称《九民纪要》)[①]认为以下强制性规定的情况应认定为“效力性强制性规定”:涉及金融安全、市场秩序、国家宏观政策等公序良俗的;交易标的禁止买卖的,如禁止人体器官、毒品、枪支等买卖;违反特许经营规定的,如场外配资合同;交易方式严重违法的,如违反招投标等竞争性缔约方式订立的合同;交易场所违法的,如在批准的交易场所之外进行期货交易。而对于关于经营范围、交易时间、交易数量等行政管理性质的规定,则认定为属于管理性强制性规定。

(1)关于违反规章的问题。《民法典》第 153 条将强制性规定限定为来自法律、行政法规,那么对规章的违反应当怎么处理?现实中地方政府、行业主管部门适用规章对民商事活动进行监管的情况很普遍,这些规章的内容贴近实际,也能弥补监管真空。如果将规章中的强制性规定均排除在外,实际上可能导致某些特殊的民商事活动失去监管,与公共利益的要求并不相符。[②] 对此,还应该留有一定的灵活处理空间。刘贵祥指出:“违反规章、监管政策等规范性文件的合同,不应认定无效。因违反规章、监管政策同时导致违反公共秩序的,人民法院才能认定合同无效。人民法院在认定是否违反公共秩序时,可以从规范内容、监管强度以及法律后果等方面进行考量,并在裁判文书中进行充分说理。”[③]

(2)关于违反市场准入资格的问题。从《民法典》的规定看,民事法律行为的有效条件之一是行为人应当具有相应的民事行为能力。民事主体的市场准入资格,实际上就是其对于特定市场活动的行为能力问题。因此,违反市场准入资格

---

① 2019 年 11 月 14 日,最高人民法院发布《全国法院民商事审判工作会议纪要》,并即时生效。这是最高人民法院出台的第九个会议纪要,而且聚焦民商事审判工作,故被称为《九民纪要》。

② 谢鸿飞:《论法律行为生效的适法规范——公法对法律行为效力的影响及其限度》,载《中国社会科学》2007 年第 6 期。

③ 刘贵祥:《〈民法典〉实施的若干理论与实践问题》,载《法律适用》2020 年第 15 期。

而进行的民事法律行为，无疑是违反民事法律行为有效条件的。但在处理上，如果一概宣布其为无效行为，则可能并不符合鼓励交易、稳定交易关系的需要。当然，如果一概做有效处理，将使法律设定的条件落空，也有可能损害公共利益。因此，对于违反市场准入资格的行为效力认定，应当采取慎重的态度，从准入资格的落实对社会秩序的影响作为基本出发点，结合监管强度进行综合考虑。

(3)关于违反行政控制程序的问题。从监督的角度考虑，对于涉及国有资产、资源、技术等特殊财产的交易，行政或者其他主管部门一般有要求其登记、批准或者备案等程序的要求。这些控制程序都有强制性，违反其是否会导致交易行为无效?[①] 对此，审判实践渐趋认为并不损害公共利益。最高人民法院(2014)民提字第216号民事判决书指出："关于《房地产买卖合同》的效力问题。《最高人民法院关于适用〈中华人民共和国合同法〉若干问题的解释(二)》第十四条规定，合同法第五十二条第(五)项规定的'强制性规定'，是指效力性强制性规定。《全民所有制工业企业转换经营机制条例》、《国有资产评估管理办法》以及《企业国有资产监督管理暂行条例》中关于国有资产转让应当进行评估、批准等程序的规定，系对履行出资人职责的机构及相关人员行为的规范，是法律对国有资产管理者课以的义务，要求管理者审慎地履行自己的职责，上述规定均属规范内部程序的管理性规定，而非效力性强制性规定，不应影响国有企业与第三人签订合同的效力。"

但是，有些行政控制程序明确规定合同需经批准才能生效的，不经批准的合同应视为不生效。最高人民法院(2009)民申字第1068号民事裁定书指出："《中华人民共和国合同法》第四十四条规定：'依法成立的合同，自成立时生效。法律、行政法规规定应当办理批准、登记等手续生效的，依照其规定。'依照合同法该条规定，此类合同虽已成立，但不像普通合同那样在成立时就生效，而是成立但未生效。"

将强制性规定区分为管理性的和效力性的影响因素和标准构成并不是一成不变的，它们很大程度上取决于一个时期对相关事项的管理强度，而后者根据不同时期公共利益的需要有强弱变化，因此，对强制性规定区分的准确把握，监管强度强弱是基本依据。例如，2020年8月18日修订的最高人民法院《关于审理民间借贷案件适用法律若干问题的规定》，将原借贷合同无效情形中的违反"违反法律、行政法规的效力性强制性规定"事由中"效力性"限制语取消，意味着国家对

---

① 刘贵祥:《论行政审批与合同效力——以外商投资企业股权转让为线索》，载《中国法学》2011年第2期。

民事借贷的监管从严，有关的强制性规定均被视为是效力性的。

（四）公序良俗条款在公共利益保护中的作用

1. 违反公序良俗的适用重点

公序良俗条款是《民法典》保护公共利益的另一重要依托。《民法典》第 8 条规定："民事主体从事民事活动，不得违反法律，不得违背公序良俗。"第 10 条规定："处理民事纠纷，应当依照法律；法律没有规定的，可以适用习惯，但是不得违背公序良俗。"第 153 条规定："……违背公序良俗的民事法律行为无效。"

仅就公序良俗的字面构成来看，其包含公共秩序和善良风俗两个方面的内容，因此适用面广泛。学者研究认为，违反公序良俗有以下类型：危害国家公共秩序类型；危害家庭关系类型；违反性道德行为类型；射幸（侥幸）行为类型；违反人权和人格尊严类型；限制经济自由的行为类型；违反公平竞争行为类型；违反消费者保护的行为类型；违反劳动者保护的行为类型；暴利行为类型。① 从立法层面观察，10 种类型中属于显性的违反公序型的情况基本上都有法律明文规制，适用违反强制性条款来进行调整即可，不需再适用违反公序良俗进行调整。笔者认为，这种对违反公序良俗适用的限缩是必要的，它可以避免对公序良俗条款适用的随意性和任意性。

公序良俗条款的适用，应侧重体现对民事法律行为伦理性的要求②，和社会道德衔接，重点面向世俗生活层面、没有明确法律规定的不符合公共利益的情况。其在民法公共利益保护体系中起着弥补法律规定不足的作用，非常重要。

2. 对违反公序良俗的判断

公序良俗本身是动态的，因此违反公序良俗也需要价值判断。这个过程需要慎重，以防止不恰当地以一些世俗规则、习惯干涉正常的民事行为。这需要从两个方面加以注意：

首先是对公序良俗的准确把握。其中，对习俗的优劣判断尤其复杂。习俗形成于特定的历史条件下，时间上一般也具有相对持久性，导致同一个时期社会上存在的习俗，价值体现上可能就会有落后、中性、先进之分。落后的习俗和社会发展相悖，自然不符合社会公共利益；中性的习俗一般情况下与社会秩序无碍，故法律容许其存在，但其亦不能代表社会的发展趋势，不能反映社会发展的需求，故纠

① 梁慧星：《读条文学民法》，人民法院出版社 2014 年版，第 15 ~ 16 页。

② 谢鸿飞：《论法律行为生效的"适法规范"——公法对法律行为效力的影响及其限度》，载《中国社会科学》2007 年第 6 期。

纷发生时不能认为违反了这类习俗即损害了社会公共利益;先进的习俗即指良俗,其符合社会的发展趋势,能够促进社会的发展,故其才反映社会的公共利益。《民法典》中的公序良俗条款,维护的应是良俗,但适用层面是反向禁止落后的习俗,因为这些行为损害了公共利益。例如,针对当前的民间借贷问题,四川省高级人民法院《关于审理民间借贷纠纷案件若干问题的指导意见》中就规定:“违背社会公序良俗是指法律行为的内容及目的违反了社会的公共秩序或善良风俗,存在以下情形之一的,应认定为违背社会公序良俗,当事人因此签订的民间借贷合同应认定为无效:(一)因非婚同居、不正当两性关系等产生的“青春损失费”、“分手费”、“精神损失费”等有损公序良俗行为所形成的债务;(二)因赌博、吸毒等其他非法行为形成的债务;(三)因托人情、找关系等请托行为形成的债务;(四)具有抚养、赡养义务关系的父母子女等直系亲属之间发生的有违家庭伦理道德和社会公序良俗所形成的债务;(五)其他违背社会公序良俗的债务。”

其次是对违反公序良俗的裁量说理。公序良俗属于价值判断范畴,[①]故对行为是否违反公序良俗应依司法裁量进行。考虑的主要方面是行为人的主观状态、行为后果以及对事件的社会评价。鉴于公序良俗的抽象性和对法律漏洞的补充功能,对违反从公序良俗行为裁量的过程要进行充分的说理,防止主观武断。[②]

三、《民法典》公共利益保护与检察工作

(一)检察职能和公益保护之间的天然联系

2017 年 9 月,习近平总书记在给第二十二届世界检察官联合会的贺信中指出:检察机关作为社会公共利益的代表,是保护国家利益和社会公共利益的一支重要力量。这一论述非常重要,它符合国际社会对检察官职责的普遍认识,也指出了保护公益对于检察机关的重要性。

其一,检察机关是公共利益的代表,这决定了检察工作的性质。[③] 其性质即保护公益是一切检察工作的出发点和归宿。虽然在不同的时期,检察工作内容上具有不同的侧重,但检察工作的基本宗旨始终应围绕保护公共利益而定位,检察

---

① 王轶、关淑芳:《认真对待民法总则中的公共利益》,载《中国高校社会科学》2017 年第 4 期。

② 于飞:《公序良俗原则研究》,北京大学出版社 2006 年版,第 205 页;王建锋、乔建刚:《违反社会公德和遵循公序良俗原则的法律行为效力》,载《人民法院报》2015 年 7 月 16 日,第 6 版。

③ 张建伟:《检察机关何以代表公共利益》,载《检察日报》2020 年 8 月 13 日,第 5 版。

职能的配置和检察方略的谋划应围绕更好地保护公共利益而展开。

其二,检察机关是公共利益的代表作为基本法理,架起了检察机关保护公共利益方面实体与程序制度的桥梁。对于检察机关而言,其在有关维护公共利益的诉讼程序中被赋予起诉、参诉或者其他监督资格,这本质上是一种诉讼担当,[①]依据即在于其是社会公共利益的代表。但检察机关需要依据实体法的规定履行职责,《民法典》等实体法上保护公共利益的相关规定就起到这种功能。足见,检察机关作为公共利益代表的职能定位,实际上起着检察机关保护公共利益具体程序和实体依据之间的桥梁作用。

从《民法典》的规定出发,其有关公共利益保护的内容和"四大检察"工作都有紧密联系。就刑事检察来看,其根本目的是维护公共利益。这在刑法理论上能够得到明确的解读,刑事检察的实践效果也能够充分地检验这一点;就民事检察、行政检察而言,损害国家利益、社会公共利益的案件一直以来都是民事、行政检察主动监督案件,损害"两益"也是民事检察和行政检察的重要切入点。也就是说,公共利益维护是民事检察和行政检察的主要工作内容;就公益诉讼检察而言,维护"两益"是公益诉讼的制度基础,也是制度构成设计的线索。《民法典》对于"四大检察"保护公共利益提供立法供给,是检察机关履行公共利益保护职责非常重要的制度基础。[②]

考虑到《民法典》的规定运用于民事检察和民事公益诉讼检察更为直接,以下本文的论述将从这两个角度进行。

(二)从社会管理层面公共利益的要求出发处理新型的民商事监督案件

当前,我国社会发展非常迅速,各种新型的交易关系、商事活动、金融消费品等不断出现。它们大都是以前所没有出现过的社会现象,相应也缺乏法律规制,且通常具有较高的专业性,发生纠纷进入司法领域后的裁判难度大[③]。从发展趋势看,这类案件当事人不服裁判而申请检察监督的数量会增多。检察机关应高度重视对这类案件的研究,它也应当是构建引领司法理念的民事抗诉工作的用武之地。

对于这些特点新、专业性强的案件,处理上要特别注意司法理念和价值判断

---

① 韩波:《论民事检察公益诉权的本质》,载《国家检察官学院学报》2020 年第 2 期。

② 邵世星:《民法典为检察机关保护公益提供立法支撑》,载《检察日报》2020 年 7 月 11 日,第 3 版。

③ 郭卫华、刘园园:《民商事新型案件法律适用的统一》,载《中国审判》2008 年第 1 期。

的运用,尤其要从公共利益维护的角度进行基本把握,防止其损害社会公共利益,从而也能为其持续、健康发展指明道路。[①] 而对是否损害公共利益予以衡量时,要结合监督规定进行。很多情况下,新型的市场交易形态出现时,尤其是涉及金融领域时,国家监管部门是高度警觉的,一般会从职能部门的角度率先做出一些监管性的规定。[②] 监管的出发点一般是防止新生事物危及相关的公共利益,监管的强弱往往和需要保护的公共利益的重要性成正比,或者说和损害公共利益行为的严重程度成正比。因此,判断这些交易等行为的效力,就需要从社会管理角度公共利益的要求出发去评判行为性质,并进而分配法律责任。

新型案件的处理要求检察官具有把握公共利益保护的基本素养,包括:掌握公共利益的特点和维度,能够面对纷繁复杂的社会现象而准确认定社会公共利益;把握好社会管理措施和做好价值衡量,准确区分违背监管措施时是否损害了社会公共利益。[③]

最高人民法院的《九民纪要》对当前审判工作的要求,方法上也适用于检察官办案。《九民纪要》阐述了当前民商事审判工作的基本理念,除了要求思维要做到"逻辑和价值相一致"外,还特别要求"注意处理好民商事审判与行政监管的关系"。这也表达了准确把握行政监管内涵的理念,对于把握好行政管理层面所要求的公共利益非常重要。

在关于金融消费者权益保护纠纷案件方面,《九民纪要》还指出:在确定卖方机构适当性义务的内容时,应当以合同法、证券法、证券投资基金法、信托法等法律规定的基本原则和国务院发布的规范性文件作为主要依据。相关部门在部门规章、规范性文件中对高风险等级金融产品的推介、销售,以及为金融消费者参与高风险等级投资活动提供服务作出的监管规定,与法律和国务院发布的规范性文件的规定不相抵触的,可以参照适用。

(三)善于运用"公序良俗"条款处理涉及社会价值观的监督案件

弘扬社会主义核心价值观是非常重要的法治目标,也是重要的社会公共利益,司法裁判必须坚守。对于涉社会主义核心价值观维护的案件,其准确处理要

---

① 殷华:《新型金融交易的裁判理念与思路》,载《人民法院报》2018 年 11 月 17 日,第 3 版。

② 吴英霞:《金融监管政策作为司法案件裁判依据的争议与方法论回应》,载《南方金融》2019 年第 11 期。

③ 苗生明:《努力践行检察官公共利益代表职责使命》,载《检察日报》2017 年 11 月 5 日,第 3 版。

求检察官自身要有正确的价值观,要敢于担当,面对案件压力要勇于坚守社会价值观,不能发生偏差或者动摇。①

社会主义核心价值观在司法案件处理中的作用和适用方法,是一个需要深入研究的问题。②《民法典》第1条明确规定了社会主义核心价值观,但其只具有引导性功能,从司法层面看其自身不是裁判规范而是裁判目的,为此维护社会主义核心价值观还需要借助裁判规则。笔者认为,鉴于社会主义核心价值观的道德属性需要借助公序良俗条款的裁判功能来予以维护。运用公序良俗条款时,也不排除进一步适用具体的裁判规则(如过错责任归责原则的适用),这种情形下公序良俗条款对具体裁判规则的正确适用有指引意义。

最高人民法院发布典型案件,对适用公序良俗条款具有参考意义。如十大典型社会主义核心价值观民事案件中的"吃霸王餐逃跑摔伤反向餐馆索赔案——马某诉佘某某、李某侵权责任纠纷案",就是典型的需要运用公序良俗条款维护社会主义核心价值观的案件。③ 最高人民法院在总结该案的典型意义时指出:吃"霸王餐"是违反公序良俗的不文明行为,吃"霸王餐"后逃跑摔伤,反向餐馆索赔,不仅于法无据,更颠覆了社会公众的是非观。本案不支持"我伤我有理""我闹我有理",对吃"霸王餐"者无理的索赔请求不予支持,发挥了司法裁判匡扶正义,引领诚信、友善、文明的社会新风尚的积极作用。这段论述,很清晰地指出了公序良俗条款在社会主义核心价值观维护案件中的运用。

---

① 莫纪宏:《把"核心价值观"融入到检察权行使过程》,载《检察日报》2019年8月27日,第3版。

② 赵栋梁等:《社会主义核心价值观融入司法裁判的路径、方法与机制——"司法裁判弘扬社会主义核心价值观的理论与实践"研讨会综述》,载《人民法院报》2020年1月9日,第8版;孟融:《中国法院如何通过司法裁判执行公共政策——以法院贯彻"社会主义核心价值观"的案例为分析对象》,载《法学评论》2018年第3期。

③ 该案基本情况是:佘某某、李某系夫妻关系,二人经营餐馆。马某等人在佘某某、李某经营的餐馆就餐,餐费约260元。李某因发现马某等人未结账即离开,于是沿路追赶。李某看到马某等人后,呼喊买单再走,马某等人遂分散走开,其中马某距离李某最近,李某便紧跟着马某,并拨打"110"报警。随后,佘某某赶到,与李某一起追赶马某,马某在逃跑过程中摔伤。经鉴定,马某损伤程度属轻伤二级,住院治疗产生医疗费等支出。马某遂诉至法院,请求判令佘某某、李某赔偿其因被追摔伤所造成的各项经济损失4万余元。襄阳市中级人民法院认为,就餐后付款结账是完全民事行为能力人均应知晓的社会常理。马某等人就餐后未买单,也未告知餐馆经营人用餐费用怎么处理即离开饭店,属于吃"霸王餐"的不诚信行为,经营者李某要求马某等人付款的行为并无不当。佘某某、李某在发现马某等人逃跑后阻拦其离开,并让马某买单或者告知请客付款人的联系方式,属于正当的自助行为,不存在过错。马某在逃跑过程中因自身原因摔伤,与李某、佘某某恰当合理的自助行为之间并无直接因果关系,李某、佘某某不应对马某摔伤造成的损失承担赔偿责任。参见《人民法院大力弘扬社会主义核心价值观十大典型民事案例》,载《人民法院报》2020年5月14日,第3版。

对于社会现实中出现的新型交易关系,十大典型社会主义核心价值观民事案件中的“暗刷流量合同无效案”,也适用公序良俗条款评判并裁决。① 法院认为,常某某与许某之间“暗刷流量”的交易行为侵害广大不特定网络用户的利益,进而损害了社会公共利益、违背公序良俗,其行为应属绝对无效。常某某与许某在合同履行过程中的获利,应当予以收缴。

(四)运用《民法典》相关规定做好检察公益诉讼工作

检察公益诉讼工作的深入开展,既需要细化相关诉讼程序,更需要解决实体法上的请求权基础。《民法典》对于公共利益保护的有关规定,将有助于当前检察机关开展公益诉讼时提出有关诉讼请求。②

上述《民法典》保护公共利益常用的强制性条款和公序良俗条款的规定,亦适用于检察民事公益诉讼工作。前者是公共利益保护的规范方式,主要适用于对损害公共利益行为的判断;后者是公共利益保护的工作方式,是以起诉的方式对损害公共利益的行为进行法律处理。

《民法典》的相关规定,直接或间接地触及以下领域的公共利益保护,检察机关可以提起相关公益诉讼:

1. 英烈保护的公益诉讼

2017 年通过并生效的《民法总则》、现《民法典》第 185 条规定:“侵害英雄烈士等的姓名、肖像、名誉、荣誉,损害社会公共利益的,应当承担民事责任。”为了贯彻总则的规定,2018 年 5 月 1 日生效的《英雄烈士保护法》第 25 条规定:“对侵害英雄烈士的姓名、肖像、名誉、荣誉的行为,英雄烈士的近亲属可以依法向人民法院提起诉讼。英雄烈士没有近亲属或者近亲属不提起诉讼的,检察机关依法对侵害英雄烈士的姓名、肖像、名誉、荣誉,损害社会公共利益的行为向人民法院提起

---

① 该案案情是:许某通过微信向常某某寻求“暗刷的流量资源”,双方协商后确认常某某为许某提供网络暗刷服务,许某共向常某某支付 3 次服务费共计 1 万余元。常某某认为,根据许某指定的第三方 CNZZ 后台数据统计,许某还应向常某某支付流量服务费 30,743 元。许某以流量掺假、常某某提供的网络暗刷服务本身违反法律禁止性规定为由,主张常某某无权要求支付对价,不同意支付上述款项。常某某将许某诉至北京互联网法院,请求判令许某支付服务费 30,743 元及利息。北京互联网法院认为,“暗刷流量”的行为违反商业道德底线,使得同业竞争者的诚实劳动价值被减损,破坏正当的市场竞争秩序,侵害了不特定市场竞争者的利益,同时也会欺骗、误导网络用户选择与其预期不相符的网络产品,长此以往,会造成网络市场“劣币驱逐良币”的不良后果,最终减损广大网络用户的利益。参见《人民法院大力弘扬社会主义核心价值观十大典型民事案例》,载《人民法院报》2020 年 5 月 14 日,第 3 版。

② 邵世星:《民法典为检察机关保护公益提供立法支撑》,载《检察日报》2020 年 7 月 11 日,第 3 版。

诉讼。负责英雄烈士保护工作的部门和其他有关部门在履行职责过程中发现第一款规定的行为,需要检察机关提起诉讼的,应当向检察机关报告。英雄烈士近亲属依照第一款规定提起诉讼的,法律援助机构应当依法提供法律援助服务。”这两个条文确立了侵害英烈检察民事公益诉讼的基本制度内容。

运用以上规定时,需要重点把握的内容包括:

(1)关于英雄烈士的认定。《英烈保护法》规定的保护对象专指英雄烈士,因为他们的事迹影响广泛,其形象承载着民族感情和社会价值观,对英雄烈士的姓名、肖像、名誉、荣誉的侵害一般会损害社会公共利益,需要运用公益诉讼的方式予以保护。对于是否属于英雄烈士的认定,应由职能部门进行,检察机关不宜自行决定。另外,除英雄烈士外,《民法典》中“等”外人物的认定,应从相关人物自身是否承载社会价值观和公众情感、相应的侵害行为是否会造成社会公共利益损害的后果等方面进行。①

(2)关于公益诉讼的构成条件。对此应主要把握好三个方面:其一,侵害客体是英雄烈士等的姓名、肖像、名誉、荣誉。《民法典》及《英烈保护法》均没有明确规定其他受侵害的客体,但有进一步讨论相关问题的必要。第一,侵害英雄烈士的遗体、遗骨、墓穴、墓碑等的,是否可以列入公益诉讼的范围?由于侵害英烈损害社会公共利益的表现主要是侵害社会价值观和公众情感,而侵害英烈的遗体、遗骨、墓穴、墓碑等的行为情节严重的,是完全可能达此后果的,所以应不排除将对此类客体的侵害列入公益诉讼范围。第二,侵害英雄烈士的隐私,是否可以列入公益诉讼案件范围?应当承认,侵害英烈的隐私,确实会给英烈形象等造成一定的损害,但将侵害其隐私列入公益诉讼的范围则有以下方面的不妥:首先,从侵害客体上看,由于隐私在本性上属于个人保有的客观存在的信息,一般不涉公共利益,因此即使隐私受到侵害,通常也不会造成公共利益损害的后果。其次,从侵权行为方式上看,侵害隐私一般以非法、不正当披露隐私为表现形式,而侵害姓名、肖像、名誉、荣誉的,一般包含侮辱、诽谤、毁损等行为,二者之间有明显差异。最后,从责任方式上看,侵害英烈的姓名、肖像、名誉、荣誉造成公益损害的,行为人一般要承担消除影响、恢复名誉及赔礼道歉责任,它们都蕴含着要澄清事实的内容,这也不适合侵害隐私的救济。

---

① 邵世星:《五方面把握英烈保护公益诉讼法律适用》,载《检察日报》2018 年 5 月 23 日,第 3 版。

其二,侵害后果造成了公共利益的损害。[①] 侵害行为损害了社会价值观、损害了公众情感,不利于社会的和谐及稳定,需要对损害后果进行修复。如果侵害行为情节较轻,尚未造成严重的公共利益损害的,则不必作为公益诉讼案件范围。这也是检察公益诉讼贯彻审慎性的要求。

其三,英烈没有近亲属或者近亲属不起诉。[②] 受侵害的英雄烈士等有近亲属的,他们的情感及亲属间的利益会受到损害。这里所说的亲属利益,是指亲属间共享的家族荣誉、发展机遇等,这种损害属于特殊的法益损害。受损害的近亲属遭受上述损害的,可以以原告身份提起诉讼。此情形下,即使侵害行为同时损害社会公共利益,也不需要检察机关另行提起公益诉讼。因为侵权责任一旦成立,通过要求侵害人承担公开消除影响及赔礼道歉的责任,能够扩张裁判的既判力,从而对受损害的公共利益也能够起到弥补作用。因此,检察机关只在英烈没有近亲属或者近亲属基于各种原因不起诉的情况下,同时侵害行为损害社会公共利益的,才提起公益诉讼。由于这种公益损害的责任之一同样是要求侵害人公开消除影响及赔礼道歉,从而也能在一定程度上弥补英烈近亲属的精神损害和家族利益的损害。[③]

逻辑上,检察机关提起公益诉讼以英烈没有近亲属或者近亲属不起诉为前提,因此检察机关决定提起公益诉讼前需要对此事实予以查证。这实际上构成检察机关提起诉讼的前置程序。[④] 至于查证的具体方式,则应根据案件中英烈近亲属生存的实际情况确定,可以是电话查证,也可以是公告查找等。

(3)关于诉讼请求。《民法典》第185条和《英烈保护法》相关条文均规定,侵害英烈的姓名、肖像、名誉、荣誉损害社会公共利益的,应承担民事责任。从实务来看,检察机关提起公益诉讼的这类案件,诉讼请求基本上是停止侵害、消除影响、恢复名誉和赔礼道歉。这些责任方式也是适宜的,能够在一定程度上维护这类案件体现的公共利益。[⑤]

但是,以赔礼道歉为主的责任方式也有不足,主要是震慑力和惩罚性不够,不

---

① 李后龙:《英烈保护民事公益诉讼应以损害社会公共利益为前提》,载《人民检察》2018年第18期。

② 仲伟珩:《英烈保护民事公益诉讼案件办理须解决四个问题》,载《人民检察》2018年第18期。

③ 张鸣起:《侵害英烈人格权益应当承担民事责任》,载《人民政协报》2017年5月23日,第12版。

④ 张丽丽:《论英烈保护公益诉讼的诉前程序》,载《西南政法大学学报》2018年第4期。

⑤ 季秀平、肖天奉、王新阳:《侵害英烈人格利益问题的理论与实践》,载《人民检察》2018年第21期。

足以防止侵害行为再次发生和弥补受损的公共利益。笔者认为,这类案件还可以探讨赔偿损失的责任承担。侵害英烈损害社会公共利益的,可以探讨承担精神损害赔偿责任。就侵害英烈行为造成公益损害的特点来看,它是对社会价值观的侵害,也是对公众情感的侵害。而这两个方面都带有精神属性,由侵权人承担精神损害赔偿责任是恰当的。同时,精神损害赔偿责任的功能不仅体现在对社会公众情感的抚慰和社会价值观的恢复,也体现了对行为人的惩戒。[①]

适用精神损害赔偿的难点,在于赔偿数额怎么确定。这既影响检察机关诉讼请求的提出,也影响法院裁判的作出。对社会价值观和民众情感的侵害造成的公众精神层面的伤害,和民事主体个体的精神损害有很大不同,其具有概括性和一定的抽象性,并且不通过物质载体而体现,因此采取客观方法确定精神损害赔偿的数额几无可能。笔者认为,在侵害英烈的公益损害赔偿金的计算上,可以探讨采用主观标准,由法律规定一定的赔偿幅度,司法人员根据侵权人的主观过错程度、侵权情节、手段、造成的影响大小等因素,酌定提出赔偿数额。

2. 环境和生态损害的公益诉讼

2017 年 6 月,《民事诉讼法》第三次修订增加第 55 条第 2 款(现《民事诉讼法》第 58 条第 2 款)规定:“人民检察院在履行职责中发现破坏生态环境和资源保护、食品药品安全领域侵害众多消费者合法权益等损害社会公共利益的行为,在没有前款规定的机关和组织或者前款规定的机关和组织不提起诉讼的情况下,可以向人民法院提起诉讼。前款规定的机关或者组织提起诉讼的,人民检察院可以支持起诉。”这是经过两年的检察公益诉讼工作试点以后,正式在立法上确立了该项制度。但对于“破坏生态环境和资源保护”的案件范围,表述存在不够清晰的问题。[②]

《民法典》侵权责任编贯彻绿色民法典的要求,对于污染环境、破坏生态的民事责任有开创性的规定,为检察机关提起环境及生态损害类民事公益诉讼提供了实体法上的依据。《民法典》第 1229 条规定:“因污染环境、破坏生态造成他人损害的,侵权人应当承担侵权责任。”第 1234 条规定:“违反国家规定造成生态环境损害,生态环境能够修复的,国家规定的机关或者法律规定的组织有权请求侵权人在合理期限内承担修复责任。侵权人在期限内未修复的,国家规定的机关或者

① 邵世星:《五方面把握英烈保护公益诉讼法律适用》,载《检察日报》2018 年 5 月 23 日,第 3 版。

② 秦天宝、黄成:《类型化视野下环境公益诉讼案件范围之纵深拓展》,载《中国应用法学》2020 年第 4 期;竺效:《论环境侵权原因行为的立法拓展》,载《中国法学》2015 年第 2 期。

法律规定的组织可以自行或者委托他人进行修复,所需费用由侵权人负担。”;第1235条规定:“违反国家规定造成生态环境损害的,国家规定的机关或者法律规定的组织有权请求侵权人赔偿下列损失和费用:(一)生态环境受到损害至修复完成期间服务功能丧失导致的损失;(二)生态环境功能永久性损害造成的损失;(三)生态环境损害调查、鉴定评估等费用;(四)清除污染、修复生态环境费用;(五)防止损害的发生和扩大所支出的合理费用。”上述3个条文,共同组成了《民法典》关于环境、生态损害类公益诉讼的请求权基础规范内容。它们在适用上的把握重点有以下几个方面:

(1)关于一般规定。《民法典》第1229条是环境、生态侵权责任的一般性规定,既适用于侵害私益的责任,也适用于侵害公益的责任,自然构成检察公益诉讼的请求权基础。

(2)关于修复责任。《民法典》第1234条规定的修复责任,专门适用于生态环境受损功能的修复。应当注意的是,有学者将环境修复责任等同于民事责任中的恢复原状,①对此笔者不赞同。笔者认为,修复责任不同于一般民事责任中的恢复原状。恢复原状针对财产损害进行,适用于财产完整性受损但通过修补方式能够快速复原的情况。它在受损财产能够通过修补而恢复原状的情况下适用,不能恢复原状或者恢复成本高于赔偿损失的,应转化为适用赔偿损失。恢复原状的适用既要受制于可能性,也要体现效益性。② 在环境侵权类案件中,对于在环境中堆放、抛洒污染物等破坏环境的,通常也把要求行为人清除称作恢复原状,这在使用上也无不妥。但环境及生态损害中的修复责任,是针对生态、环境的“功能”损害采用的,所需时间具有长期性,计算方法具有虚拟性,效果评估体现专业性,是一种针对环境损害的全新的责任方式。③ 因此,把修复责任简单理解为是一种恢复原状的观点是不正确的,也不利于修复责任的正确适用。修复越来越多地运用于环境公益诉讼中,其内容及具体方式是比较复杂的④。这里对修复方式采用结构图的方式予以说明(见图1)。

---

① 李宁:《环境司法领域恢复原状适用的现实困境与制度重构——以中国裁判文书网216份判决书为研究对象》,载《法律适用》2020年第2期。

② 崔建远:《恢复原状请求权辨》,载《甘肃政法大学学报》2020年第5期。

③ 魏旭:《环境修复与恢复原状制度辨析——环境修复制度对民事法律救济的承继与突破》,载《法治论坛》2019年第1期。

④ 李挚萍:《环境修复法律制度探析》,载《法学评论》2013年第2期。

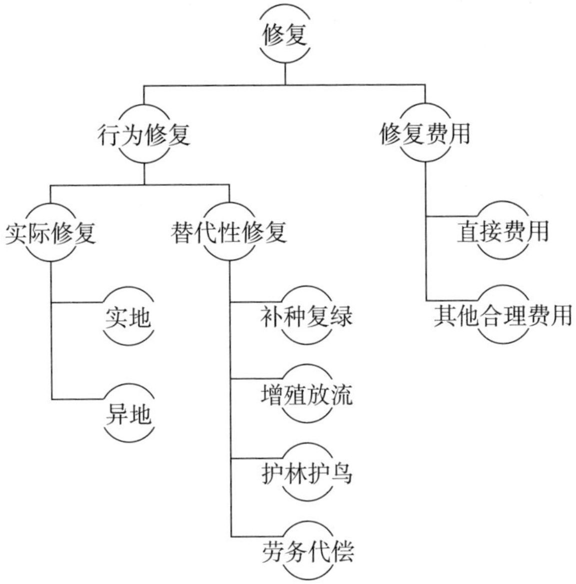

图 1 修复责任方式示意

(3)关于赔偿损失。《民法典》第 1235 条规定的赔偿损失针对的是生态环境功能相关损失,既不同于一般民事赔偿对象的直接损失,也不同于一般民事赔偿对象的间接损失,具有特殊性,超出传统民事责任的赔偿范围。这也是《民法典》第 1235 条对生态环境损害赔偿项目专门规定的原因,只适用于公益诉讼的损害赔偿。具体赔偿数额的计算,一般采用虚拟成本法进行。这方面的内容,本文不再详述。

《民法典》关于生态环境损害的修复及赔偿责任的规定,特性上不同于传统民事责任方式,体现了《民法典》在公益保护上的与时俱进,也使《民法典》在保护公益方面具有了相当的张力。这对于其他案件领域中检察公益诉讼的立法模式选择,也具有参考的意义。

侵害英烈的公益损害责任和侵害生态环境的公益损害责任在《民法典》中得到明确规定,直接提供了检察机关办理这些案件的实体法依据。除此之外,法典还有很多内容虽然还没有对公益保护、公益损害责任作出规定,但检察机关仍可以在相关公益诉讼案件办理中以适当的方式适用之。例如,在办理损害不特定消费者的公益诉讼案件中,可以适用《民法典》规定的消费侵权的责任方式;在办理未成年人保护的公益诉讼案件时,可以适用《民法典》涉及监护、子女抚养、收养等众多未成年人保护的规定;在办理侵害自然人个人信息的公益诉讼案件时,可以适用《民法典》人格权编关于个人信息保护及侵权责任编的相关规定等。这些，我们暂且称为立法“借用”，是当前办理公益诉讼案件常用的引法方法。[①] 限于篇幅，本文对这些方面不再展开论述。

检察公益诉讼制度在我国刚刚起步，案件选择仍在指定范围内进行，一俟条件成熟，其发展潜力巨大，尤其是民事公益诉讼案件范围可扩展的领域很多。在开拓民事公益诉讼案件范围时，民事行为违反强制性条款和公序良俗条款依然是判定行为损害公共利益的重要依据。

四、结语

民法以保护个人权利和个人自由为己任，但公共利益保护在民法中并非另类。个人利益和公共利益如影随形，既对立又相互依存。民法中的公共利益保护制度，本身具有划定个人权利边界的功能，因此实际上也保障了个人权利和个人自由。正因如此，公共利益保护越来越受到民事立法的重视，并业已形成民法的重要制度。在民法保护公共利益的制度体系中，强制性条款、公序良俗规定是重要的保护公共利益的方法。

《民法典》的制定，既是进一步提升民事主体民事权利保护水平的一次契机，也是规范和强化社会公共利益保护的重大机遇。《民法典》在我国法律体系中具有基础性的地位，其中的公共利益保护制度同样如此。但在过往的认识中，并没有足够重视民法及其制度在保护公共利益中的价值，也没有探索出行之有效的方法。

检察机关是公共利益的维护者，在保护公共利益上负有重大使命，深入探究《民法典》公共利益保护制度与检察工作的关系，有双向的意义。一方面，它可以拓展《民法典》的价值，使其在公共利益保护方面的功能得以强化，对民法未来的发展趋势有所启迪；另一方面，它可以拓展检察机关保护公共利益的有效方法。探索公共利益保护的民法方法，会使检察职能更加完善和平衡发展，对公共利益保护的效果也会更加凸显。

---

① 邵世星：《食品药品类公益诉讼案件赔偿请求的适用标准》，载《人民检察》2020年第10期。

专题三

《民法典》实施中商事纠纷检察监督要点

赵 玉[*] 国家检察官学院

目 次

* 赵玉,国家检察官学院教授。

一、背景和框架

(一)民商合一的《民法典》

2020 年我国重要的一部法典横空出世——《民法典》。在《民法典》编撰的时候曾经有两种方案:第一种方案是采取民商分立的方式。传统的大陆法系国家都是制定两部法典,一部《民法典》,另一部《商法典》,两个法典并行。第二种方案是采取民商合一以提取公因式的方式将民事法律当中的要素和商事法律当中的要素汇总在一起,形成民商合一法典。最后经过讨论,我们沿用我国传统的立法模式,采取了民商合一的法典形式。

在《民法典》的七编 1260 条的民商融合中,我们可以看到在每一编的内容当中都既包含了民事条款,也包含了商事条款。比如:在总则编当中,法人制度就是总结了公司法当中法人制度的司法经验,经过进一步提炼纳入了《民法典》总则编。在物权编当中,担保物权则比较突出,新增的担保物权的种类当中,有很多都是基于商事领域当中的不断创新,如让与担保、价金的超级优先担保等。在合同编当中,更是民事条款与商事条款紧密交叉,有一部分合同是市民社会当中平等交易主体的合同,也有一部分是商事领域当中商事交易合同,还有一部分是消费者与经营者之间的格式条款,针对不同的主体以及交易能力的差异,立法给出了不同的安排。这样可以打破形式上的平等,实现实质上的公正。在婚姻家庭编当中,最高人民法院《关于适用〈中华人民共和国民法典〉婚姻家庭编的解释(一)》给出了很多衔接性的条款,财产内容不仅仅包括传统的家庭生活财产、生产财产,也包括投资型财产、公司股权、证券以及进入到公司当中的经营性财产等,这一部分也是民商交叉。在侵权责任当中还是如此,我们能够突出看到普通的消费者与经营者、生产者、销售者之间权利义务设定的差异,以此来更好地维护市场经济秩序。

在我们国家的法律体系当中特别是民商事法律体系当中,《民法典》颁布之后就形成了以《民法典》为一般法,以商法的部门法为特别法的总分结构,除了《民法典》外,还包括了 20 多部商事特别法。商法当中的一些核心理念被汇聚在《民法典》当中,但是商法当中所特有的一些技术性条款被保留在特别法当中。比如《公司法》《证券法》《海商法》《票据法》《保险法》等。

(二)民商关系的探讨

关于民商的关系在理论界一直没有定论,有人提出商法具有特殊性,也有学者主张商法只具有特别性，还达不到特殊的程度。所以商事的通则“商法典”以及对于商事主体、商事行为高度概括的提炼内容并没有充分总结出来。但从传统的理论上来说，我们对民商关系有两个比较贴切的比喻。第一种是被称为人字型结构，民商就仿佛人的一撇一捺。在基本的法律行为、意思表示、代理制度当中他们的基本理论多数是重合的，并且拥有共通的法理基础。但到了具体的交易行为当中，两者又向着不同的价值导向进行了分化。民事当中更多地强调平等保护，而商事当中更突出外观主义，以及商人的意思自治。第二种比喻是冰川理论。冰川理论把商法规则比喻成漂浮在海面上的冰川，它就像冰川一样随着冰川的融化源源不断注入海洋当中。商法规则也源源不断地将自己成熟的一些制度、理念源源不断地输入民事法律当中。在《民法典》起草当中，表现出这种商事理念向民事理念转换的过程，特别是在合同的效力方面表现得非常突出。

（三）商事裁判思维

我国从2009年开始首次使用“商事裁判”的称谓，进而在一次次的司法判决当中不断地总结、归纳最后形成了四种典型的商事思维。

一是营利性型思维。这次《民法典》将营利这个概念纳入了《民法典》体系当中。这一思维以营利作为民事和商事最根本的一个差别，具有营利性的主体就是商事主体，而不以营利为目的的行为就是民事行为。民法侧重人文关怀，法律当中多有显失公平、重大误解等条款，允许当事人享有撤销权。而在商事领域当中，它对人的预设是比较熟悉商业规则、有商业识别能力并具有商业风险判断能力的主体。在民事赔偿当中往往止步于直接损失，而在商事领域当中，赔偿可以扩张到预期利益。

二是意思自治的思维。民法当中有很多带有温度、带有法律关爱的条款，强调对弱者的保护。比如对未成年人、家庭奉献者、老年人的保护等。而商法当中，对于进入商事领域的主体通常都强调大家是平等（商事）主体。德国有一个法学家曾经说过“商事领域无弱者”，它是一个功利性比较强的法律价值取向，很少出现对弱者的特殊照顾，更多地尊重商人的意思自治。

三是团体性思维方式。我们熟悉的各种企业，其实本身是一种组织形态，在企业生产经营的过程中往往以组织的意思表示、组织的行为来进行生产经营。这不是个人的行为，而是通过多个股东或者合伙人共同形成的团体意思表示，由法定代表人或者其他依职权的代理人来完成生产经营。所以，在商法当中组织法特色、团体法特色突出，有大量表决类的法律条款。

四是外观思维。在民事法律当中善意取得和表见代理只作为例外条款出现,民法当中更多的是考察“物”流动的有因性。但在商法当中,外观主义大放异彩,因为商事流通的快速以及地域的广袤,所以更强调外观主义的效力,使外观主义成为商法领域一种基石性的原则。相对人只要根据外观做出权利的推断,就产生预期的利益,即使权利的实际情况与外观登记不一致,也依然产生法律效力。并且,对于预期利益的界限以外观登记为上限,对债权人的保护不超过外观主义的边界。外观主义从民法当中来,但是在商法当中表现得更加突出。

基于这样四个比较特殊的商法思维,要求大家对于涉及商事领域的司法裁判更为精准适用法律。

(四)检察商事监督理念

在民营经济法治建设峰会上,张军检察长曾经亲切地说,我们检察机关就是民营企业家的“老娘舅”。检察司法的目的是为真爱而管,为健康成长而依法处罚。检察机关服务于民营企业、保护民营企业家人身和财产的安全,对于民营企业的产权要做到平等保护。检察机关在学习《民法典》时,要全面的学习并落实习近平总书记关于支持民营经济发展的重要讲话精神,全面提升司法办案质量和水平。特别是在服务和保障民营经济发展方面,“四大检察”合力创造市场化、法治化、国际化的营商环境,提供现代化法治保障,更好地发挥法律的监督职能。通过办理涉及民营企业的民事诉讼案件,包括生效裁判监督,执行违法监督和审判程序违法监督切实保护好市场主体的产权和自主经营权,激发市场主体的活力。

民商合一的《民法典》对于检察工作提出了更高的要求。习近平总书记说,加强《民法典》的执法司法活动,把《民法典》作为行政决策、行政管理、行政监管的重要尺标,坚决防止以刑事案件名义插手民事纠纷、经济纠纷。要加强民事检察工作,加强对司法活动的监督。张军检察长也指示,要坚持精准履行监督职责,提升检察工作品质,推动民事检察工作迈向新阶段。

二、《民法典》实施中商事监督理念

(一)典型商事纠纷的识别

在民商合一的《民法典》当中,我们要区分哪一条款是民事条款,哪一条款针对商事条款。这是比较困难的工作。该如何判断民事案件和商事案件它的法律适用条款呢?依据逻辑判断的推理应分为三个阶段:事实前提、法律适用以及法

律后果。整个过程是通过法律涵摄,把一个事实行为准确地囊括在某一个具体条款的法律范围调整之内,根据条款推导出法律判断的结果。在民事和商事事实行为的区分当中,我们一般采取两种方式来共同判断,第一是主体判断,第二是行为判断。

1. 主体判断

在大陆法系国家,如德国,更早地形成了商法典。随着整个资本主义经济的发展,商人阶层首先形成,这要求法律完成商人主体的登记,在商人主体登记的基础之上确定商事主体,依据主体的不同分别民事规则和商事规则。

2021 年 4 月通过的《市场主体登记管理条例》是一个商事主体的登记条例,它在 2022 年 3 月 21 日正式实施,在该条例的第 2 条中列举了以营利性为目的从事经营活动的自然人、法人和非法人组织,包括公司、非公司企业法人及其分支机构、个人独资企业、合伙企业、农民专业合作社、个体工商户、外国公司分支机构等。按照《市场主体登记管理条例》,以营利为目的从事经营活动的自然人、法人以及非法人组织需要完成市场主体的登记。这样,我们就更容易判断哪些主体是商事主体,可以帮助我们在法律适用的时候更为精准的判断适用民事条款,还是商事条款。

2. 行为判断

现代生活当中,每一个人都有多重身份,在家庭生活当中是民事主体,购物时是消费者身份,而开个网店就变成了商事主体。现代生活已经无法单纯地运用主体去判断民商行为,要辅之以行为判断。

民事行为与商事行为区分的核心已经被清晰地写进了《民法典》,即营利性。营利性一般具备三个要素:第一,以营利为目的,以获取利润为最终的目的。第二,一般具有组织性,比如,企业类型公司、合伙以及其他的企业形态,往往以组织的方式存在。第三,具有经常性和反复性,不是进行偶尔一次行为,而是常年从事重复性行为。

3. 民法原则于商事审判中的限缩

(1)商事交易习惯

民事司法裁判和商事司法裁判的法律适用是有明显差异的。在商事的司法裁判当中,商事交易习惯是一个非常重要的司法裁判要素。《民法典》把习惯作为司法裁判的一个标准。习惯作为司法裁判的标准主要适用于两个领域:一是婚姻家庭领域,特别是少数民族地区,有一些婚姻的习俗。二是商事交易领域,在商事交易领域当中往往在特殊的领域充斥着大量的商事习惯,比如,我们在对外贸易当中的离舷过舷等一些交易规则。在司法当中要重视商事习惯在司法裁判中的地位和价值。

这里举一个案例进行说明。在商事拍卖中,有一个交易习惯叫作“三声报价”,就是拍卖官在台上问三次有没有更高的价格,如果没有人愿意出更高价格,那么拍卖师一锤定音,确定交易价格。但是在一次拍卖当中交易员失误了,拍卖员失误了,他只报价了两次就敲下了他的锤子,确定了价格。按照民事合同来判断,这样的一个拍卖合同或者这样一个拍卖行为是否发生法律效力呢?按照传统的合同法就可以看到,有要约,有承诺,双方意思表示一致,达成共识那么合同就成立。而在拍卖这样一个领域,是“三声报价”。在曾意龙与江西金马拍卖有限公司、中国银行股份有限公司上饶市分行、徐声炬拍卖纠纷案[①]中,法院指出:在拍卖活动中,“三声报价法”是拍卖行业的惯例,拍卖师的拍卖行为违反法律规定和行业习惯做法,侵害有关竞买人的合法权益的,应认定其拍卖行为无效。所以最后这个案件以违反了商事交易习惯,认定拍卖行为无效。

(2)显失公平

在商事裁判当中能够明显与民事司法裁判产生不同结果的就是显失公平。在2005年左右,我国四大行在上海证券交易所和香港证券交易所同时上市。为了顺利上市,四大行对不良资产进行了剥离,把各种不良资产打包进行处置。这就出现不良资产的管理公司处置资产时,为了节约成本,将一部分资产合集在一起的现象。至于这部分资产,特别是债权究竟有多少能够实现,是很难判断的。所以就发生了这样一起案件,例如不良资产管理公司处理自己资产包的时候,以200万元的价格出售了资产包。资产包被一个中介机构买到了手里,请专业的律师团队对资产包进行了梳理。经过了四五年漫长的多项诉讼,最终实现债权三千多万元。不良资产公司到法院提起诉讼,以显失公平为由要求撤销合同。这在诉讼中是不予支持的。银行不良金融债权的资产包整体出售转让,不能看作民法的一般资产的买卖关系,而是一种风险与收益的转移,受让人不能以盈利目的不能实现为由提出解除合同的诉讼请求,不能适用民法的显失公平进行判断。因为在资产包的处理过程当中,需要投入大量的时间、精力、人力、物力,需要经过一次次的司法诉讼,并且存在很大的或然性。所以,进入到商事领域活动的主体都是具备商事识别能力和商事风险能力的,显失公平在商法领域很少被适用。

再如,山西金海能源与沁和能源股权转让纠纷案[最高人民法院(2011)民二

① 最高人民法院民事判决书,(2005)民一终字第43号,载《最高人民法院公报》2006年第1期。

终字第 76 号］也能说明这个问题。2007 年，张某以转让金海煤矿股权的方式向山西沁和投资有限公司（以下简称沁和能源）借款。沁和能源支付 4.23 亿元给张某，获得了金海煤矿 46% 的股份。股权过户 3 年后，该煤矿市价飙升至上百亿元。2010 年，张某以转让价格过低为由提起诉讼。试问，商事领域股权并购议定对价，事后能以“显失公平”主张吗？显然不能。从事商事交易当然应该承担商事风险，所以这样的一个交易结果，只能说张某非常遗憾地错过了这个上市公司的实际控制权。在商法领域中，适用显失公平要特别谨慎。“商法领域无弱者”，在民事领域中经常会有照顾弱者或向弱者倾斜的条款，而商事领域中很少出现此类条款。

（二）非营利组织有关问题

营利性组织和非营利性组织的财产权有重大的区分。非营利法人是以社会公益为目的而设立的，明显区别于以谋求利润为目的的营利性法人。我们常说，商法带有很强的功利主义色彩，是为了谋求利益。而非营利法人并没有充斥这种功利色彩，而是为了公益的目的或者其他非营利目的而设立的组织，不得从事营利性事务。为了鼓励公益行为，我们国家也出台了一系列的配套措施，如在税收上享有很多优惠政策，以保证非营利法人能够顺利、全面运用自己的资产，更好地为社会公共利益谋福利。如果一方面既享有非营利的税收优惠，另一方面又从事营利性活动，这样就和立法的初衷相违背。所以，非营利性法人从事的营利性活动都是无效的法律行为。

非营利机构法人是没有财产权的，对非营利法人的出资视为对国家的捐赠。《民法典》第 95 条明确规定，为公共目的成立的非营利法人终止时，不得向出资人、设立人或者会员分配剩余财产。剩余财产应该按照非营利法人章程的规定，或者权力机构的决议用于社会公益目的。无法按照章程规定或者权力机构决议处理的，由主管机构转给宗旨相同的，或者相近的公益性法人，并向社会公告。

在起草《民法典》非营利法人财产权相关规定的过程中，发生了一个具有影响性的案件——蓝翔技校案。蓝翔技校的创始人和他的配偶两个人发生离婚纠纷，要对蓝翔技校的财产进行分割。经过多次当庭辩论，在查看蓝翔技校的工商登记文件时，发现蓝翔技校所登记的是非营利性法人。作为一个学校，这么多年蓝翔技校享有国家所给予的各种税收优惠政策。同时蓝翔技校的创始人也表示，愿意将蓝翔技校的所有出资捐赠给国家为技术培训事业、为公益事业作出贡献。最后司法裁判认定蓝翔技校以及蓝翔技校出资所下设的所有的企业、分支机构所涉及的财产权都视为对国家的捐赠。

2016 年 9 月最高人民法院公报案件中的一个案子是,有五个自然人投资办了一个美术学校,这五个人为了非营利性的美术学校股权发生了纠纷。《民办教育促进法》明确规定,对于学校的出资属于对社会的捐赠,民办学校的出资人投入的财产归属于社会,而并非归属于出资人。这个公报案例也进一步强化了非营利性法人的财产权所有。这些司法经验最后都体现在《民法典》当中。

(三)边缘性商事主体——两户

在商事主体中,个体工商户和农村承包经营户具有边缘性,司法实务界和学界在确认其是否为商事主体时存在争议。在《民法典》起草过程中,也有学者提出个体工商户和农村承包经营户可以取消,以企业形态的合伙和公司来取代这两种主体,但《民法典》最后还是保留了个体工商户和农村承包经营户,并且没有纳入营利性组织当中,而是放在了自然人的篇章中。首先,相对来说商事主体所承担的责任要高于民事主体。个体工商户和农村承包经营户是家庭性生产,不仅是一个生产单位,还是家庭的生活经营性单位。一旦被纳入了商事领域,责任有些过重。其次,从整个成员构成上看,个体工商户和农村承包经营户的主要成员是家庭成员,而并非商事组织,家庭成员之间除了经营性关系还包含着更深重的伦理关系。"两户"放在自然人篇章,既兼顾家庭的伦理关系,又保有一定的组织性。

《民法典》第 56 条明确规定"两户"的债务问题,确立了债务的司法裁判标准,即实际经营者标准。个体工商户的债务,个人经营的,以个人财产承担;家庭经营的,以家庭财产承担;无法区分的,以家庭财产承担。农村承包经营户的债务,以从事农村土地承包经营的农户财产承担;事实上由农户部分成员经营的,以该部分成员的财产承担。按照民事的传统理论,行为主体与责任主体相一致,谁经营谁承担责任。从这样的责任主体也可以看出,个体工商户和农村承包经营户并不是民法当中的独立民事主体,而其中真正实际的经营者,才是民法当中的独立经营主体,并承担经营责任。实际上是保护未实际参与经营的家里年迈老人和未成年人子女的财产利益,维护了家庭财产的稳定。

(四)民商事理念区别——以借款纠纷为例

1. 自然人之间借贷

(1)适用的对象是非营利价值导向,为了解决生活中燃眉之急,亲朋好友之间互帮互助，维护公序良俗。借款合同对支付利息没有约定的，视为没有利息。贷款人未按照约定的日期数额提供借款，造成借款人损失的，应当赔偿损失。借款人提前返款的，除当事人另有约定外，应当按照实际借款的期间计算利息。

（2）法律适用依据

《民法典》合同编第十二章借款合同——以生活借款为范本

第六百七十条　借款的利息不得预先在本金中扣除。利息预先在本金中扣除的，应当按照实际借款数额返还借款并计算利息。

第六百七十一条　贷款人未按照约定的日期、数额提供借款，造成借款人损失的，应当赔偿损失。

借款人未按照约定的日期、数额收取借款的，应当按照约定的日期、数额支付利息。

第六百七十三条　借款人未按照约定的借款用途使用借款的，贷款人可以停止发放借款、提前收回借款或者解除合同。

第六百七十七条　借款人提前返还借款的，除当事人另有约定外，应当按照实际借款的期间计算利息。

第六百七十九条　自然人之间的借款合同，自贷款人提供借款时成立。

第六百八十条　禁止高利放贷，借款的利率不得违反国家有关规定。

借款合同对支付利息没有约定的，视为没有利息。

借款合同对支付利息约定不明确，当事人不能达成补充协议的，按照当地或者当事人的交易方式、交易习惯、市场利率等因素确定利息；自然人之间借款的，视为没有利息。

（3）自然人之间的借贷检察监督要点

价值导向：引导自然人之间互帮互助，维护公序良俗

司法要素：借款合同对支付利息没有约定的，视为没有利息。贷款人未按照约定的日期、数额提供借款，造成借款人损失的，应当赔偿损失。借款人提前返还借款的，除当事人另有约定外，应当按照实际借款的期间计算利息。

2. 民间借贷

最高人民法院《关于审理民间借贷案件适用法律若干问题的规定》对民间借贷做出详细规定，其中第 28 条对利率做出规定，实践中主要把握三个方面变化。

第一，确立一年期 LPR 4 倍的上限。该解释将原来民间借贷利率司法保护上限由年利率 24% ~36% 调整为中国人民银行授权全国银行间同业拆借中心每月发布的“一年期贷款市场报价利率的 4 倍”。例如，以 2020 年 7 月 20 日发布的一

年期贷款市场报价利率3.85%的4倍计算,民间借贷利率的司法保护上限为15.4%。这样规定,相较于24%和36%,实现了较大幅度下降,与我国目前经济社会发展实际水平相适应,也为民间借贷市场健康稳定发展预留了一定空间。同时,原来的固定利率上限标准改为浮动利率上限标准,增加了利率上限的适应性,符合利率市场化改革的方向;LPR 4倍的标准设定,也传承了一直以来利率规制的历史传统,符合民间借贷市场实践惯例和普遍预期。

第二,"两线三区"调整为"一线两区"。原规定中划分了民间借贷利率的"两线三区",两线指的是24%和36%;三区是依据两线而划分的司法保护区、自然债务区、无效区。新规定直接以一年期贷款市场报价利率四倍为上限,形成"一线两区":一线是指一年期贷款市场报价利率四倍;两区是依据一线而划分的司法保护区、无效区。原规定的自然债务区本意旨在法律强制规范与当事人意思自治之间实现平衡,但从实施效果来看,自然债务区12%的利率差额空间,事实上属于法律不予以强制力保护但允许民间私力救济的范畴,客观上可能会导致暴力讨债等现象发生,故本次修订予以删除。

第三,取消无约定情形下年利率6%的标准。鉴于资金占用期间损失如何计算是司法实务中的重点问题,关系当事人切实利益,原规定第29条"既未约定借期内的利率,也未约定逾期利率,出借人主张借款人自逾期还款之日起按照年利率6%支付资金占用期间利息的,人民法院应予支持"确立了年利率6%的标准。本次修订将上述条款调整为"既未约定借期内利率,也未约定逾期利率,出借人主张借款人自逾期还款之日起参照当时一年期贷款市场报价利率标准计算的利息承担逾期还款违约责任的,人民法院应予支持",使得损失的计算在个案中更加周延。

3.高利转贷

以最高人民法院《关于审理民间借贷案件适用法律若干问题的规定》的修订为例,有以下两方面变化。

一是增加职业放贷无效类型。早在2019年《全国法院民商事审判工作会议纪要》(以下简称《九民纪要》)中就明确规定,"未依法取得放贷资格的以民间借贷为业的法人,以及以民间借贷为业的非法人组织或者自然人从事的民间借贷行为,应当依法认定无效。"修订后的新规定在人民法院认定借贷合同无效的五种情形中增加一种,即增加"未依法取得放贷资格的出借人,以营利为目的向社会不特定对象提供借款的"无效。

二是完善转贷无效认定。一方面,本次将原规定中合同无效情形的"套取金融机构信贷资金又高利转贷给借款人,且借款人事先知道或者应当知道的”修改为“套取金融机构贷款转贷的”,放宽了无效的认定标准。另一方面,将原第 2 款修订为“以向其他营利法人借贷、向本单位职工集资,或者以向公众非法吸收存款等方式取得的资金转贷的”无效,进一步凸显法律对转贷行为的否定性评价,旗帜鲜明地为金融服务实体经济保驾护航。

4. 职业放贷人

《九民纪要》第 53 条规定,未依法取得放贷资格的以民间借贷为业的法人,以及以民间借贷为业的非法人组织或者自然人从事的民间借贷行为,应当依法认定无效。同一出借人在一定期间内多次反复从事有偿民间借贷行为的,一般可以认定为是职业放贷人。民间借贷比较活跃的地方的高级人民法院或者经其授权的中级人民法院,可以根据本地区的实际情况制定具体的认定标准。

关于“职业放贷人”认定,应注意以下几点:一是高息。利息的高低直接影响到是否被认定为高利贷。职业放贷人追求的是高额利息,如果在法律允许的年利率范围之内,则不应当认定为职业放贷人。二是资金来源。看放贷人的资金来源,应判定其是不是高利转贷型放贷,是否为非法吸收公众存款型放贷,是否为非法集资类放贷,是否为企业转借型放贷,是否存在暴力催收,是不是“套路贷”。如果放贷人的资金是自有资金,则不应当认定为职业放贷人。三是不确定性。也就是说,向不确定性多数人发放贷款。实践中应严格限制对“职业放贷人”的认定。因为如果一旦被认定为“职业放贷人”,则会对相关人员造成严重影响。相关法院虽然建立了“职业放贷人名录”,但是根据现有的司法判例,被认定为“职业放贷人”的企事业单位或个人依然较少。

三、商事类案监督要点

(一)市场主体地位:公司人格否定

以最高人民检察院第二十一批指导性案例“深圳市丙投资企业(有限合伙)被诉股东损害赔偿责任纠纷抗诉案”(检例第 77 号)为例进行分析。

基本案情:2007 年 11 月,惠州甲房产开发有限公司(以下简称甲公司)登记设立,为开发广东省惠州市某房产的房地产项目公司。甲公司多次对外借款。2010 年 1 月,因甲公司无力清偿债务,广东省惠州市中级人民法院受理债权人对甲公司提出的破产申请。在惠州乙发展有限公司(以下简称乙公司)提供 5000 万元破产重整保证金后,相关债权人于 2011 年 5 月撤回破产清算申请。2011 年 8

月，深圳市丙投资企业（有限合伙）（以下简称丙企业）与甲公司、惠州市丁房产开发有限公司（以下简称丁公司）、陈某军、乙公司签订《投资合作协议》及补充协议，约定丙企业以2000万元受让丁公司持有的甲公司100%股权，并向甲公司提供1.48亿元委托贷款，甲公司以案涉国有土地使用权等为丙企业的债权投资提供担保，丁公司、陈某军、乙公司亦提供连带责任担保。

2011年8月9日，甲公司的股东变更为丙企业和陈某军，其中丙企业占股东出资额的99.9%。2011年8月10日，丙企业委托中国建设银行股份有限公司某分行将其1.48亿元款项借给甲公司，用于甲公司某项目运作和甲公司运营，甲公司和丁公司依约提供抵押担保。同日，1.48亿元委托贷款和2000万元股权转让款转入甲公司。款项到位后，2011年8月至2012年4月，为完成破产重整程序中债务清偿及期间发生的借款、担保等相关衍生事宜，甲公司依照合同约定及乙公司、债权人陈某忠等人指令，先后向丁公司、深圳市戊公司、深圳市己公司等多家公司转账，款项共计1.605亿元。

2012年11月1日，诸某某将其持有的对甲公司债权中的800万元转让给赵某新，并通知债务人。2012年11月5日，赵某新向浙江省兰溪市人民法院起诉，要求甲公司归还欠款800万元，丙企业承担连带责任。

法院观点：兰溪市人民法院一审认为，丙企业是甲公司的绝对控股股东，其滥用公司法人独立地位和股东有限责任，对甲公司进行不正当支配和控制，且未将贷款用于房地产开发，其转移资产、逃避债务的行为严重损害公司债权人利益，应当对甲公司的债务承担连带责任，遂判决甲公司归还赵某新800万元借款，丙企业承担连带责任。丙企业不服，上诉至浙江省金华市中级人民法院。二审判决驳回上诉，维持原判。丙企业申请再审，浙江省高级人民法院裁定驳回其再审申请。

监督意见：金华市人民检察院就本案向浙江省人民检察院提请抗诉。浙江省人民检察院经审查认为，丙企业并未支配控制甲公司的资金支出，在丙企业受让股权后，甲公司仍然由原股东丁公司派人进行管理，公司管理人员未发生变化；甲公司向丁公司等公司多次转款均具有明确用途，而非恶意转移资产；丙企业与甲公司、丁公司等企业之间不存在人员、业务、财务的交叉或混同。因此，终审判决认定丙企业利用法人独立地位和股东有限责任逃避债务，属于认定事实和适用法律错误。2016年11月25日，浙江省人民检察院依法向浙江省高级人民法院提出抗诉。

1. 公司人格否认适用原则

一是只有在股东实施了滥用公司法人独立地位及股东有限责任的行为，且该行为严重损害了公司债权人利益的情况下，才能适用。损害债权人利益，主要是指股东滥用权利使公司财产不足以清偿公司债权人的债权。

二是只有实施了滥用法人独立地位和股东有限责任行为的股东才对公司债务承担连带清偿责任，而其他股东不应承担此责任。

三是公司人格否认不是全面、彻底、永久地否定公司的法人资格，而只是在具体案件中依据特定的法律事实、法律关系，突破股东对公司债务不承担责任的一般规则，例外地判令其承担连带责任。

四是《公司法》第20条第3款规定的滥用行为，实践中常见的情形有人格混同、过度支配与控制、资本显著不足等。在审理案件时，需要根据查明的案件事实进行综合判断，既审慎适用，又当用则用。实践中存在标准把握不严而滥用这一例外制度的现象，同时也存在因法律规定较为原则、抽象，适用难度大，而不善于适用、不敢于适用的现象，均应当引起高度重视。人格混同的相关条文参见：

《九民纪要》

第10条 【人格混同】认定公司人格与股东人格是否存在混同，最根本的判断标准是公司是否具有独立意思和独立财产，最主要的表现是公司的财产与股东的财产是否混同且无法区分。在认定是否构成人格混同时，应当综合考虑以下因素：

(1)股东无偿使用公司资金或者财产，不作财务记载的；

(2)股东用公司的资金偿还股东的债务，或者将公司的资金供关联公司无偿使用，不作财务记载的；

(3)公司账簿与股东账簿不分，致使公司财产与股东财产无法区分的；

(4)股东自身收益与公司盈利不加区分，致使双方利益不清的；

(5)公司的财产记载于股东名下，由股东占有、使用的；

(6)人格混同的其他情形。

在出现人格混同的情况下，往往同时出现以下混同：公司业务和股东业务混同；公司员工与股东员工混同，特别是财务人员混同；公司住所与股东住所混同。在办理案件时，关键要审查是否构成人格混同，而不要求同时具备其他方面的混同，其他方面的混同往往只是人格混同的补强。

2. 最高人民检察院指导案例(检例第77号)指导意义

首先，严格适用公司有限责任制度，依法保护股东的个人财产安全。公司人格独立和股东有限责任是公司法的基本原则。否认公司独立人格，由滥用公司法人独立地位和股东有限责任的股东对公司债务承担连带责任，是股东有限责任的例外。在具体案件中应依据特定的法律事实和法律关系,综合判断和审慎适用,依法区分股东与公司的各自财产与债务,维护市场主体的独立性和正常的经济秩序。

其次,检察机关在审查股东损害公司债权人利益的案件时,应当严格区分企业正当融资担保与恶意转移公司资产逃避债务损害公司债权人利益违法行为的界限。如果公司股东没有利用经营权恶意转移公司资产谋一己之私,没有损害公司债权人利益的,依法不应当对公司债务承担连带偿还责任。

最后,检察机关应积极发挥监督职责,推动法治化营商环境建设。公司有限责任是具有标志性的现代企业法律制度,旨在科学化解市场风险,鼓励投资创造财富。产权是市场经济的基础、社会文明的基石和社会向前发展的动力,投资者无法回避市场风险,但需要筑牢企业家个人和家庭与企业之间的财产风险"防火墙",对于依法出资和合法经营的,即使企业关闭停产,也要守住股东个人和家庭的合法财产底线,真正让有恒产者有恒心,优化营商环境,保护企业家的投资创业热情,为完善市场秩序提供法治保障。

(二)融资过程当中所产生的司法纠纷:对赌协议效力

对赌,也称估值调整(Value Adjustment Mechanism),是投资机构与目标公司达成投资协议时与目标公司的控股股东就其投资目标公司的事项达成的估值调整协议,约定目标公司需要在未来一段时间内实现一定业绩(如达到上市标准或通过证监会审核、达到一定的净资产收益率、达到一定的净利润或增长率等),否则控股股东需要按照约定对投资机构进行补偿的一种契约安排(如收购投资机构所持目标公司股权、向投资机构无偿转让持有目标公司股权或进行现金补偿等)。对赌协议往往包含了股权回购、金钱补偿等对未来目标公司的估值进行调整的协议。

1. 司法裁判逻辑的演进——从民法思维的合同效力认定,转向民商衔接的价值判断

案例1:海富案,最高人民法院(2012)民提字第11号 民事判决书

一审认为:投资者与标的公司世恒公司之间业绩对赌的约定虽系双方真实意思表示,不符合《中外合资经营企业法》(已失效)第8条、《公司法》第20条第1款,该约定违反了法律、行政法规的强制性规定而无效,海富公司要求世恒公司承担补偿责任的依据不足,依法不予支持。

二审认为:该约定仅是对目标企业盈利能力提出要求,并未涉及具体分配事

宜;约定利润如实现,世恒公司及其股东均能获得各自相应的收益,也有助于债权人利益的实现,协议内容并不违反法律规定。但约定违反了投资领域风险共担的原则,资金性质名为投资,实为借贷,部分约定内容无效。

再审认为:投资者与标的公司世恒公司之间的业绩对赌约定将使投资者可获得固定的收益,且该收益脱离了公司的经营业绩,损害了公司利益和债权人利益,该约定无效。

司法理念:根据资本维持的原则,公司在存续期间须保持与公司资本额相当的现实资产,以维护公司的债务清偿能力及公司从事正常经营活动的资本能力。因此,对赌协议约定若将来一定的条件未能成就,融资公司需对投资方持有的全部股份进行回购或进行现金补偿,违反了资本维持原则及法律基于该原则设置的相关强制性规定。

坚持严格资本维持原则理论的人士认为,对赌协议中关于现金补偿和股份回购的内容,违反了公司法关于资本维持相关的限制性规定,按照《合同法》(已失效,下同)第 52 条第 5 款的规定,应归于无效。

案例 2:瀚霖案,(2016)最高法民再 128 号

裁判观点的变化:

本案与海富案同样涉及对赌条款,但判决最终认定对赌协议部分有效。对待投资方与目标公司的"对赌"协议效力上,最高人民法院在本案中的裁判观点发生了较大的变化。在全部融资款项同样进入目标公司供其经营使用的情况下,与海富案相比,本案的裁判理由,已经摒弃了因投资方依据"对赌协议"获得固定收益而认定协议无效的裁判观点,可以说是发生了质的改变。本案确立的裁判规则,相比海富案,对于投资创业的保护而言,具有更加积极的意义。

合同无效的判定严格遵循法定主义,本案二审判决否定担保条款效力的裁判理由("担保条款使股东获益脱离公司经营业绩,背离公司法法理精神,使有关方规避了交易风险,严重损害瀚霖公司其他股东和债权人的合法利益")不符合合同法关于合同无效的各类法定情形,该项认定已违反合同法基本规则,构成适用法律错误。

标的公司已通过股东会决议,同意投资者参与增资以及相关的回购条件、价格和标的公司对回购提供担保等事项,对投资者的担保事项经过股东会决议已尽到审慎注意和形式审查义务,因此投资协议中标的公司的担保义务对标的公司已发生法律效力。

案件涉及的担保条款虽由曹某波代表的公司签订,但投资者的投资款全部投

入标的公司账户,且用于公司经营发展使用,符合公司全体股东的利益,标的公司提供担保的行为有利于其自身经营发展需要,未损害公司中小股东权益。

案例3:华工案,(2019)苏民再62号

首先,《公司法》并不禁止有限责任公司回购本公司股份,有限责任公司回购本公司股份不当然违反《公司法》的强制性规定。有限责任公司在履行法定程序后回购本公司股份,亦不会损害公司股东及债权人利益,亦不会构成对公司资本维持原则的违反。

其次,在有限责任公司作为对赌协议约定的股权回购主体的情形下,投资者作为对赌协议相对方所负担的义务不仅限于投入资金成本,还包括激励完善公司治理结构以及以公司上市为目标的资本运作等。投资人在进入目标公司后,亦应依《公司法》的规定,对目标公司经营亏损等问题按照合同约定或者持股比例承担相应责任。案涉对赌协议中关于股份回购的条款内容,是当事人特别设立的保护投资人利益的条款,属于缔约过程中当事人对投资合作商业风险的安排,系各方当事人的真实意思表示。

最后,本案涉对赌协议中关于股份回购价款约定虽为相对固定收益,但与同期企业融资成本相比并不明显过高,不存在脱离目标公司正常经营下所应负担的经营成本及所能获得的经营业绩的企业正常经营规律,不违反国家法律、行政法规的禁止性规定,不存在《合同法》第52条规定的合同无效的情形。

2.《九民纪要》中"对赌协议"效力的阐释

投资方与目标公司订立的"对赌协议"在不存在法定无效事由的情况下,目标公司仅以存在股权回购或者金钱补偿约定为由,主张"对赌协议"无效的,人民法院不予支持,但投资方主张实际履行的,人民法院应当审查是否符合公司法关于"股东不得抽逃出资"及股份回购的强制性规定,判决是否支持其诉讼请求。

投资方请求目标公司回购股权的,人民法院应当依据《公司法》第35条关于"股东不得抽逃出资"或者第142条关于股份回购的强制性规定进行审查。经审查,目标公司未完成减资程序的,人民法院应当驳回其诉讼请求。

投资方请求目标公司承担金钱补偿义务的,人民法院应当依据《公司法》第35条关于"股东不得抽逃出资"和第166条关于利润分配的强制性规定进行审查。经审查,目标公司没有利润或者虽有利润但不足以补偿投资方的,人民法院应当驳回或者部分支持其诉讼请求。今后目标公司有利润时,投资方还可以依据该事实另行提起诉讼。

3. 对赌协议效力监督审查重点——《民法典》对合同效力的认定与特别法的衔接

在合同效力层面,应依据《民法典》合同编的规定判断,如果协议有效成立且不存在合同无效的情形,应认定为有效,在合同履行层面,则应当审查是否符合公司法关于"股东不得抽逃出资"及股份回购的强制性规定。对赌协议的效力与对赌协议是否应当履行应分别讨论,效力层面依据《民法典》关于法律行为效力的逻辑来判定,而履行层面则以《公司法》的强制性规定为准。但投资方主张实际履行的,人民法院应当审查是否符合公司法关于"股东不得抽逃出资"及股份回购的强制性规定,判决是否支持其诉讼请求。

审查"对赌协议"纠纷案件时,不仅应当适用《民法典》的相关规定,还应当适用《公司法》的相关规定;既要坚持鼓励投资方对实体企业特别是科技创新企业投资原则,从而在一定程度上缓解企业融资难问题,又要贯彻资本维持原则和保护债权人合法权益原则,依法平衡投资方、公司债权人、公司之间的利益。

(三)投资过程当中所产生的司法纠纷:隐名股东合同效力

隐名出资为公司中的隐名出资,指一方(隐名出资人)实际认购出资,但公司的章程、股东名册或其他工商登记材料记载的出资人却为他人(显名出资人)的出资行为。实际出资人以出资款系其支付为由主张股东权利的不应予以支持,但实际出资人可依据有效委托协议享有代购股权项下的相关财产性权益。

我们以海南发展银行与海南泛华高速公路公司、海南泛华实业公司财产损害赔偿纠纷案[最高人民法院(2013)民提字第 144 号民事判决书]为例。最高人民法院认为:泛华高速以泛华实业持有的海发行股票系泛华高速实际出资且海发行清楚泛华高速系海发行隐名股东等为由,主张本案所涉登记在泛华实业名下的 4000 万股股权证的权利人为泛华高速,缺乏法律依据。海南发展银行《企业法人年检报告书》载明泛华实业是海发行的出资人,实际出资额为 6000 万元,并无海南泛华高速公路公司是海发行出资人的记载。企业法人出资人的确定应以工商登记材料和公司股东名册等的记载为准。即使上述泛华实业出资到海发行的 6000 万元款项确系泛华高速实际支付,在确定该笔出资项下的出资人名义时也应按照工商登记的泛华实业来确定。泛华高速在不具备向金融机构投资资格的情况下,通过委托泛华实业代其购买海发行股份的行为,不能得出泛华高速系相关股权的权利人的结论。在泛华高速与泛华实业签订的《委托协议书》不违反法律法规强制性规定的前提下,泛华高速可以依据《委托协议书》的约定,享有代购股权项下的相关财产性权益,但并非对海发行的股东权益。对海发行而言,该部分股权的权利人仍为泛华实业。泛华高速只有在将相关股权从泛华实业依法变更到其名下后尚可行使出资人权利。因此,在本案所涉40张股权证的权利人仍记载为泛华实业的情况下,泛华高速无权以权利人身份就该40张股权证向海发行主张权利。泛华高速仅以其为所涉股权的实际出资人和海发行明知其为实际出资人为由,认为其有权对相关股权主张权利,于法无据,本院不予支持。海南省高级人民法院认定泛华高速系海发行股东不当,依法予以纠正。

1. 对于隐名投资监督要点

隐名出资案件的审查要点:双方就股权投资收益的归属安排:通常即为实际(隐名)出资人出资并享有投资权益,以显名出资人进行登记。该契约属于双方的意思自治,如无其他违法情形,该约定有效,实际出资人可依照合同约定向名义股东主张相关权益。

隐名出资在实践中经常产生一些问题:一是显名股东与实际出资人之间的股东身份之争,在投资权益利空的时候,会出现推诿"股东"之纠纷。二是显名股东、实际出资人与第三人之间的权利责任之争,比如究竟谁来对公司、其他股东、公司债权人承担瑕疵出资责任,以及谁的债权人可以强制执行该股权以实现债权等利益冲突之争。

根据外观主义原则,名义权利人的行为所表现出来的或者有关权利公示所表现出来的构成某种法律关系的外观,导致第三人对该两种法律关系产生信赖,并出于此信赖而为某种民事法律行为,即使有关法律关系的真实状况与第三人主观信赖的状况不符,只要该第三人的主观信赖合理,其据以作出的民事行为效力受法律的优先保护。对于工商登记之外的第三人,因为其基于企业登记信息而与其交易,企业登记信息与实际情况是否相符合,均不影响其与公司、企业之间交易行为的效力。根据商事外观主义原则,持名股东或登记投资主体是无权否认第三人向其主张权利的,同样,第三人也不能以企业登记错误为由向实际投资人主张权利。否则,会害及商事外观主义原则。

企业所有权性质的界定,属于投资主体之间的内部关系,应以双方当事人之间的真实法律关系来确认,并不以工商登记的内容来认定;对于企业投资主体之外的第三人,企业工商登记内容则具有公示效力。

2. 法律适用依据

最高人民法院《关于〈中华人民共和国公司法〉若干问题的规定(三)》(以下简称《公司法解释(三)》)第24条第3款的立场非常明确:除非实际出资人完成

了“现身”程序——显名股东认可,且经过其他股东过半数同意而转化为股东,否则显名股东就是实际股东,实际出资人不是股东。

《公司法解释(三)》第24条第3款规定,实际出资人未经公司其他股东半数以上同意,请求公司变更股东、签发出资证明书、记载于股东名册、记载于公司章程并办理公司登记机关登记的,人民法院不予支持。

《公司法解释(三)》第26条规定,公司债权人以登记于公司登记机关的股东未履行出资义务为由,请求其对公司债务不能清偿的部分在未出资本息范围内承担补充赔偿责任,股东以其仅为名义股东而非实际出资人为由进行抗辩的,人民法院不予支持。名义股东根据前款规定承担赔偿责任后,向实际出资人追偿的,人民法院应予支持。依照反向解释,公司债权人以实际出资人实际享有投资权益为由主张其承担上述出资责任的,不受支持。

(四)公司治理过程当中所产生的纠纷:对外担保效力

《公司法》第16条针对公司对外提供担保的程序作了规定,但实践中,不乏公司法定代表人未经相应程序即擅自对外签署合同提供担保的现象,而该情形下担保效力的认定也一直是公司纠纷案件中存在很大争议的问题。以往司法实践中对于类似案件的审理思路及裁判结果可以说风格迥异。在中国裁判文书网以“公司担保”进行检索,2006~2015年各地法院审结的455件公司未经法定程序对外担保的商事案件中,认定担保合同有效的判决占49.8%,认定担保合同无效的判决占50.2%。这较为直观地反映出,各地法院在审理公司对外担保纠纷案件中法律适用的混乱局面。

1. 法院司法裁判三种思路

第一种思路:从法定代表人的代表权限出发,将争议焦点集中于法定代表人签署担保合同的行为是否构成《合同法》(已失效)第50条规定的表见代表,进而将对合同效力的判断落脚于对相对人善意与否的判断上,再进一步讨论相对人是否负有审核义务、负有何种程度的审核义务以及举证责任的分配等问题。

案例1:最高人民法院(2017)民申1475号

法院主张,根据《合同法》(已失效)第50条的规定,公司的法定代表人即使超越权限、违反公司章程对外提供担保,公司仍应向善意第三人承担民事责任。本案中,王某在签署《还款协议》时系恒和公司法定代表人,其在《还款协议》上签名并加盖公司公章的行为足以使相对人产生信赖。现公司并未提供证据证明相对人知道或者应当知道王某超越了权限,王某的代表行为对公司产生法律约束力,公司应当承担保证责任。

第二种思路:此种裁判思路尽管也是从法定代表人的代表权限出发,但其更关注的是公司内部决议与外部第三人的关系,并基于《民法总则》(已失效)第61条的规定,认为公司的内部管理规范,不能约束公司以外的第三人。

案例2:最高人民法院(2016)民终380号

《公司法》第16条第2款的规定,是为公司防范风险所作的规则指引,是公司的内部治理规范,公司以自己名义所进行的担保行为应认定为是该公司的行为,其内部的风险管理规定并不影响公司对外行为的效力。

第三种思路:从《合同法》(已失效)第52条及最高人民法院《关于适用〈中华人民共和国合同法〉若干问题的解释(二)》(已失效)第14条规定出发,判定《公司法》第16条第2款是否属于能够导致合同无效的"效力性强制性规定",在该等审判思路下的主流观点是认为该条并非效力性强制性规定,从而认定担保有效。

案例3:最高人民法院(2016)民终271号

《公司法》第16条第2款关于"公司为公司股东或者实际控制人提供担保的,必须经股东会或者股东大会决议"的规定,不属于效力性的强制性规定。结合案件其他理由,判决公司对外担保有效。

2. 类案监督重点

(1)是否构成越权?为防止法定代表人随意代表公司为他人提供担保给公司造成损失,损害中小股东利益,《公司法》第16条对法定代表人的代表权进行了限制。根据该条规定,担保行为不是法定代表人所能单独决定的事项,而必须以公司股东(大)会、董事会等公司机关的决议作为授权的基础和来源。法定代表人未经授权擅自为他人提供担保的,构成越权代表,人民法院应当根据《合同法》(已失效)第50条关于法定代表人越权代表的规定,区分订立合同时债权人是否善意分别认定合同效力:债权人善意的,合同有效;反之,合同无效。

(2)是否构成"善意"?何为"债权人不知道或者不应当知道法定代表人超越权限订立担保合同"?从《九民纪要》第18条对债权人善意的认定内容来看,实际上认可了在公司对外担保案件中,债权人应当负有审核义务。但同时第19条所规定的例外情况,应当理解为:①对公司机关内部决议的豁免,即对《公司法》第16条第1~2款的例外规定;②对债权人审核义务的豁免。在该等情形下,即便债权人知道或者应当知道没有公司机关决议,也应当认定担保合同符合公司的真实意思表示,合同有效。具体情形包括:

其一,公司是以为他人提供担保为主营业务的担保公司,或者是开展保函业务的银行或者非银行金融机构。

其二,公司为其直接或者间接控制的公司开展经营活动向债权人提供担保。

其三,公司与主债务人之间存在相互担保等商业合作关系。

其四,担保合同系由单独或者共同持有公司 2/3 以上有表决权的股东签字同意。

(五)股权退出的时候所产生的司法纠纷:股权转让效力

1. 股东优先购买权

这里以上海地王案为例进行分析。2012 年 11 月 29 日,上海外滩 8 - 1 地块股权纠纷首次开庭,外滩 8 - 1 地块曾以 92 亿元刷新 2010 年上海总价地王纪录,当时上海证大、复星国际、绿城中国各占股 50%、40%、10%。2011 年 12 月底,SOHO 中国以 40 亿元从上海证大、绿城中国手中接过外滩 8 - 1 地块 50% 股权。外滩 8 - 1 地块项目原大股东、持股 50% 的复星集团提出自己享有“优先购买权”,SOHO 收购无效;随后复星把 SOHO 中国、绿城、上海证大等涉股权转让的 6 家公司告上法庭。2013 年 4 月 24 日上海市第一中级人民法院判决原告复星集团胜诉,被告上海证大、绿城中国和 SOHO 中国三方的转让协议无效。对此,SOHO 中国、绿城、上海证大对于审判结果发表了联合声明,宣布将上诉。

2. 相关法律依据

《公司法》

第七十一条 股东向股东以外的人转让股权,应当经其他股东过半数同意。股东应就其股权转让事项书面通知其他股东征求同意,其他股东自接到书面通知之日起满三十日未答复的,视为同意转让。其他股东半数以上不同意转让的,不同意的股东应当购买该转让的股权;不购买的,视为同意转让。

经股东同意转让的股权,在同等条件下,其他股东有优先购买权。两个以上股东主张行使优先购买权的,协商确定各自的购买比例;协商不成的,按照转让时各自的出资比例行使优先购买权。

公司章程对股权转让另有规定的,从其规定。

最高人民法院《关于适用〈中华人民共和国公司法〉若干问题的规定(四)》

第二十一条 有限责任公司的股东向股东以外的人转让股权,未就其股权转让事项征求其他股东意见,或者以欺诈、恶意串通等手段,损害其他股东优先购买权,其他股东主张按照同等条件购买该转让股权的,人民法院应当予以支持,但其他股东自知道或者应当知道行使优先购买权的同等条件之日起三十日内没有主张,或者自股权变更登记之日起超过一年的除外。

前款规定的其他股东仅提出确认股权转让合同及股权变动效力等请求,未同时主张按照同等条件购买转让股权的,人民法院不予支持,但其他股东非因自身原因导致无法行使优先购买权,请求损害赔偿的除外。

股东以外的股权受让人,因股东行使优先购买权而不能实现合同目的的,可以依法请求转让股东承担相应民事责任。

3. 类案监督重点

其一,从法理上进行分析,不轻易否定股权转让合同的效力是尊重双方自由意志的表现,与民法私法自治的理念相契合。

其二,民法典与特别法的衔接适用。

其三,从股东优先购买权制度安排的合理性分析,肯定合同效力符合其制度目的。

其四,从利益衡量角度分析,肯定合同效力的优势体现于,在不损害优先权人利益的同时,在一定程度上实现对第三人权益的保护。

四、小结

《民法典》的颁布实施有力巩固了社会主义基本经济制度,为经济社会健康发展注入持久的动力和活力。公有制为主体、多种所有制经济共同发展,按劳分配为主体、多种分配方式并存,社会主义市场经济体制等社会主义基本经济制度,是以法治为基础、在法治轨道上运行、受法治规则调整的经济制度。《民法典》确认市场主体的法律资格、权利义务,强化民事主体在市场经济中的平等地位,为保证市场经济正常运行建立了完备的规则体系,为各类民事主体提供了稳定的行为预期,为各类民事活动提供了基本依据,有利于充分调动民事主体的积极性和创造性,公开、公平、公正地参与竞争,对推动国家经济高质量发展具有重要意义。

我们应坚持用规则和法治引领社会治理。经济社会的正常运行和健康发展,必须以可预期、可信赖、可执行的规则和法律作为基础。《民法典》通过体系化的规则对民事主体的权利、义务、风险、责任进行科学规范,注入遵守规则、尊重权利、信守契约、公序良俗等价值元素,将为保障契约自由、促进公平竞争、保护交易安全和秩序营造良好法治环境。保障市场经济正常运行是检察机关的重要职责,检察机关要立足职能,充分调动商事主体和市场主体的积极性、创造性,推动我国经济快速发展,运用我们检察的职能维护市场的交易秩序,尊重权利,信守契约,保障交易自由,促进公平竞争,维持交易安全,在《民法典》的实施过程当中,精准区分民事案件和商事案件，并准确适用民事法律条款和商事法律条款，让每一个民事案件和商事案件，都能够有准确的法律适用条款。检察机关应通过司法办案和检察建议等途径参与社会治理，让人民群众认识到《民法典》既是保护自身利益的法典，也是必须遵循的规范，增强规则意识，恪守法律秩序和公序良俗，养成法治观念和法治意识。

专题四

《民法典》合同编总则主要制度与规则的理解与适用

刘凯湘* 北京大学

目　次

* 刘凯湘，北京大学法学院教授、博士生导师。

《民法典》作为一部私法实际上与所有的法律工作具有紧密关系，特别是目前许多检察工作涉及市场经济交易等刑事犯罪。例如，刑民交叉案件中所涉及的企业承包合同是否成立，合同是否有效，合同履行是否存在违约等合同法问题的梳理，对于检察院认定是否构成犯罪，是否起诉，以何种罪名起诉都具有重要参考意义。

《民法典》由总则、物权、合同、人格权、婚姻家庭、继承和侵权责任 7 编以及附则组成，共 1260 条。其中，合同编在《民法典》中具有极其重要的地位，占《民法典》全部条文的 41.7%，几乎占据了《民法典》的“半壁江山”。合同编在 1999 年《合同法》基础上增加了 137 条，删除了 25 条，修改了 260 条，有许多发展和创新。合同编分为三个分编，共 29 章、526 条。其中，第一分编“通则”，规定了合同的订立、效力、履行、保全、变更和转让、权利义务终止、违约责任等内容。第二分编“典型合同”规定了买卖合同、借款合同等 19 类典型合同。第三分编“准合同”规定了无因管理、不当得利。但鉴于篇幅有限，本文主要介绍《民法典》合同编通则部分的创新体例结构和主要制度。

一、《民法典》合同编的立法体例和思路

大陆法系沿袭罗马法，具有悠久的法典编纂传统，崇尚逻辑推演，以法典编纂作为制定法的立法追求。其中民法典是大陆法系所有法典化当中最为成功的，也是影响最为深远的法律文件。

（一）经典大陆法系民法典的立法体例

19 世纪初期，欧洲大陆法典化运动开始于法国，拿破仑执政时期法兰西共和国共颁布了七部法典，这是世界上第一次大范围的法典化运动，被称为欧洲大陆第一次法典化运动。七部法典当中，包括刑法典、刑诉法典、民法典、民诉法典、商法典，影响最大的是《法国民法典》，也只有《法国民法典》被冠以拿破仑法典的名称。

《法国民法典》的体例是以罗马法的《法学阶梯》为样本的，其体例特征在于简洁，所使用的名词概念术语也力求通俗。它的整体结构分为三编，法典第一编“人”，人法，解决主体问题，即法律关系的主体地位。作为法国大革命的一个重大成果，法国将个人从集体和教会当中解放出来，通过人法、通过《法国民法典》，而非法国宪法，彰显个人的人格、天赋人权。法典第二编为“财产及对于所有权的各种限制”，即财产法。法典第三编为“取得财产的各种方法”。三编加起来统共

2000 多条,数量是我国《民法典》的两倍之多。

19 世纪末期和 20 世纪初期,另外一部重要民法典——《德国民法典》颁布,与《法国民法典》一并代表了大陆法系民法典立法体例的最高峰。不同于《法国民法典》,《德国民法典》为五编制,以罗马法的《学说汇纂》为样本,以民法本身逻辑体系、学说体系为基础,通过对财产关系与人身关系的大量抽象归纳,“提取公因式”,创设出总则编。整个《德国民法典》为总分结构,第一编总则编,其他则为分编。在分编当中又形成一个二元结构,一块是财产关系的法律,另一块是人格身份关系的法律。财产关系的法律再进行第三次二分:一是以静态的、财产的归属为主要规则的物权法;二是以动态的、财产的流通交易为主要规则的债法、债权法。人格身份关系法律则分为亲属法、继承法。《德国民法典》最终形成了五编制架构——总则、债法、物权法、亲属法和继承法,也被称作为潘德克顿体系。

受《法国民法典》和《德国民法典》影响的国家达到 2/3,涉及 200 多个国家,其中有 100 多个国家是采取了法典化的模式,而当中绝大部分国家又采用了《德国民法典》的总分立法结构。包括后来的《日本民法典》、《韩国民法典》和 1931 年颁布的、现在仍然施行于我国台湾地区的“中华民国民法典”,都参照此种总分结构设有总则编,并沿袭了《德国民法典》的五编结构。

(二)我国“先零售后批发”的立法思路

我国从 1949 年以后一共进行过四次民法典的起草工作,但是由于特殊历史的原因,都是无果而终。改革开放以后,1979 年全国人大常委会提出重新启动民法典的起草工作,但是后来发现民法典涉及内容太多,改革开放以前实行的是计划经济,社会经济条件受限,理论准备不充分,专业人员也不足,难以开展民法典全面编纂工作。

1982 年,彭真委员长提出民事立法应“先零售后批发”的立法思路,目前“批发”民法典的时机尚且不成熟,这一正确认识对于中国的改革开放以后的立法进程具有重大意义。20 世纪 80 年代初期,尽管改革开放如火如荼,但此时的城市改革才刚刚起步,声势浩荡的家庭联产承包责任制改革也主要于农村开展,主要解决农业农村中农民的收入与政府收入的关系的问题。直到 1984 年中共中央发布《关于经济体制改革的决定》,才真正启动了中国深层次的城市改革。文件明确提出中国要实行“有计划的商品经济”,改变了原来的“计划经济为主、市场调节为辅”的提法。因此,20 世纪 80 年代初期主要进行的是单行民事立法,如 1979 年的《中外合资经营企业法》《中外合作经营企业法》,特别是 1982 年颁布的《经济合同法》,然后到1985年的《继承法》和1985年的《涉外经济合同法》。

但是光有单行法远远不够、整个经济体制改革的趋势、目标是什么？商品经济领域共性的东西是什么？立法需要将这些共通之处进行提炼。由此可见,在国家领导人彭真和江平、王家福、谢怀栻、魏振瀛等众多的法学家的努力下,1987年1月1日《民法通则》正式实施,第一次将“商品经济”写进了立法,并提出平等主体之间的财产关系和人身关系,这是新中国成立以后,第一次提及“平等主体的关系”,这一概念的确立对于整个中国的改革开放具有深远意义。尽管随着此次民法典的颁布和生效,《民法通则》与其他单行法一并废止,但是它们在中国法制史上所起到作用之大,影响之深远,不容否认。

(三)合同编的体例特征

我国的合同立法始于20世纪80年代改革开放初期,为了适应改革开放和经济发展的需要,先后制定了《经济合同法》、《涉外经济合同法》和《技术合同法》。但随着改革开放向纵深发展以及计划经济向市场经济的重大转变,同时解决原三大合同法中存在的规则不统一、计划经济色彩较浓等问题,1999年我国颁布了统一的《合同法》,废除了原三大合同法,结束了合同法律制度领域“三足鼎立”的局面。除外,还有大量国务院颁布的合同领域行政法规、部门规章,如《工矿产品购销合同条例》《农副产品购销合同条例》《借款合同条例》《建筑安装工程承包合同条例》等共18个。1999年统一的《合同法》颁布以后,最高人民法院成立了合同法司法解释起草小组,围绕《合同法》进行了大量的司法解释起草工作。该小组就《合同法》总则部分,最高人民法院分别在1999年和2009年颁布了两则合同法司法解释,分则部分则有关于买卖合同租赁合同、融资租赁、建设工程等领域的司法解释。可以说自改革开放以来,合同领域受到来自我国从立法机关到国务院再到最高人民法院的重视。那么,究竟出于何种原因,合同编在《民法典》中占据如此重要的篇幅?

第一,合同法本身的重要性与复杂性。不管是企业抑或个人,只要从事市场经营,皆离不开买卖、运输、借款、保证、运输等环节,而这些环节又无一不涉及合同的订立与履行。市场经济的法律表现形式可以说主要体现为合同,通过订立各类合同,民商事主体基于私法自治原则实现各类生产要素的自由流转和资源配置,所谓的通过市场规律便是通过合同的方式调节社会资源。与之相反的是,我国早期实行的计划经济是通过政府命令调节生产资料和社会资源的。个人生活领域亦是如此,合同涉及人们衣食住行的方方面面,如外出交通,与公交车或出租车公司订立的运输合同,日常消费,与超市订立的买卖合同,生活住宿,与房东订立的房屋租赁合同等。由此可见合同涉及的社会领域范围之广,法律规则体量之大。

第二,合同编"通则"代行债法总则功能。传统大陆法系国家的民法典体系采用物债二分的立法结构,在此种立法模式下,债法一般分为债法总则与分则两大部分内容。总则部分主要包括债的成立、债的效力、债的履行、债的担保、债的移转和债的消灭等债法共性问题。债的类型主要分为四种,即合同之债、侵权行为之债、不当得利之债和无因管理之债,尽管后来又发展出缔约过错之债和单方允诺之债,但仍然存在较大争议。《民法典》在沿袭我国原有立法路径的基础上,将合同之债和侵权责任之债各自独立成编,然而伴随而来的问题是承担规范债法基本规则与原理作用的债法总则何处安放问题。对于这个问题,《民法典》给出的解决办法是以合同编通则代行大陆法系民法典中的债法总则功能,作为合同编第一分编的通则,不仅仅是合同法的通则,更是整个债法的通则。基于此,在编纂通则编时,立法者都尽可能避免使用"合同""合同当事人"等表述,而是采用"债""债权""债务""债权人""债务人"等表述,目的是覆盖更多债法共性问题。

第三,不当得利和无因管理之债的立法安排。四种类型之债中合同与侵权行为在民法典的编纂过程中毫无争议各自成编,而另外两个不当得利与无因管理之债却因体量较小难以独立成编。不当得利与无因管理之债何处安身成为民法典编纂中的一大难题。曾有人提出将两者放置于合同通则分编之内,但如此一来缺点也十分显而易见。通则分编主要规制所有具有债法共性的法律问题,对所有分则具有普适性,而不当得利与无因管理之债并不具备该种特性。另外,应当将其归于侵权责任编内,原因是三者皆为法定之债。其实,无论将其放置侵权责任编或合同编,都存在一些问题,不当得利和无因管理与侵权和合同存在较大差别,特别是与合同相比,合同属于意定之债,即是约定的、基于意思自治的,而不当得利与无因管理则是法定之债。尽管如此,在综合权衡利弊和出于立法技术等考虑后,最终是在《民法典》合同编中单独设置了"准合同"分编,对无因管理和不当得利制度的具体规则作了较为详细的规定。

《民法典》合同编除第一编"通则"与第三编"准合同"外,第二编"典型合同"在1999年《合同法》规定的15类典型合同的基础上新增四类合同:保证合同、保理合同、物业服务合同以及合伙合同,使有名合同从最初规定的15类增加至19类,积极响应了我国市场交易发展的新需求。

二、合同编与其他各编关系

我国在编纂《民法典》合同编过程中,也特别注重从体例结构上协调合同编与《民法典》其他各编的关系。民法典是一个复杂严谨的法律逻辑体系,各编之所以能够独立,一方面,原因在于其具有各自独立价值,互为不同。另一方面,民法典作为一个内容丰富的"大家庭",各编之间又相互具有逻辑关联性,其中,合同编与其他各编的联系尤为显著。

(一)合同编与总则编

合同编与总则存在密切联系。《德国民法典》的重大贡献之一在于其在总则编中提出了法律行为这一法律概念,我国在1986年《民法通则》中对此概念进行吸收,称为民事法律行为。民事法律行为作为能够引起民事法律关系产生、变更和消灭最主要的民事法律事实,相比于人的死亡、物的自然消灭、国家征收等事件,体现了当事人的意思自治,是实现行为人自由意志的重要民法工具,因此民法上私权利益的取得、变化和消灭,主要不是因为政府,不是因为客观现象,而是民事主体通过自身意识表示实现。法律行为的核心要素就是意思表示,抽象出法律行为制度的意义在于体现私法自治的理念。在现代社会,政府一切公权力为私权利益服务,私权是一切公权力得以存在的正当性依据,这也充分地阐释了什么是"不忘初心,牢记使命",即是以人民的福祉与权益为重。

合同编与民事法律行为之间有着极为密切的联系。合同是最主要的民事法律行为,但是法律行为又不仅只是合同,结婚、立遗嘱等也是法律行为,因此民事法律行为作为一个更高层级的概念被抽象到总则编中。合同编中的许多条文因此通过引致的方式将其引到总则编中的其他条文规定。以《民法典》第474条的引致条文为例,该条规定"要约生效的时间适用本法第一百三十七条的规定",于是《民法典》通过引致第一编第六章民事法律行为的方式规定了要约生效时间,由此可见《民法典》合同编与总则编具有非常密切的联系。

(二)合同编与物权编

合同编与物权编存在紧密联系。在财产关系领域,大陆法系主要分为物权法和债权法,这也被称作物债二元结构。物权法主要解决的是社会财产与资源在社会主体之间的归属分配以及利用关系,从而也可反映一个国家的经济所有制。比如在我国,土地作为一种重要的社会资源,要么归国家所有,要么归集体所有,体现出我国实行的公有制经济制度;而在西方国家绝大部分土地归私人所有,实行的是私有制经济制度。

与物权法不同,债权法主要是有关社会财富在社会成员之间进行交易、流转的规则。无论是基于意思自治或是法律的规定,如若涉及社会财富流转问题都应受到债法内容的调整与规制。合同是最典型的意思表示。例如,厂家生产出一批电脑,后将其卖给商家,商家再转卖给消费者,这个过程就是社会财富的流转,涉及债法中合同法相关问题。又如,张三将李四打伤,李四起诉张三要求赔偿医药费,法院最终判决张三赔偿李四 5000 元。尽管判决是基于法律的直接规定,但因同样发生社会财富流转,仍由债法进行调整。

除上所述共性外,物权与债权仍有其他联系。一方面两者相互区别,一个是静态财产关系,涉及归属和利用;另一个是动态法律关系,涉及流转和交易。另一方面两者又存在紧密联系。例如,要取得一套房屋的所有权,除继承、赠与外,主要是通过与开发商或原来屋主签订房屋买卖合同并办理过户登记实现。除此之外,物权法中许多条款也直接涉及合同问题。例如,2007 年《物权法》第 186 条规定,"抵押权人在债务履行期届满前,不得与抵押人约定债务人不履行到期债务时抵押财产归债权人所有",即抵押当事人不得约定债务人在不履行债务时,抵押权人取得抵押物的所有权,该条款又称流押条款,涉及合同效力问题。具体而言,若 A 公司想要筹集资金 1 亿元,向银行借款需以一处市场价值 1.2 亿元的物业进行抵押并办理抵押登记,登记的前提是当事人双方签订抵押合同。如若当事人约定在 A 公司未能履行债务时物业归银行所有,则有违物权法规定,该约定无效。流押条款最初旨在防止债权人滥用经济优势地位与处于经济困窘境地债务人发生不公平交易。但随着实践发展和理论认识的进一步加深,人们意识到绝对禁止流押流质约定并不符合当事人意思自治原则和商业判断规则,因此《民法典》对该条款作出了部分修改。相比于 2007 年《物权法》抵押合同无效、作废,债权人面临丧失担保物权风险的规定,《民法典》第 401 条规定,抵押权人"只能依法就抵押财产优先受偿",即抵押合同并非绝对无效或全部无效,抵押权人虽无法直接取得抵押物所有权,但仍然享有担保物权,可以就抵押财产优先受偿。

(三)合同编与人格权编

合同编与人格权编存在紧密联系。尽管一个调整财产关系,一个调整人身关系,但两者之间仍然存在一定联系,特别是在人格权商业化利用的情形下联系更为紧密。例如,明星可以许可他人使用自身肖像以谋取经济利益。明星甲将其肖像许可给公司乙使用,双方订立了一个五年期限的肖像权许可使用合同。这一法律行为同样涉及合同问题,即合同是否成立、是否存在欺诈、有无显失公平和是否存在违约情形等。如果明星甲违反独家许可使用约定,授权与公司乙存在商业竞争关系的公司丙使用其肖像,则应依合同编违约相关规定进行处理。

(四)合同编与婚姻家庭、继承编

合同编与婚姻家庭编、继承编也存在紧密联系。1999 年《合同法》第 2 条第 2 款规定"婚姻、收养、监护等有关身份关系的协议,适用其他法律的规定",而在《民法典》出台以后对此作出较大调整,合同编的第 464 条第 2 款规定"婚姻、收养、监护等有关身份关系的协议,适用有关该身份关系的法律规定;没有规定的,可以根据其性质参照适用本编规定",表明特别法优先于普通法适用,当不存在有关身份关系特别法时,应适用作为普通法的合同相关规定。

婚姻家庭编主要内容有结婚、夫妻关系、父母子女关系,兄弟姐妹关系、亲权、离婚等制度。其中,离婚时财产如何分割,子女归何者抚养,抚养费如何给付,子女探望权如何行使等皆涉及婚姻法与合同法适用问题。特别当涉及离婚协议等合同效力、合同有无违反公序良俗、合同有无违约、能否行使先履行抗辩权等问题时,若婚姻家庭编无直接法律规定,可以适用合同编相关规定。

例如,男方与女方在离婚协议中曾约定孩子归母亲抚养,父亲每周享有一次探望孩子的权利,其中还特别约定孩子成年以前母亲不得为其更改姓氏,成年以后可以由孩子自己决定更改与否,为此男方从其个人财产中支出 150 万元作为对女方该不作为义务的补偿。几年后,女方带着孩子再婚组建了新的家庭。孩子上小学后的某天回到家中对自己不随(继)父姓一事感到疑惑,继父与生母为维护孩子身心健康遂为其更改姓氏。后生父探望孩子发现该情况并将女方诉至法院。该案的争议焦点主要集中在离婚协议有关孩子姓氏的约定是否有违公序良俗从而约定无效,即继父和生母是否享有为其孩子更改姓氏的权利,以及如若该约定有效,女方是否因违背离婚协议而承担返还 150 万元甚至支付违约金的法律责任。

本文认为,一方面,继父母子女关系同样适用有关父母子女关系的法律规定,即继父与生母作为孩子的主要监护人享有更改子女姓氏的监护权利。除此之外,从保护未成年人身心健康和儿童利益最大化原则出发,亦应当允许继父与生母修改孩子姓氏,以上有无权利更改姓氏则从婚姻家庭法角度出发。另一方面,关于改姓是否违背离婚协议则涉及合同法问题。成年前不得更改孩子姓氏的约定非但不违反公序良俗原则,反而体现了当事人的意思自治,是当事人协商一致的结果。既然生母在取得150万元补偿金的情形下违背二人所订立的离婚协议,而生父又无权生母将孩子姓氏重新更改回来,因此依据合同法,生父要求女方返还150万元补偿款或承担违约金等诉讼请求应获得法院支持。

合同编除了与婚姻家庭编相关联,也与继承编存在联系,典型的表现为遗赠人与扶养人之间签订的遗赠抚养协议,同样可以适用合同编相关规则。

(五)合同编与侵权责任编

最后,合同编与侵权责任编同样存在一定联系。例如,张三将李四打伤,李四住院期间花费3万元医药费,后二人达成协议,张三一次性给付李四5万元作为医药费、误工费等经济赔偿,代价是李四放弃向张三提出其他索赔的权利,包括李四不得向法院提起自诉,从此二人互不相欠。然而一年后,李四旧伤复发,经医学诊断,该并发症与张三之前致害行为存在因果关系,李四再次找到张三请求其支付该笔医药费1万元,张三以二人之前签订的合同为由拒绝李四请求,李四遂向法院起诉。该案除适用侵权责任法外,同时还涉及合同效力问题,即当事人有关"一笔勾销"的约定是否有效。本文认为,若确有充分医学鉴定结论能够证明新的损害结果与一年前的致害行为存在因果关系,则不违反一事不再理原则,两人所做约定因剥夺了李四这一固有权利而应被认定为无效。此外,上述情形应当与"债权人与债务人约定,三个月之内还清5000万元本金,则利息一笔勾销"情形相区分,债权人有权依法处置自身权利,包括放弃利息。若债务人3个月内如约履行清偿5000万元债务的义务,则债权人不得反悔,合同有效。

三、合同编的重要制度变化

上述是有关《民法典》合同编通则部分宏观层面的介绍,接下来是从合同编通则具体制度的角度进行切入,主要介绍《民法典》编纂以来的重要制度变化。

(一)新增合同缔约的其他方式

在1999年《合同法》规定的要约、承诺方式之外,合同编增加了可以以其他方式缔约的规定(《民法典》第417条)。一方面,这一修改充分体现了当事人的合同自由与意思自治。另一方面,除典型的要约承诺作为合同成立的方式,实践中确实存在一些合同订立方式难以为典型的要约和承诺所涵盖,但双方又存在订立合同的意思表示,或者说可推定当事人之间存在要约与承诺。例如,在宾馆房间内住客消费迷你吧台上的酒饮,其与宾馆之间并不存在如订立住店合同时明确的要约与承诺。从宾馆将商品摆放于吧台与住客消费商品的行为，甚至启封饮酒的行为，可以推定出住客与宾馆之间存在要约和承诺，此为“以其他方式缔约合同”。有人可能会说某些住客缺少住店经验，且一些宾馆为诱导住客消费，有意将价目表摆放于非醒目位置从而难以被住客发现，因此住客不应为此付费。通常认为，当事人的意思表示应当根据商业惯例、交易习惯进行解释。同时，住客在不熟悉宾馆行业规则的情况下也可通过电话等方式向宾馆进行询问。但如果宾馆存在吧台酒饮价目表字体过小，故意藏匿价目表等过错情形，法院可能基于公平原则酌情判决住客仅支付部分价款。

（二）新增互联网交易合同成立的时间规则

此次《民法典》合同编新增互联网交易合同成立的时间规则。互联网购物作为一种新型交易模式，受到了人们尤其是年轻一代的喜爱，然而有关线上订立的合同何时正式成立却是困扰许多人的一大难题，因为合同一旦成立，商家如以缺货等理由拒不履行发货义务的构成违约，所以此次《民法典》对该问题作出明确回应。《民法典》第 492 条第 2 款规定，“当事人一方通过互联网等信息网络发布的商品或者服务信息符合要约条件的，对方选择该商品或者服务并提交订单成功时合同成立，但是当事人另有约定的除外”，从而确定互联网交易合同成立的基本时间判断标准，即买方“提交订单成功”时合同成立。

但其中也不乏部分电商平台考虑到可能存在供不应求等特殊情形，以“服务守则”“服务须知”等方式告知消费者，订单提交成功后仍需经商家再次确认后交易合同方能成立，一旦消费者在网络界面上点击“同意”或“确认”按钮，便不得以订单提交成功为由寻求合同违约的法律救济。作为此次《民法典》新增互联网交易合同成立时间的但书规定，法律准许当事人在“提交订单成功”之外作出其他时间约定，从而有助于更好平衡商家与消费者之间利益，促进我国电子商务行业的蓬勃发展。

（三）新增预约合同制度

合同编新增了预约合同的规则。尽管有关预约合同规则曾在 2012 年最高人民法院《关于审理买卖合同纠纷案件适用法律问题的解释》第 2 条中有所体现，但此次《民法典》的出台是以法律的形式对预约合同制度作出正式规定。预约合同，是指当事人为约定将来双方订立一定契约之契约，不同于提前一天预约前往机场的滴滴专车等服务预约。实务中预约合同通常以认购书、订购书、预定书、意向书、框架协议等名称出现,其核心在于当事人约定将来签订一份正式合同,双方具体权利义务以正式合同为准,正式合同或本约订立以后预约合同被取代,因此通常而言预约合同不具备当事人合同履行的必备条款,较为笼统与抽象,但也不排除存在例外情形。例如,当事人双方在所谓的"预约"合同中,约定未来某一时刻双方签订正式合同,并对合同条款如标的物、数量、价格、履行方式和付款账号等作出详细约定,当事人一方又已经履行付款等主要义务的,另一方不得以正式合同尚未订立为由拒绝履行合同义务。因此,本约是否成立,应依据合同条款是否完备,甚至当事人履行状态等对当事人真实意思表示作出综合判断,不得仅以名称判断预约或本约。《民法典》第 495 条除规定预约合同概念与特征外,还在第 2 款中进一步明确不履行预约合同义务同样需要承担违约责任。通常而言,预约合同违约责任的承担有约定按约定,当事人若无具体约定,则原告需举证证明其因违约所受损害,如为正式合同签订所付出的场地租赁费、人员培训费等准备。

(四)删除有关无权处分合同效力的规定

民法典合同编删除了《合同法》第 51 条有关无处分权人处分财产合同效力的规定。《合同法》第 51 条规定,无处分权的人处分他人财产,经权利人追认或者无处分权的人订立合同后取得处分权的,该合同有效。但就该条是否可反向解释为未经权利人追认或无权处分人未取得处分权,该合同无效,以及是否可以解释为除追认和取得处分权外排除其他一切合同有效情形,并无定论,由此引发了实践中法律适用的争议与混乱。

一方面,债权不同于物权,设定物权的前提是必须先有物,而债权具有兼容性和平等性。签订处分合同时,并不要求当事人享有标的物所有权或者处分权,甚至不要求标的物现实存在,如期房买卖。同时,也只有合同有效时,无权处分人才可能承担违约责任,即若合同履行期间届满时,无权处分人未获权利人追认或取得标的物处分权,无法履行交付义务,则应当依据该有效合同承担相应违约责任。

另一方面,《民法典》出台以前,合同法与物权法存在法律适用上的冲突。例如,张三将房屋借给好友李四暂住,甚至将其身份证、户口本交由李四保管,然而李四私自将该房屋以市场价格卖给不知情的王五,并办理过户登记。事后张三知晓并找到王五,以其并未追认该房屋买卖合同效力以及李四未取得房屋所有权为由认为房屋买卖合同无效,要求王五腾退并返还其房屋,王五则主张依据物权法善意取得制度取得该房屋所有权,两人看似各有各的道理。《民法典》删除《合同法》第 51 条规定以后不存在上述争议,王五可基于善意取得制度取得该房屋所有权，而张三因此所遭受的损失应当由李四赔偿。

（五）明确未履行批准手续的合同效力

行政权力对合同效力的干预主要有三个层级：备案、登记和审批或批准，行政干预水平由弱到强。第一是备案，此时国家意志介入程度最低，绝对不影响合同效力，当事人未履行备案手续的，补办备案手续即可。第二是登记，此处于国家意志介入程度的中间状态。问题在于法律、法规规定应当办理登记等手续，当事人未办理的，是否影响合同效力？本文认为，未办理登记手续属于行政违法行为，可事后补齐登记等相关手续，并不影响合同效力。例如，根据《城市房地产管理法》相关规定，城市房屋租赁，出租人和承租人应当签订书面租赁合同，并向房产管理部门登记。若当事人双方出于避税等原因并未办理合同登记，后又因租金等租赁纠纷诉至法院，法院不得以未履行租赁合同登记手续否定当事人意思自治效力，即合同效力，可责令当事人补办登记手续以及补交相关税费。第三是审批或批准，此时国家意志介入程度最强。这意味除双方当事人意思表示一致，还需获得国家同意，即通过行政审批或批准，否则绝对影响合同效力。至于具体如何影响合同效力，根据《民法典》第 502 条规定，主要有以下两点理解。

其一，法律、法规规定应当办理批准等手续的，未办理手续之前，合同不发生效力或处于未生效状态。此处的合同未生效不等同于无效。无效是法律对于一个合同所作出的最根本性和最彻底的否定评价，使之无法依照当事人预期发生法律效力。根据《民法典》合同无效的有关规定，主要有违反法律、行政法规的强制性规定，违背公序良俗等情形。而未履行法定审批或批准程序不属于上述任一一种合同无效情形，审批或批准程序一经履行合同即可发生效力，但也存在违反部门规章导致合同无效的例外情形。

银保监会曾出台一则有关保险公司股权的管理办法，属于部门规章，内容之一是对保险公司的股东资质作出条件限制。实务中，有一保险公司股东将其持有的 35% 股权转让给不具备法定股东资质的受让人，当时法院判决该份股权转让合同无效，引发较大争议。主要问题在于银保监会出台的该则管理办法并非法律或行政法规的强制性规定，并且当时最高人民法院《关于适用〈中华人民共和国合同法〉若干问题的解释（一）》第 4 条明确规定，人民法院不得以地方性法规、行政规章为依据认定合同无效。然而，最高人民法院通过印发《全国法院民商事审判工作会议纪要》的通知（以下简称《九民会议纪要》）对该法院做法给予了充分肯定，认为违反规章一般情况下不影响合同效力，但该规章的内容涉及金融安全、市场秩序、国家宏观政策等公序良俗的,应当认定合同无效。考虑到涉及资本市场及金融等领域的法律、行政法规,如商业银行法、信托法和保险法等难以顾及实践中的方方面面,为保障国家金融秩序稳定和安全,《九民会议纪要》运用穿透式思维,首先根据银保监会管理办法认定保险公司股东的股权转让行为违法,但因其为部门规章,效力层级不足以直接认定股权转让合同无效,而违反该部门规章的行为又有害于国家金融秩序等公共利益,于是将其引致到当时1999年《合同法》第52条第4项规定,认为损害公共利益的合同无效,即以违背“公序良俗”中的公共秩序为由继而认定该股权转让合同无效,以此在不违背《合同法》规定的同时有效维护我国金融资本市场秩序与安全。总的来说,原则上违反部门规章不得作为认定合同无效的法律渊源,只有在违反的部门规章、地方法规涉及公序良俗特别是资本市场、金融秩序与安全时,方可通过穿透式思维确认合同无效。

其二,尽管未办理批准等手续的合同不发生效力,但不影响合同中履行报批等义务条款以及相关条款的法律效力,即报批义务等条款已经生效,未履行报批义务的,应当承担违约责任,但也仅限于与报批义务有关的违约责任,法院可判决负有报批义务的当事人强制履行报批等手续。

(六)新增通谋虚伪的法律行为规则

《民法典》新设通谋虚伪的法律行为规则,并取消1999年《合同法》中规定的“以合法形式掩盖非法目的”的无效制度。通谋虚伪的法律行为实务中通常表现为当事人双方订立阴阳合同。例如,买方甲与卖方乙约定以100万元的价款购买海淀区的房屋一套,甲乙为躲避税款缴纳便以房屋成交价款为50万元的买卖合同办理过户登记等手续。然而过户登记履行完毕后,买方甲以成交价格50万元的买卖合同合法有效以及其已经履行60万元支付义务为由,拒绝向卖方乙支付剩余40万元房款,乙遂向法院起诉。根据《民法典》第146条规定,当事人甲乙以虚假意思表示订立的价款50万元的“阳合同”应认定无效,而房屋价款100万元的“阴合同”因体现当事人双方真实意思表示而发生法律效力,但当事人仍应向有关机关补齐缴纳剩余税款等行政手续。

专题五

《民法典》侵权责任编的主要修改及创新

王振友* 国家检察官学院

目 次

* 王振友，国家检察官学院副教授。

《民法典》于2021年1月1日起正式施行,这部被称为"社会生活百科全书"的《民法典》是一部固根本、稳预期、利长远的基础性法律,在中国特色社会主义法律体系中具有重要地位。《民法典》对推进全面依法治国、加快建设社会主义法治国家,对发展社会主义市场经济、巩固社会主义基本经济制度,对坚持以人民为中心的发展思想、依法维护人民权益,对推进国家治理体系和治理能力现代化等,都具有重大而深远的意义。

其中,《民法典》侵权责任编的修改,在《侵权责任法》的基础上共修改76条,包括表述调整、增减内容38条,新增、修改38条。笔者在对侵权责任编的深入学习、对全国各地检察机关的深入调研的基础上撰写此文,以期能够与民事检察部门的检察官们就这一领域展开深入交流,达到共同学习、共同进步的目的。

一、几点说明

首先,本文大量涉及《民法典》侵权责任编与《侵权责任法》的对比,侵权责任编的变动部分使用粗体字醒目标注。

其次,本文以介绍和总结侵权责任编的重大变动和创新(与《侵权责任法》对比)为主,因统一立法体例的要求而做的技术性调整与改动不在此列,以免过于冗长繁复。例如:

《侵权责任法》

第十三条　法律规定承担连带责任的,被侵权人有权请求部分或者全部连带责任人承担责任。

第十四条　连带责任人根据各自责任大小确定相应的赔偿数额;难以确定责任大小的,平均承担赔偿责任。支付超出自己赔偿数额的连带责任人,有权向其他连带责任人追偿。

这两条在《民法典》侵权责任编中均被删除,原因是其属于民事责任的共同规则,《民法典》总则编第178条已经做出了规定,故其在侵权责任编中被删除。

又如《侵权责任法》第29～31条(不可抗力、正当防卫、紧急避险的免责事由)均已为《民法典》总则编第180～182条所规定,同样在侵权责任编中被删除。

最后,纯粹的文字性修改,以使法条更符合立法语言规范要求,不涉及实质性变动的亦不在此列。例如:

《民法典》

第一千二百四十五条　饲养的动物造成他人损害的,动物饲养人或者管理人应当承担侵权责任;但是,能够证明损害是因被侵权人故意或者重大过失造成的,可以不承担或者减轻责任。

《侵权责任法》

第七十八条 饲养的动物造成他人损害的,动物饲养人或者管理人应当承担侵权责任,但能够证明损害是因被侵权人故意或者重大过失造成的,可以不承担或者减轻责任。

简单对比即可看出,这仅仅是文字上的调整。与之相类似的还有《民法典》第1248~1249条等。又如:

《民法典》

第一千二百二十二条 患者在诊疗活动中受到损害,有下列情形之一的,推定医疗机构有过错:

(一)违反法律、行政法规、规章以及其他有关诊疗规范的规定;

(二)隐匿或者拒绝提供与纠纷有关的病历资料;

(三)遗失、伪造、篡改或者违法销毁病历资料。

《侵权责任法》

第五十八条 患者有损害,因下列情形之一的,推定医疗机构有过错:

(一)违反法律、行政法规、规章以及其他有关诊疗规范的规定;

(二)隐匿或者拒绝提供与纠纷有关的病历资料;

(三)伪造、篡改或者销毁病历资料。

此类文字性调整使得立法表达更为准确。与之相类似的还有《民法典》第1237条、第1242条等。

二、侵权责任编的主要修改

以下内容,以侵权责任编的各章节为序。

(一)一般规定

1. 侵权责任的归责原则

《民法典》

第一千一百六十五条 行为人因过错侵害他人民事权益造成损害的,应当承担侵权责任。

依照法律规定推定行为人有过错,其不能证明自己没有过错的,应当承担侵权责任。

本条是关于过错责任的规定。与《侵权责任法》第6条相比，第1款增加了“造成损害的”字样，属于技术性修改，弥补了旧法条文在表达上不准确的缺陷。至于过错责任的要件，仍为传统的四构成要件，即损害行为、损害结果、因果关系、过错。结合《民法典》第1167条，该构成要件仅适用于赔偿损失、恢复原状的责任方式。

《民法典》

第一千一百六十六条　行为人造成他人民事权益损害，不论行为人有无过错，法律规定应当承担侵权责任的，依照其规定。

本条是关于无过错责任的规定，没有变化。

《民法典》

第一千一百八十六条　受害人和行为人对损害的发生都没有过错的，依照法律的规定由双方分担损失。

《侵权责任法》

第二十四条　受害人和行为人对损害的发生都没有过错的，可以根据实际情况，由双方分担损失。

本条是侵权责任编最大的改动之一，与《侵权责任法》第24条相比，删除了“可以根据实际情况”，增加“依照法律的规定”，严格限制了其适用范围。

本条实质上废除了旧法中极具争议的“公平责任”，将其“无害化”为一个不能单独适用的指引性条文。这也体现了我国近年来社会主义法治思想的全面进步，过去很长一段时间存在于我国司法实践中的“和稀泥”“按闹分配”的现象得到极大的改善。

案例一：郑州电梯劝阻吸烟猝死案①

本案为2018年度人民法院十大民事行政案件之一。

段某在电梯内吸烟，杨某进行劝阻，二人发生言语争执，杨某离开后段某因心脏病发作猝死。段某的妻子田某起诉杨某赔偿40余万元。一审法院认为，死者段某猝死与被告杨某的劝阻吸烟行为之间并无必然的因果关系，但又由于段某的确是在与杨某的交流争执后猝死，故应适用《侵权责任法》第24条公平责任原则，判决杨某向死者家属补偿1.5万元。

二审法院认为，杨某属于正当劝阻行为，没有侵害段某生命权的故意或过失，该劝阻行为本身并不会招致段某死亡的结果。虽然劝阻行为与死亡后果是先后

---

①　冀天福、薛永松：《郑州市中院“电梯劝阻吸烟猝死案”审判纪实》，载中国法院网，https://www.chinacourt.org/article/detail/2018/02/id/3198794.shtml。

发生的，具有时间上的因果关系，但两者之间并不存在法律上的因果关系，适用《侵权责任法》第24条的前提是行为与损害结果之间具有法律上的因果关系，故撤销一审判决，驳回一审原告的诉讼请求。

从司法实践来看，公平责任原则在立法上本身就是一个空壳，里面没有明确且具体的适用规则，在司法实务中时常被法官当作解决意外事件中损失分担这一棘手问题的救命稻草。《民法典》取消了法官基于"公平责任"理念的自由裁量权，日后必须依据法律规定分担损失。

2. 侵权责任的抗辩事由

《民法典》

第一千一百七十三条　被侵权人对同一损害的发生或者扩大有过错的，可以减轻侵权人的责任。

本条是关于过失相抵的规定。与《侵权责任法》第26条相比，限定为"同一损害"，并增加了"损害扩大"的规定，表达更为准确，同时扩大适用范围至无过错责任案件。

《民法典》

第一千一百七十六条　自愿参加具有一定风险的文体活动，因其他参加者的行为受到损害的，受害人不得请求其他参加者承担侵权责任；但是，其他参加者对损害的发生有故意或者重大过失的除外。

活动组织者的责任适用本法第一千一百九十八条至第一千二百零一条的规定。

本条是新增加的条文，是关于"受害人自甘风险"抗辩事由的规定。自甘风险规则源于古罗马"对自愿者不构成伤害"的格言以及罗马法"竞技运动风险自负"原则（《法学汇纂》）。2003年石景山足球伤害案是我国司法实践中适用该原则比较早的案例，也有反例，如2014年北京足球俱乐部组织足球比赛案。① 相似的案例产生不同的判决结果正是因为立法对"自甘风险"缺位导致的。

本规则首先明确的是："其他参加者"才可以援引本规则抗辩，"活动组织者"并不适用。

案例二：网红坠亡，直播平台是否担责？②

2017年，吴某开始在某直播平台（被告）发布大量徒手攀爬高楼的视频。同

---

① 《参加风险活动受伤谁负责？》，载搜狐网2020年7月9日，https://www.sohu.com/a/406572683_162758。

② 董星雨：《直播坠亡：网红刷屏　平台担责》，载中国法院网，https://www.chinacourt.org/article/detail/2019/12/id/4751471.shtml。

年11月8日,吴某在攀爬高楼时失手意外坠亡,其母亲随后起诉该直播平台,要求其承担侵权责任。

一审法院认为,被告直播平台是具有社会活动性的虚拟空间,具有公共场所的社会属性,应负担一定安全保障义务。同时,一审法院还认为,应当减轻被告的责任,死者承担主要责任,被告则承担次要且轻微的责任。

被告以死者自甘风险为由提起上诉。

二审法院认为,死者从事的高空建筑物攀爬活动并非一项具有普通风险的文体活动,被告亦非活动的参加者,故无法援引自甘风险规则免除责任。对于死者明知风险自愿进行此类危险活动的情况,应当适用《侵权责任法》第26条"与有过错"条款,减轻被告的赔偿责任。

本条可能会成为《民法典》正式实施后的争议热点之一,主要体现在目前文体活动的范围规定不明,从司法实践来看,该范围过于庞杂,自甘风险有成为"口袋原则"的可能性。司法判例包括篮球、足球、羽毛球、游泳、拳击、骑马、滑雪、轮滑、游戏、爬山、户外运动等二十多种活动形式。[①] 其另一个缺陷是未能区分成年人与未成年人主体,众所周知,"自甘"的隐含前提就是当事人必须为完全民事行为能力人,对于未成年人能否适用自甘风险原则以及如何适用,需要相关司法解释进一步明确。

《民法典》

第一千一百七十七条　合法权益受到侵害,情况紧迫且不能及时获得国家机关保护,不立即采取措施将使其合法权益受到难以弥补的损害的,受害人可以在保护自己合法权益的必要范围内采取扣留侵权人的财物等合理措施;但是,应当立即请求有关国家机关处理。

受害人采取的措施不当造成他人损害的,应当承担侵权责任。

本条也是新增加的条文,是关于"自助行为"抗辩事由的规定。

案例三:马某诉佘某某、李某侵权责任纠纷案

马某等人在佘某某、李某经营的餐馆就餐,餐费260元左右。李某因发现马某等人未结账即离开,于是沿路追赶,看到马某等人后,呼喊买单再走。马某等人遂分散走开,其中马某距离李某最近,李某便紧跟着马某,并拨打"110"报警。随后,佘某某赶到,与李某一起追赶马某,马某在逃跑过程中摔伤。马某诉至法院,请求判令佘某某、李某赔偿其因被追摔伤所造成的各项经济损失4万余元。

---

① 田华钢、闫建华:《体育运动人身损害纠纷处理中自甘风险规则适用的现实困境》,载《法制与社会》2020年第35期。

襄阳市中级人民法院认为,就餐后付款结账是完全民事行为能力人均应知晓的社会常理。马某等人就餐后未买单,也未告知餐馆经营人用餐费用怎么处理即离开饭店,属于吃“霸王餐”的不诚信行为,经营者李某要求马某等人付款的行为并无不当。佘某某、李某在发现马某等人逃跑后阻拦其离开,并让马某买单或者告知请客付款人的联系方式,属于正当的自助行为,不存在过错。马某在逃跑过程中因自身原因摔伤,与李某、佘某某恰当合理的自助行为之间并无直接因果关系,李某、佘某某不应对马某摔伤造成的损失承担赔偿责任。

本案当选为2020年最高人民法院《人民法院大力弘扬社会主义核心价值观十大典型民事案例》。①

案例四:江苏南通老人偷鸡蛋猝死,家属索赔案

2020年6月13日下午,江苏省南通市67岁的谷某在超市购物时,口袋里放了两个鸡蛋未结账便欲离开,超市店员将其拦下询问,交涉未果,老人突然倒地猝死。谷某的家属认为,超市应对老人的死亡承担责任,向南通市崇川区人民法院起诉,要求超市赔偿38万余元。

崇川区人民法院认为,超市工作人员的行为属于自助行为,是权利人对合法权利的自我保护,一审遂驳回原告的全部诉求。谷某家属不服一审判决,向南通市中级人民法院提起上诉。南通市中级人民法院二审宣判:维持一审原判,驳回谷某家属全部诉讼请求。②

本条亦将是《民法典》正式实施后的热点。就目前的法律规定来看,自助行为规定的过于笼统和原则化,还应在司法解释中进行细化。例如自助行为的构成要件(行使主体、行使时间、行使对象、行使方式)是哪些? 与相关犯罪(盗窃、抢劫、寻衅滋事)的界限在哪里? 如何防止自助行为的异化(如现实中常见的催收公司业务)? 实践中还有很多有争议的案件。

案例五:③

(一)葛某购买一辆二手车,过户后次日发现车辆被盗,葛某报警。经查,原车主孙某以该车抵押向某担保公司借款人民币30万元,双方未办理车辆抵押登记,担保公司在车上安装多个定位器。孙某将车出售后,担保公司发现车辆停放

---

① 《最高法发布弘扬社会主义核心价值观十大典型案例(下)》,载广州市海珠区人民法院网2020年5月13日,http://www.gzhzcourt.gov.cn/news/50007544.cshtml。

② 《2020年老人偷2枚鸡蛋被抓猝死,儿子向超市索赔38万,法院怎么判?》,载腾讯网,https://new.qq.com/omn/20220207/20220207A083CL00.html。

③ 这三起案件均为北京市顺义区人民检察院提供。

地点变动,遂组织人员将车辆拖回公司。因公安机关不予立案,葛某遂向检察机关申请立案监督。

(二)许某与蔡某案发前系朋友关系,蔡某欠许某人民币12,000余元。某日在一理发店内许某趁蔡某去卫生间之机,将蔡某手机微信账户中1万元人民币转到自己微信账户“零钱”内。后许某被查获,公安机关以许某涉嫌盗窃罪向检察机关移送审查起诉。

(三)吴某在为一车安装防盗用GPS时,发现该车为抵押车,遂私自加装另一GPS。后吴某得知抵押权人某公司正悬赏查找该车,遂纠集同伙数人驾车跟踪该车,故意发生追尾事故。在驾驶员朱某下车查看时,抢走其手机并进行控制,后将朱某放走。经鉴定,该车价值人民币20万元,朱某所受损伤构成轻微伤。吴某等人被查获,公安机关以吴某等人涉嫌抢劫罪移送检察机关审查起诉。

就这几起案件均可看出,通过相关司法解释完善自助行为的法律规定,可谓势在必行。

《民法典》

第一千一百七十八条　本法和其他法律对不承担责任或者减轻责任的情形另有规定的,依照其规定。

本条是新增加的指引性条文,指向《民法典》总则编相关不承担责任或者减轻责任的规定。

(二)损害赔偿

《民法典》

第一千一百八十二条　侵害他人人身权益造成财产损失的,按照被侵权人因此受到的损失或者侵权人因此获得的利益赔偿;被侵权人因此受到的损失以及侵权人因此获得的利益难以确定,被侵权人和侵权人就赔偿数额协商不一致,向人民法院提起诉讼的,由人民法院根据实际情况确定赔偿数额。

《侵权责任法》

第二十条　侵害他人人身权益造成财产损失的,按照被侵权人因此受到的损失赔偿;被侵权人的损失难以确定,侵权人因此获得利益的,按照其获得的利益赔偿;侵权人因此获得的利益难以确定,被侵权人和侵权人就赔偿数额协商不一致,向人民法院提起诉讼的,由人民法院根据实际情况确定赔偿数额。

本条是关于侵害他人人身权益造成财产损失的赔偿标准的规定。与《侵权责任法》第20条相比,赔偿标准的顺序发生了变化,强调“按照被侵权人因此受到的损失或者侵权人因此获得的利益赔偿”优先于其他标准，突出了侵权责任的填补损害功能。

《民法典》

第一千一百八十三条　侵害自然人人身权益造成严重精神损害的，被侵权人有权请求精神损害赔偿。

因故意或者重大过失侵害自然人具有人身意义的特定物造成严重精神损害的，被侵权人有权请求精神损害赔偿。

本条是关于精神损害赔偿的规定，与《侵权责任法》第 22 条相比，第 1 款基本没有变化，第 2 款为新增条文，吸收了司法解释的成果（2001 年《最高人民法院关于确定民事侵权精神损害赔偿责任若干问题的解释》第 4 条）。但与司法解释相比，此款强调“故意”或者“重大过失”。

《民法典》

第一千一百八十五条　故意侵害他人知识产权，情节严重的，被侵权人有权请求相应的惩罚性赔偿。

本条为新增加的条文，是关于侵害知识产权惩罚性赔偿的法律依据，适用我国强化知识产权保护的需要。“故意”和“情节严重”是适用惩罚性赔偿的要件，应当与相关知识产权法律法规的规定配套适用。

（三）责任主体的特殊规定

《民法典》

第一千一百八十九条　无民事行为能力人、限制民事行为能力人造成他人损害，监护人将监护职责委托给他人的，监护人应当承担侵权责任；受托人有过错的，承担相应的责任。

本条为新增加的条文，是关于委托监护情况下侵权责任的规定，同样是吸收司法解释的成果。2003 年最高人民法院《关于审理人身损害赔偿案件适用法律若干问题的解释》第 7 条第 1 款规定：对未成年人依法负有教育、管理、保护义务的学校、幼儿园或者其他教育机构，未尽职责范围内的相关义务致使未成年人遭受人身损害，或者未成年人致他人人身损害的，应当承担与其过错相应的赔偿责任。

《民法典》

第一千一百九十一条　用人单位的工作人员因执行工作任务造成他人损害的，由用人单位承担侵权责任。用人单位承担侵权责任后，可以向有故意或者重大过失的工作人员追偿。

劳务派遣期间,被派遣的工作人员因执行工作任务造成他人损害的,由接受劳务派遣的用工单位承担侵权责任;劳务派遣单位有过错的,承担相应的责任。

与《侵权责任法》第34条相比,本条第1款增加了用人单位的追偿权,第2款基本没有变化。

规定用人单位对有故意或者重大过失的工作人员享有追偿权,一方面可以弥补用人单位的损失;另一方面能够督促员工在工作中尽谨慎义务,尽量避免损害的发生。

《民法典》

第一千一百九十二条　个人之间形成劳务关系,提供劳务一方因劳务造成他人损害的,由接受劳务一方承担侵权责任。接受劳务一方承担侵权责任后,可以向有故意或者重大过失的提供劳务一方追偿。提供劳务一方因劳务受到损害的,根据双方各自的过错承担相应的责任。

提供劳务期间,因第三人的行为造成提供劳务一方损害的,提供劳务一方有权请求第三人承担侵权责任,也有权请求接受劳务一方给予补偿。接受劳务一方补偿后,可以向第三人追偿。

与《侵权责任法》第35条相比,本条第1款增加了接受劳务一方的追偿权,利益平衡更加合理,第2款增加了第三人造成损害的责任承担规定,调整范围扩大,弥补了相应的法律漏洞。

《民法典》

第一千一百九十三条　承揽人在完成工作过程中造成第三人损害或者自己损害的,定作人不承担侵权责任。但是,定作人对定作、指示或者选任有过错的,应当承担相应的责任。

本条为新增条文,同样是吸收了2004年最高人民法院《关于审理人身损害赔偿案件适用法律若干问题的解释》第10条有关规定。

《民法典》

第一千一百九十五条　网络用户利用网络服务实施侵权行为的,权利人有权通知网络服务提供者采取删除、屏蔽、断开链接等必要措施。通知应当包括构成侵权的初步证据及权利人的真实身份信息。

网络服务提供者接到通知后,应当及时将该通知转送相关网络用户,并根据构成侵权的初步证据和服务类型采取必要措施;未及时采取必要措施的,对损害的扩大部分与该网络用户承担连带责任。

权利人因错误通知造成网络用户或者网络服务提供者损害的，应当承担侵权责任。法律另有规定的，依照其规定。

本条是对原《侵权责任法》第36条第2款规定的扩充，明确了网络侵权的具体规则。

《民法典》

第一千一百九十六条 网络用户接到转送的通知后，可以向网络服务提供者提交不存在侵权行为的声明。声明应当包括不存在侵权行为的初步证据及网络用户的真实身份信息。

网络服务提供者接到声明后，应当将该声明转送发出通知的权利人，并告知其可以向有关部门投诉或者向人民法院提起诉讼。网络服务提供者在转送声明到达权利人后的合理期限内，未收到权利人已经投诉或者提起诉讼通知的，应当及时终止所采取的措施。

本条为新增加的条文，是上一条的法律逻辑后续，规定了网络用户"反通知"的具体规则，使网络侵权各方权利义务更为平衡。

这一系列规定为我国互联网的良性发展提供了更为完善的法治环境，但是对于我国当前主要的网络侵权问题，略有不足。中国互联网络信息中心发布的第47次《中国互联网发展状况统计报告》显示：截至2020年12月，我国网民规模为9.89亿人，互联网普及率达74.9%，使用手机上网的比例达99.3%。目前我国网络侵权比较突出的问题是自媒体时代下的人格利益侵害，包括名誉权、肖像权、姓名权、隐私权等权利。个别网民利用虚拟的网络环境、难以追查到本人的网名，肆意发布恶意言论，侵害他人合法权益，给社会造成恶劣影响。更多的网络用户在看到这些真假参半的内容时，毫无辨别的能力，盲目跟风，成为帮凶。换言之，自媒体侵权行为往往会发展成为网络暴力。受害者主张民事侵权损害赔偿，通过诉讼程序维权十分困难。例如，查找侵权用户的信息、举证侵权事实等现实生活中的诉讼行为都因为互联网的特征而难以进行。即使是理想状态下，受害者暂时维护了自己的权利，但是互联网无法保证这些侵权行为不会再次上演，毕竟违法成本太低。因此，可以考虑借助国家公权力对网络谣言加以规制，防止言论自由权利的滥用，加大对网络谣言犯罪的惩处力度，提高造谣、传谣的犯罪成本，以维护网络空间的健康发展，这也是检察机关作为法律监督机关的应有之义。

案例六：女子取快递遭诽谤案[1]

2020年7月，吴女士到小区快递点取快递，在她不知情的情况下，隔壁超市老板郎某偷拍了9秒吴女士的视频。随后，郎某与何某捏造了暧昧微信聊天内容，并将偷拍的视频与聊天内容截图发到车友微信群里。“少妇出轨快递小哥”这一谣言随后传播开来，给吴女士生活造成了极大损害。

吴女士于10月26日向法院提起刑事自诉。

最高人民检察院指导浙江检察机关发出检察建议，根据《刑法》第246条中对于诽谤、侮辱罪自诉原则的“严重危害社会秩序和国家利益的除外”规定，公安机关于12月25日对郎某、何某涉嫌网络诽谤案立案侦查，案件性质由自诉转为公诉。

2021年4月30日，杭州市余杭区人民法院一审宣判，分别以诽谤罪判处被告人郎某某、何某某有期徒刑一年，缓刑二年。

2021年1月，该案入选最高人民检察院公布的2020年度十大法律监督案例。在同年1月10日到11日召开的第十五次全国检察工作会议上，最高人民检察院点名本案，明确要求加大违法犯罪成本、降低公民维权成本。2021年7月12日，张军检察长在学习习近平总书记“七一”重要讲话精神，为全国四级检察机关干警讲授党史学习教育专题党课上再次强调：要“把握法治规律，深化新时代能动司法检察工作”。

《民法典》

第一千一百九十八条　宾馆、商场、银行、车站、机场、体育场馆、娱乐场所等经营场所、公共场所的经营者、管理者或者群众性活动的组织者，未尽到安全保障义务，造成他人损害的，应当承担侵权责任。

因第三人的行为造成他人损害的，由第三人承担侵权责任；经营者、管理者或者组织者未尽到安全保障义务的，承担相应的补充责任。经营者、管理者或者组织者承担补充责任后，可以向第三人追偿。

本条是公开场所未尽到安全保障义务造成他人损害侵权责任的规定。与《侵权责任法》第37条相比，责任主体有所增加，并规定了对第三人的追偿权。关于增加场所和责任主体的规定更加全面，增加追偿权更有利于平衡各方利益和

---

① 《7·7杭州女子取快递被造谣事件》，载百度百科，https://baike. baidu. com/item/7% C2% B77% E6% 9D% AD% E5% B7% 9E% E5% A5% B3% E5% AD% 90% E5% 8F% 96% E5% BF% AB% E9% 80% 92% E8% A2% AB% E9% 80% A0% E8% B0% A3% E4% BA% 8B% E4% BB% B6/55929756? fr = aladdin，最后访问日期：2022年4月27日。

责任。

《民法典》

第一千二百零一条　无民事行为能力人或者限制民事行为能力人在幼儿园、学校或者其他教育机构学习、生活期间，受到幼儿园、学校或者其他教育机构以外的第三人人身损害的，由第三人承担侵权责任；幼儿园、学校或者其他教育机构未尽到管理职责的，承担相应的补充责任。幼儿园、学校或者其他教育机构承担补充责任后，可以向第三人追偿。

本条增加了追偿权，规定更为合理，同时亦有利于平衡各方利益和责任。

（四）产品责任

《民法典》

第一千二百零六条　产品投入流通后发现存在缺陷的，生产者、销售者应当及时采取停止销售、警示、召回等补救措施；未及时采取补救措施或者补救措施不力造成损害扩大的，对扩大的损害也应当承担侵权责任。

依据前款规定采取召回措施的，生产者、销售者应当负担被侵权人因此支出的必要费用。

与《侵权责任法》第46条相比，本条采取警示、召回等补救措施的规定没有变化，主要是增加了第2款，规定生产者、销售者应当负担召回费用，解决了召回费用的承担问题，进一步完善了我国缺陷产品的召回制度，但仍旧缺乏相应的惩戒制度的配套法律。

《民法典》

第一千二百零七条　明知产品存在缺陷仍然生产、销售，或者**没有依据前条规定采取有效补救措施，造成他人死亡或者**健康严重损害的，被侵权人有权请求相应的惩罚性赔偿。

本条与《侵权责任法》第47条相比，增加了粗体字部分的规定，扩大了惩罚性赔偿的适用范围。

（五）机动车交通事故责任

《民法典》

第一千二百零八条　机动车发生交通事故造成损害的，依照道路交通安全法律和本法的有关规定承担赔偿责任。

实践中，规范机动车交通事故责任的主要法律是《道路交通安全法》第76条的规定。《民法典》第 1209 条和第 1210 条均删除了交强险保险人责任的规定。

《道路交通安全法》

第七十六条　机动车发生交通事故造成人身伤亡、财产损失的，由保险公司在机动车第三者责任强制保险责任限额范围内予以赔偿；不足的部分，按照下列规定承担赔偿责任：

(一)机动车之间发生交通事故的，由有过错的一方承担赔偿责任；双方都有过错的，按照各自过错的比例分担责任。

(二)机动车与非机动车驾驶人、行人之间发生交通事故，非机动车驾驶人、行人没有过错的，由机动车一方承担赔偿责任；有证据证明非机动车驾驶人、行人有过错的，根据过错程度适当减轻机动车一方的赔偿责任；机动车一方没有过错的，承担不超过百分之十的赔偿责任。

交通事故的损失是由非机动车驾驶人、行人故意碰撞机动车造成的，机动车一方不承担赔偿责任。

《民法典》

第一千二百一十一条　以挂靠形式从事道路运输经营活动的机动车，发生交通事故造成损害，属于该机动车一方责任的，由挂靠人和被挂靠人承担连带责任。

第一千二百一十二条　未经允许驾驶他人机动车，发生交通事故造成损害，属于该机动车一方责任的，由机动车使用人承担赔偿责任；机动车所有人、管理人对损害的发生有过错的，承担相应的赔偿责任，但是本章另有规定的除外。

第一千二百一十三条　机动车发生交通事故造成损害，属于该机动车一方责任的，先由承保机动车强制保险的保险人在强制保险责任限额范围内予以赔偿；不足部分，由承保机动车商业保险的保险人按照保险合同的约定予以赔偿；仍然不足或者没有投保机动车商业保险的，由侵权人赔偿。

以上 3 条均为新增条文，依次规定了挂靠情形下的机动车、未经允许驾驶他人机动车造成损害的侵权责任的规定，以及涉及保险赔偿时责任主体的赔偿顺序，同样吸收了司法解释的成果。(分别为 2012 年最高人民法院《关于审理道路交通事故损害赔偿案件适用法律若干问题的解释》第 3 条、第 2 条、第 16 条)

《民法典》

第一千二百一十七条　非营运机动车发生交通事故造成无偿搭乘人损害，属于该机动车一方责任的，应当减轻其赔偿责任，但是机动车使用人有故意或者重大过失的除外。

本条为新增加的条文，是关于“好意同乘”发生事故时侵权责任的认定，使社会实践中经常出现的此类案件有法可依。当然,应当通过司法解释进一步明确“无偿”的认定标准究竟为何,从而避免司法实践可能存在的争议。

(六)医疗损害责任

《民法典》

第一千二百一十八条 患者在诊疗活动中受到损害,医疗机构或者其医务人员有过错的,由医疗机构承担赔偿责任。

本条是关于医疗损害责任的一般规定,与《侵权责任法》第58条相比,将“及其”修改为“或者”,责任更加明确,只需要医疗机构和医务人员二者之一有过错即可。

《民法典》

第一千二百二十六条 医疗机构及其医务人员应当对患者的隐私和个人信息保密。泄露患者的隐私和个人信息,或者未经患者同意公开其病历资料的,应当承担侵权责任。

本条是关于患者隐私和个人信息保护的规定,与《侵权责任法》第62条相比,增加“个人信息”,并删除了“造成患者损害”的要求。

(七)环境污染和生态破坏责任

《民法典》

第一千二百二十九条 因污染环境、破坏生态造成他人损害的,侵权人应当承担侵权责任。

本章适应《环境保护法》的修改,整体上加入了“生态破坏责任”的内容,在本章所有条文中均有体现,扩大了调整范围。

《民法典》

第一千二百三十二条 侵权人违反法律规定故意污染环境、破坏生态造成严重后果的,被侵权人有权请求相应的惩罚性赔偿。

本条为新增加的条文,是关于惩罚性赔偿的规定,落实了《民法典》总则编第179条第2款的精神(惩罚性赔偿在民法典中被作为一种单独的侵权责任方式加以规定)。

《民法典》

第一千二百三十四条 违反国家规定造成生态环境损害,生态环境能够修复的,国家规定的机关或者法律规定的组织有权请求侵权人在合理期限内承担修复责任。侵权人在期限内未修复的，国家规定的机关或者法律规定的组织可以自行或者委托他人进行修复，所需费用由侵权人负担。

第一千二百三十五条　违反国家规定造成生态环境损害的，国家规定的机关或者法律规定的组织有权请求侵权人赔偿下列损失和费用：

（一）生态环境受到损害至修复完成期间服务功能丧失导致的损失；

（二）生态环境功能永久性损害造成的损失；

（三）生态环境损害调查、鉴定评估等费用；

（四）清除污染、修复生态环境费用；

（五）防止损害的发生和扩大所支出的合理费用。

以上两条为新增加的条文，第 1234 条为环境公益诉讼中“修复”责任的规定，第 1235 条为环境公益诉讼中损害赔偿请求权的规定。这两条新条文不仅适应了环境公益诉讼制度建设的需求，也为环境公益诉讼准备了实体法依据。

（八）高度危险责任

《民法典》

第一千二百四十三条　未经许可进入高度危险活动区域或者高度危险物存放区域受到损害，管理人能够证明已经采取足够安全措施并尽到充分警示义务的，可以减轻或者不承担责任。

本条规定了高危区域的管理人的免责事由，与《侵权责任法》第 76 条相比，明确了其举证责任。

《民法典》

第一千二百四十四条　承担高度危险责任，法律规定赔偿限额的，依照其规定，但是行为人有故意或者重大过失的除外。

本条是关于责任限额的指引性规定，与《侵权责任法》第 77 条相比，增加了后半段的规定，使得责任承担更加公平。

（九）饲养动物损害责任

《民法典》

第一千二百四十六条　违反管理规定，未对动物采取安全措施造成他人损害的，动物饲养人或者管理人应当承担侵权责任；但是，能够证明损害是因被侵权人故意造成的，可以减轻责任。

本条与《侵权责任法》第 79 条相比，增加了后半段的规定，将被侵权人故意作为减轻责任的抗辩事由，使责任承担更加公平。

(十) 建筑物和物件损害责任

本章即原《侵权责任法》第十一章“物件损害责任”，将“建筑物”从“物件”中分离出来，单独表述，更符合生活习惯。

《民法典》

第一千二百五十二条　建筑物、构筑物或者其他设施倒塌、塌陷造成他人损害的，由建设单位与施工单位承担连带责任，但是建设单位与施工单位能够证明不存在质量缺陷的除外。建设单位、施工单位赔偿后，有其他责任人的，有权向其他责任人追偿。

因所有人、管理人、使用人或者第三人的原因，建筑物、构筑物或者其他设施倒塌、塌陷造成他人损害的，由所有人、管理人、使用人或者第三人承担侵权责任。

本条对应的是《侵权责任法》第 86 条第 1 款增加了“但是建设单位与施工单位能够证明不存在质量缺陷的除外。”明确了过错推定原则。第 2 款则将原条文中的“其他责任人”细化为“所有人、管理人、使用人或者第三人”，使承担侵权责任的主体更为明确。

《民法典》

第一千二百五十四条　禁止从建筑物中抛掷物品。从建筑物中抛掷物品或者从建筑物上坠落的物品造成他人损害的，由侵权人依法承担侵权责任；经调查难以确定具体侵权人的，除能够证明自己不是侵权人的外，由可能加害的建筑物使用人给予补偿。可能加害的建筑物使用人补偿后，有权向侵权人追偿。

物业服务企业等建筑物管理人应当采取必要的安全保障措施防止前款规定情形的发生；未采取必要的安全保障措施的，应当依法承担未履行安全保障义务的侵权责任。

发生本条第 1 款规定的情形的，公安等机关应当依法及时调查，查清责任人。

《侵权责任法》

第八十七条　从建筑物中抛掷物品或者从建筑物上坠落的物品造成他人损害，难以确定具体侵权人的，除能够证明自己不是侵权人的外，由可能加害的建筑物使用人给予补偿。

本条是侵权责任编修改过程中讨论最多，社会关注度最高的一个条文。

《民法典》第 1254 条对《侵权责任法》第 87 条进行了全面修改，增加了“禁止从建筑物中抛掷物品”的规定，核心修改是增加了第 2 款和第 3 款。这一修改使从建筑物中抛掷物品或者从建筑物上坠落物品致人损害的侵权责任承担更加合理,同时强调了物业服务企业的义务和责任,强调了有关行政机关依法及时调查查清责任人的职责。

案例七:天降铁球砸死女婴全楼判赔案[①]

2016 年四川遂宁市,一只从天而降的铁球砸中了一名女婴,女婴不幸离世。事发后,当地警方介入调查,但没能找到抛物者。于是女婴父母将事发地整栋楼的住户全部起诉至法院。

2020 年 8 月 24 日,遂宁市船山区法院一审判决,除家中确无人居住的不承担责任,其余 121 户业主每户补偿原告 3000 元。

虽然法院已经反复解释补偿责任不是赔偿责任,缴纳补偿款不代表有过错,但对于法院作出的判决,有些住户仍觉得很突然,不能接受,部分业主表示上诉。

《民法典》第 1254 条的正式实施,有助于未来的司法实践避免上述案例的相关争议,有助于实现法院判决的法律效果与社会效果的相统一。

三、侵权责任编创新的主要亮点

(一)公平责任的核心变革

公平责任的本意在于调剂受害人遭受损害但得不到赔偿的状态,以实现矫正正义。但是由于该规定的文义表述为“可以根据实际情况”,这就导致公平责任的适用存在较大弹性,加之“公平”理念的泛化和异化,司法实践中长时间内出现公平责任被滥用的情况。

侵权责任编将公平责任的适用范围由“根据实际情况”改为“依照法律的规定”,将原有的弹性降至最低。如此,公平责任的适用被确定在了更为妥适的范围,促进了公平责任的理性回归。

(二)免责事由进一步扩充

这一扩充即《民法典》第 1176 条增设的自甘风险与第 1177 条增设的民事自助行为。特别是后者,体现了国家对私力救济途径的承认,对权利保护的推崇。

---

① 《四川遂宁天降铁球砸死女婴案,因未找到抛物者全楼被判赔》,载中华网新闻,https://news.china.com/socialgd/10000169/20200906/38713735.html。

（三）网络侵权规则的细化

1.《民法典》第 1195 条对“通知—删除”规则进行了完善

一方面，新规则要求权利人通知网络服务提供者时，通知的内容应当包括构成侵权的初步证据及权利人的真实身份信息，有助于防止民事主体滥用“通知”这一权利。

另一方面，就网络服务提供者接到通知后应采取的措施，采取了较灵活的立法表述，即网络服务提供者在接到通知后，需要采取“必要措施”。

2.《民法典》第 1196 条增加了“反通知”规则

网络用户接到转送的通知后，可以向网络服务提供者提交不存在侵权行为的声明。在原有立法中，信息发布者即使遭到了恶意投诉也无法进行辩解，新规则给予了信息发布者自行辩解的机会。

3.《民法典》第 1197 条增加了“应当知道”的规定

这是对网络平台的注意义务和审查义务的提高与加强，对于未尽合理审查义务而不知晓存在网络侵权情形的，平台同样需要承担连带责任。

总体而言，这一系列规定为互联网的良性发展提供了更为完善的法治环境。

同时，检察机关可以考虑发挥主观能动性，主动介入社会影响较高、群众反映较大的部分网络侵权案件，实现最高人民检察院对“能动检察”的要求，弥补司法实践中侵权责任编未能完全覆盖的部分。

（四）高空抛物规则的多层次更新

近年来，我国多地先后发生从建筑物中抛掷或坠落物品造成他人损害的事件，由于高空抛物案件查明具体的加害人存在一定困难，裁判逻辑的不一以及结果的迥异难以服众，使司法裁判的社会效果难言良好，引发了社会关注。

《民法典》第 1254 条对相关规则进行了多层次的完善，新规则要求公安机关应依法及时进行调查，以查清侵权人，这有助于打消侵权人的侥幸心理，为实质公平提供可能。经公安机关调查仍然难以确定具体侵权人的，除能够证明自己不是侵权人的外，再由可能加害的建筑物使用人给予补偿，从而实现对被害人的救济。

最后，规定了建筑物管理人应当采取必要的安全保障措施防止前款规定情形的发生。

当然，《民法典》侵权责任编的颁布和实施并不意味着一劳永逸解决了我国司法实践侵权领域中的所有问题,仍然有许多矛盾需要在实践中检验、探索,需要不断地进行相关司法解释的配套、补充、细化。在维护《民法典》权威的基础上,我们应坚持问题导向,在新时代的实践基础上推动《民法典》不断完善和发展,推进法治中国建设,夯实中国之治的法治根基。

专题六

贯彻实施监督规则　加强民事执行检察

肖正磊* 最高人民检察院

目　次

* 肖正磊，最高人民检察院第六检察厅副厅长。

依法对民事诉讼和执行活动实行法律监督,是我国《宪法》、《人民检察院组织法》和《民事诉讼法》赋予检察机关的重要职能,是中国特色社会主义检察制度的重要内容。从1988年最高人民检察院设立民事行政检察厅,到2018年最高检内设机构改革形成单设负责民事检察工作的第六检察厅;从1991年《民事诉讼法》明确规定"人民检察院有权对民事审判活动实行法律监督",并在审判监督程序一章规定对生效裁判的抗诉制度,到2008年、2012年《民事诉讼法》修改增加对民事审判程序中审判人员违法行为的监督、对执行活动的监督,民事检察的职能日趋完善,工作内容不断丰富。

随着经济社会的高质量发展,加强检察监督,加强对司法活动的监督制约,不仅是党中央的明确要求,也是人民群众的迫切需求。在中共中央政治局就"切实实施民法典"举行的第二十次集体学习时,习近平总书记强调:"要加强民事检察工作,加强对司法活动的监督,畅通司法救济渠道,保护公民、法人和其他组织合法权益"。历年召开的全国和地方"两会"上,人大代表、政协委员多次提出加强民事检察监督的提案和议案。

紧跟新时代新形势,为做强民事检察工作,实现精准监督,最高人民检察院于2021年7月26日对外公布了修订后的《人民检察院民事诉讼监督规则》(以下简称《监督规则》)。《监督规则》是最高人民检察院贯彻实施民事诉讼法的司法解释,是检察机关开展民事检察工作的根本遵循。与1993年制定的试行规则相比,《监督规则》虽然条文数目只增加了11个,从原来的124个条文扩展到135个条文,但内容更为丰富,规定更为完善,仅对原条文进行实质性修改的就有70余条。

具体到民事执行检察监督,也就是检察机关对民事执行活动的监督,《监督规则》既有"对执行活动的监督"的专章专门规定,也有散见在总则、回避、受理、审查、案件管理等其他章节的共性规定;既保留和完善了试行规则中一些行之有效的规定,也丰富和发展了一些新的内容。贯彻实施《监督规则》,加强民事执行检察监督,首先要对这些规定认真学习,熟读条文,弄清原意;然后是结合本地区实际,梳理问题,找准方向,制定具体方案细则,确保规则落地。

以下分三个部分探讨:一是《监督规则》有关民事执行检察的规定;二是在民事执行检察工作中贯彻实施《监督规则》需注意的主要问题;三是加强民事执行检察的思考。

一、《监督规则》有关民事执行检察的规定

(一)与裁判结果监督、审判人员违法行为监督"共享"的基本规则

2013 年制定试行监督规则时,确立了民事检察一些基本规则和制度,作为民事检察重要组成部分的民事执行检察监督,同样要遵循和适用这些规定。经过近十年的实践检验,这些基本规则和制度对规范民事执行检察工作、加强对民事执行活动的监督发挥了重要作用。

1. 案件受理二元化启动模式

检察机关办理的民事检察案件,从哪儿来？如何"发现"？《监督规则》确立的是二元化启动模式,即依当事人申请和依职权主动发现,具体规定在《监督规则》第 18 条:"民事诉讼监督案件的来源包括:(一)当事人向人民检察院申请监督;(二)当事人以外的自然人、法人和非法人组织向人民检察院控告;(三)人民检察院在履行职责中发现。"虽然条文规定了三种情形,但第二种情形所谓"控告",在司法实践中比较少见。2020 年 1 月至 2021 年 6 月,全国检察机关共办理民事执行监督案件 80,420 件,其中通过案外人控告等其他来源进入程序的只有 1448 件,占 1.8%。根据《监督规则》第 35 条的规定:"当事人以外的自然人、法人和非法人组织认为人民法院民事审判程序中审判人员存在违法行为或者民事执行活动存在违法情形等,可以向同级人民检察院控告。控告由人民检察院负责控告申诉检察的部门受理。负责控告申诉检察的部门对收到的控告,应当依据《人民检察院信访工作规定》等办理。"也就是依"控告"发现的案件首先进入的是信访程序,按照信访工作规定,如可以转化为监督案件,最终还是归类为"依申请"或"依职权"。

需要注意的是,《监督规则》第 37 条对依职权监督做了进一步补充完善:"人民检察院在履行职责中发现民事案件有下列情形之一的,应当依职权启动监督程序:(一)损害国家利益或者社会公共利益的;(二)审判、执行人员有贪污受贿,徇私舞弊,枉法裁判等违法行为的;(三)当事人存在虚假诉讼等妨害司法秩序行为的;(四)人民法院作出的已经发生法律效力的民事公益诉讼判决、裁定、调解书确有错误,审判程序中审判人员存在违法行为,或者执行活动存在违法情形的;(五)依照有关规定需要人民检察院跟进监督的;(六)具有重大社会影响等确有必要进行监督的情形。人民检察院对民事案件依职权启动监督程序,不受当事人是否申请再审的限制。"与试行规则相比,增加了第 3 项、第 4 项和第 6 项。其中

第3项的关键词不仅是“虚假诉讼”,还要注意“妨害司法秩序”。对于“虚假诉讼”是否都损害了国家利益或社会公共利益,是否均应纳入检察机关主动监督范畴,司法实践中存在争议。但是,虚假诉讼行为人以诉讼方式达到非法目的或获取非法利益的行为,无论是否损害“两益”,都是利用了人民法院的审判权,妨碍了司法秩序,损害了司法权威。为避免陷入“虚假诉讼是否都损害两益”这样的无谓争议,《监督规则》将“虚假诉讼”造成的危害的落脚点放在了“妨害司法秩序”上,对于“妨害司法秩序”的诉讼活动,检察机关理应依职权监督。第4项的规定是对于民事公益诉讼活动的监督,既然该类诉讼冠名“公益”,检察机关理应依职权监督。第6项作为兜底情形,强调了“重大社会影响”和“确有必要监督”两个要件,这一规定还需在司法实践中进一步探索,不断细化。江苏省人民检察院《关于进一步加强和规范民事执行活动法律监督工作若干问题的意见》对“造成重大社会影响的”和“需要跟进监督的”两种情形进行了细化规定。具体条文是第6条第1款第3项、第4项:“造成重大社会影响的,包括:因违法执行、怠于执行引发当事人、利害关系人、案外人自杀、致人伤亡等恶性事件;或者导致重大舆情、引起舆论广泛关注;或者造成难以挽回的重大损失和不良影响等”和“需要跟进监督的,包括:人民检察院在办理抗诉、检察建议案件或查办诉讼违法、虚假诉讼以及其他履行职责工作中发现需要对人民法院相关执行活动进行监督的;在有关领导机关部署或人民法院、人民检察院开展的有关执行工作的专项行动中,发现人民法院的相关执行活动需要监督纠正的;人民法院对人民检察院发出的执行监督检察建议逾期不回复也不纠正或回复理由明显不能成立,需要再次监督的;有关领导机关交办、督办的等。”这种细化解释和规定有利于统一本地区的执法规范,不失为一种有益尝试,值得各地借鉴。

2. 受审管相分离

为了加强检察机关各业务部门的内部监督制约,《监督规则》对民事诉讼监督案件确立了“受审管相分离”的原则,具体体现在第5条的规定:“负责控告申诉检察、民事检察、案件管理的部门分别承担民事诉讼监督案件的受理、办理、管理工作,各部门互相配合,互相制约。”三个部门根据分工,分别行使不同的职能。

需要注意的是,这种分工虽然是清晰的,但也并非绝对。对于下级检察院提请上级院抗诉、监督的案件,以及依职权发现的案件,《监督规则》第38条规定:“下级人民检察院提请抗诉、提请其他监督等案件,由上一级人民检察院负责案件管理的部门受理。依职权启动监督程序的民事诉讼监督案件,负责民事检察的部门应当到负责案件管理的部门登记受理。”对这两种特殊案件,分别规定了由案件管理部门和民事检察部门受理。至于按照《监督规则》第126条的规定，负责控告申诉检察的部门对申请复查案件进行的“初核”，虽然可以比照审查程序，准用审查手段，但并不是真正的审查，仍然属于案件受理阶段的一种初步核查。

3. 同级受理

检察机关对民事审判和执行活动的监督，主要有两种监督方式，分别是抗诉和检察建议（包括再审检察建议），这两种监督方式效力不同，提出的机关也不同。对于确有错误的生效裁判，最高人民检察院对各级人民法院，上级人民检察院对下级人民法院，可以提出抗诉；而地方各级人民检察院对同级人民法院则只能提出检察建议。对于法院的违法和错误执行活动，以及审判人员的违法行为，一般只能由检察院向同级法院提出检察建议。以上讲的是“出口”，那么“入口”呢？当事人的民事诉讼监督申请，由哪一级检察院受理？《监督规则》第29条第1款和第30条第1款规定的是“同级受理”，即“当事人根据《中华人民共和国民事诉讼法》第二百零九条第一款的规定向人民检察院申请检察建议或者抗诉，由作出生效民事判决、裁定、调解书的人民法院所在地同级人民检察院负责控告申诉检察的部门受理。人民法院裁定驳回再审申请或者逾期未对再审申请作出裁定，当事人向人民检察院申请监督的，由作出原生效民事判决、裁定、调解书的人民法院所在地同级人民检察院受理。”“当事人认为民事审判程序中审判人员存在违法行为或者民事执行活动存在违法情形，向人民检察院申请监督的，由审理、执行案件的人民法院所在地同级人民检察院负责控告申诉检察的部门受理。”有人可能会问：既然上级检察院才有抗诉权，为什么要规定同级受理？这样规定的主要考虑有两点：一是便于当事人诉讼，就地提交监督申请；二是结合四级检察机关职能履行和人员配置的实际。民事诉讼实行“两审终审制”，再加上民事诉讼法规定当事人只能针对再审裁判或者经过了再审审查的生效裁判向检察机关申请监督，因此能够通过抗诉履行监督职能的主要是最高人民检察院和省一级检察院，规定同级受理，就可以最大化地发挥分州市一级检察院乃至县区检察院的作用，四级检察机关协同履职，依法监督民事诉讼。

需要注意的是，虽然绝大多数民事诉讼监督案件应当同级受理，但并不排除少部分案件由上级院受理。根据《监督规则》第31条的规定，当事人认为人民检察院不依法受理其监督申请的，可以向上一级人民检察院申请监督。上一级人民检察院认为当事人监督申请符合受理条件的，应当指令下一级人民检察院受理，必要时也可以直接受理。根据《监督规则》第126条的规定，当事人认为人民检察院对同级人民法院已经发生法律效力的民事判决、裁定、调解书作出的不支持监督申请决定存在明显错误的,可以在不支持监督申请决定作出之日起一年内向上一级人民检察院申请复查一次。上一级检察院对符合一定情形的案件,会进行复查。有人把这一规定解读为是对同级受理的一种补充。

4. 申请监督有"前置程序"

当事人向检察机关申请监督的"前置程序",其实是要求申请监督具备一定条件,或应当经过一定的程序。对于裁判结果的监督,《民事诉讼法》第 216 条明确规定:"有下列情形之一的,当事人可以向人民检察院申请检察建议或者抗诉:(一)人民法院驳回再审申请的;(二)人民法院逾期未对再审申请作出裁定的;(三)再审判决、裁定有明显错误的。"对于民事审判程序和执行活动的监督,《监督规则》第 28 条第 1 款也规定了"前置程序":"当事人认为民事审判程序或者执行活动存在违法情形,向人民检察院申请监督,有下列情形之一的,人民检察院不予受理:(一)法律规定可以提出异议、申请复议或者提起诉讼,当事人没有提出异议、申请复议或者提起诉讼的,但有正当理由的除外;(二)当事人提出异议、申请复议或者提起诉讼后,人民法院已经受理并正在审查处理的,但超过法定期限未作出处理的除外;(三)其他不应受理的情形。"但在这一条的第 2 款特别强调:"当事人对审判、执行人员违法行为申请监督的,不受前款规定的限制。"

需要注意的是,对于民事执行监督的"前置程序",《监督规则》规定了例外的情况,即"有正当理由的除外"。那么,何为"正当理由"?在《监督规则》中并未明确规定。司法实践中,各级检察机关不断探索,逐步总结和完善了相关规定。如江苏省人民检察院《关于进一步加强和规范民事执行活动法律监督工作若干问题的意见》第 5 条就对"正当理由"进行了尝试性细化规定:"当事人、利害关系人、案外人认为民事执行活动存在违法情形,向人民检察院申请监督,法律规定可以提出异议、复议或者提起诉讼,当事人、利害关系人、案外人没有提出异议、申请复议或者提起诉讼的,人民检察院不予受理,但有下列情形之一的,应予受理:(一)作为执行依据的法律文书被撤销或者变更的;(二)人民法院送达执行法律文书违反法律规定,影响当事人、利害关系人、案外人权利行使的;(三)当事人、利害关系人、案外人因接受执行和解、调解而耽误权利行使的;(四)当事人、利害关系人、案外人因人身自由被剥夺、限制、或者因严重疾病等客观原因不能及时行使权利的;(五)有证据证明他人以暴力、胁迫、欺诈等方式阻止当事人、利害关系人、案外人行使权利的;(六)因其他不可归责于当事人、利害关系人、案外人的原因没有提出异议、申请复议或者提起诉讼的。"各地不妨结合本地实际,参照适用。

（二）民事执行检察“特有”的专门规定

《监督规则》对民事执行检察的“特有”规定主要体现在第七章“对执行活动的监督”中。该章共有七个条文，主要规定了以下内容：

1. 对民事执行活动的全面监督

《监督规则》用两个条文对民事执行检察的监督范围和对象做了规定。其中第 104 条规定：“人民检察院对人民法院执行生效民事判决、裁定、调解书、支付令、仲裁裁决以及公证债权文书等法律文书的活动实行法律监督。”用列举执行依据的方式对执行监督的范围做了全面规定。第 106 条规定：“人民检察院发现人民法院在执行活动中有下列情形之一的，应当向同级人民法院提出检察建议：（一）决定是否受理、执行管辖权的移转以及审查和处理执行异议、复议、申诉等执行审查活动存在违法、错误情形的；（二）实施财产调查、控制、处分、交付和分配以及罚款、拘留、信用惩戒措施等执行实施活动存在违法、错误情形的；（三）存在消极执行、拖延执行等情形的；（四）其他执行违法、错误情形。”该条是按照通常对民事执行行为的性质划分进行列举，提示检察机关对执行审查活动、执行实施活动、消极执行或拖延执行以及其他执行违法、错误情形均有权监督。

需要注意的是，虽然对民事审判活动的监督也是全面监督，但比较而言，对执行活动的监督，在时间和阶段上往往可能更“超前”，更能体现检察监督的及时性。通常大家都会说检察监督是一种“事后监督”，即只有审判和执行告一段落后，检察监督才能介入，一般不允许提前介入或同步监督。对于审判活动，往往是判决裁定发生法律效力，甚至需要经过再审后，检察监督才会出现。而执行活动的监督，很多并不需要等到执行案件执行终结。一个执行案件往往分为多个阶段，有多个程序，制作多个裁定或通知书，采取多种执行措施，当任一执行措施出现问题，检察机关基于当事人申请或依职权，都有可能启动监督程序。对于违法、错误的执行活动，此时仍属于“事后监督”，但是对于整个执行案件，可能就是一种“案中监督”。

2. 针对怠于履职的特殊调查方式

完善调查核实工作机制，增加调查核实的保障措施，是《监督规则》制定过程中着力解决的一个主要问题。为此，在保留试行规则中“查询、调取、复制相关证据材料；询问当事人或者案外人；咨询专业人员、相关部门或者行业协会等对专门问题的意见；委托鉴定、评估、审计；勘验物证、现场”等调查核实措施的基础上，《监督规则》第 64 条增加规定：“有下列情形之一的，人民检察院可以向银行业金融机构查询、调取、复制相关证据材料：（一）可能损害国家利益、社会公共利益的;(二)审判、执行人员可能存在违法行为的;(三)涉及《中华人民共和国民事诉讼法》第五十五条规定诉讼的;(四)当事人有伪造证据、恶意串通损害他人合法权益可能的。人民检察院可以依照有关规定指派具备相应资格的检察技术人员对民事诉讼监督案件中的鉴定意见等技术性证据进行专门审查,并出具审查意见。"该规定虽然主要指向在虚假诉讼案件的查处中,需要向银行业金融机构查询、调取、复制相关证据材料,对于执行监督而言,这些调查措施和方向同样非常重要。

除上述调查核实措施外,《监督规则》第105条特别规定了对法院怠于履职的调查措施:"人民检察院认为人民法院在执行活动中可能存在怠于履行职责情形的,可以依照有关规定向人民法院发出《说明案件执行情况通知书》,要求说明案件的执行情况及理由。"之所以在执行监督中规定这一措施,主要考虑是:司法实践中,超期执行较为普遍,当事人反映执行法院消极执行、拖延执行的情况较多,检察机关仅仅通过外围调查,有时很难判断法院是否怠于履行职责,如果能够由法院作出书面说明,了解执行中采取的具体执行措施,能够为下一步是否采取监督措施做好基础性工作。这一做法在司法实践中已经取得良好效果,有利于检察机关实现精准监督。

需要注意的是,要求法院说明案件的执行情况及理由,并非一种监督方式或监督结果,仍然只是一种监督手段或调查方式。针对法院可能怠于履职的情形,通过这种调查,听取法院的意见,检察机关要作出最终判断,判断法院是否怠于履职,然后决定提出或不提出监督意见。这种方式在最高人民法院、最高人民检察院《关于民事执行活动法律监督若干问题的规定》中规定后,在很多地方被普遍适用,但所采用的文书名称不尽相同,有的用"函",有的用"令"。这一问题现在《监督规则》作出了统一规定,一律称为《说明案件执行情况通知书》,并且收录在最高人民检察院印发的《监督规则》配套法律文书格式样本中,提醒各地要注意规范适用。

3. 上级院受理后交办及提请上级院监督

根据"同级受理"的一般规定,民事执行检察案件一般由执行法院的同级检察院受理。但是,当一个执行行为或执行措施经过了执行法院的异议审查和上级法院的复议审查后,如果当事人对执行复议裁定不服,应当由哪一级检察院受理?这一问题以往在司法实践中缺少统一明确规定,具体实施也五花八门。经过反复研究,《监督规则》第30条在第1款明确规定"同级受理"的基础上,特别规定了第2款:"当事人不服上级人民法院作出的复议裁定、决定等,提出监督申请的,由上级人民法院所在地同级人民检察院受理。人民检察院受理后，可以根据需要依照本规则有关规定将案件交由原审理、执行案件的人民法院所在地同级人民检察院办理。”这就是对于执行复议案件的“上级院受理并交办”。

今后，对于执行复议类案件申请监督的，一律由执行复议法院的同级检察院受理。同级检察院受理后，“可以根据需要”来决定是否交办。这种需要，既包括案件本身的需要，如复议裁定维持了异议裁定，这样的案件交由执行法院的同级检察院进行审查一般不存在障碍；也包括工作的需要，如上级检察院人员力量有限，从统一调配办案力量、压实基层监督责任、“一体化”办案等角度考虑，可以具体问题具体分析。案件交办，要求“依照本规则有关规定”进行操作。《监督规则》第42条第1款对于交办案件有统一明确规定：“上级人民检察院可以将受理的民事诉讼监督案件交由下级人民检察院办理，并限定办理期限。交办的案件应当制作《交办通知书》，并将有关材料移送下级人民检察院。下级人民检察院应当依法办理，不得将案件再行交办。除本规则第一百零七条规定外，下级人民检察院应当在规定期限内提出处理意见并报送上级人民检察院，上级人民检察院应当在法定期限内作出决定。”本条规定提到了“第一百零七条”除外，其实第107条规定的就是执行复议类案件的处理，该条规定：“人民检察院依照本规则第三十条第二款规定受理后交办的案件，下级人民检察院经审查认为人民法院作出的执行复议裁定、决定等存在违法、错误情形的，应当提请上级人民检察院监督；认为人民法院作出的执行复议裁定、决定等正确的，应当作出不支持监督申请的决定。”一般的交办案件，根据《监督规则》第42条的规定，下级人民检察院提出处理意见后需报送上级人民检察院，由上级人民检察院作出决定。但对于执行复议类案件，则适用《监督规则》第107条的规定，如果下级院拟提出监督意见的，需要提请上级院监督；如果下级院拟不提出监督意见的，就可以直接作出不支持监督申请的决定。

二、在民事执行检察工作中贯彻实施《监督规则》需注意的主要问题

（一）严格把握依职权监督的法定条件

如前所述，对于民事执行检察案件，《监督规则》规定了依当事人申请和依职权监督二元化启动模式。但总结分析近年来的实践，依职权启动却远远高于依当事人申请启动，这和裁判结果监督形成鲜明对比。据统计，2017年检察机关依职

权启动民事执行检察案件数占当年受理执行检察案件总数的62%;2018 年这一比例提高到66%。2020 年1 月至2021 年6 月,全国检察机关依职权发现61,400件,比例进一步上升至76.35%。2021 年年底,我们选择依职权监督案件绝对数量较多的内蒙古等9 省(自治区)进行书面调研,发现内蒙古等9 省(自治区)依职权发现案件数占比高达83.96%。《监督规则》第37 条第1 款明确规定了检察机关对在履行职责中发现的民事案件应当依职权启动监督程序的六种情形,那么占比如此高的依职权案件是否都符合《监督规则》规定的六种情形呢?

通过书面调研发现,内蒙古等9 省(自治区)依职权启动监督的案件中,真正符合《监督规则》第37 条第1 款规定情形的案件非常少。多数地方检察机关特别是基层检察院为解决无案可办和考核压力问题,主要利用专项活动、通过批量调阅法院案卷或运用大数据等方式,依职权办理民事执行检察案件。在办理个案时,绝大多数院会严格掌握受理条件,清晰界定依当事人申请或依职权启动,对于不涉及"两益"等规定情形的案件,一般不会考虑依职权启动监督程序。但是,一旦启动专项活动,批量调阅了法院案卷,就忽视了《监督规则》关于依职权启动监督程序的严格限制,只要发现审判或执行程序不规范,就批量发出检察建议。

与试行规则相比,《监督规则》扩大了依职权监督的情形,为各级检察机关依法主动履职提供了更大空间和更多可能。但是,这种范围的扩大和具体情形的增加,绝不意味着依职权监督可以无限扩张和不加节制。相反,对依职权监督的完善,正是为了规范这一案件来源,提示和引导各级检察院专注于司法解释规定的情形,对于不符合法定情形的案件,要坚决避免依职权主动受理。

(二)突出对实体问题、影响当事人实体权益问题的监督

根据《监督规则》的规定,检察机关对民事执行活动有权依法全面监督,但这种全面监督,不是面面俱到,更不是事无巨细,"眉毛胡子一把抓"。当前,法院执行活动中违法执行、错误执行、消极执行、选择性执行等问题在一定程度上并不鲜见,当事人和社会上反映突出。但是,与社会公众反映的"执行乱"相比,检察机关的执行监督工作并未抓住主要矛盾和矛盾的主要方面。通过调研发现,监督的浅层次问题多,深层次问题少。在依职权办理的执行监督案件中,主要针对的是违法送达、超期执行、公告不合法等程序类问题。内蒙古等9 省(自治区)普遍反映,执行监督案件大多集中在对当事人实体权利影响不大且程序上不可逆转的瑕疵性问题上提出监督意见,发现和纠正执行中深层次、实体性违法问题少。各地依职权监督执行案件主要集中在"其他实施行为违法""其他审查行为违法""民事执行

制裁措施违法”栏目下的“其他执行活动违法情形”等，对于查封、扣押、冻结、评估、拍卖、追加被执行人、执行分配方案等涉及当事人实体权利的案件比例偏低。

与依职权监督往往聚焦程序问题相比，依当事人申请案件往往更多地反映实体问题，当事人向检察机关申请监督，更多的诉求是要求检察机关维护自己的实体权益。但是，依申请案件办理难度更大，与法院的分歧也更直接，一些检察院对于这些实体问题缺乏动真碰硬的胆识和魄力，有意无意地忽视实体审查，仅仅抓住程序上的瑕疵就草草结案。湖北省人民检察院提出，该省检察机关以往涉及已执结案件轻微违法的检察建议，因无实质纠正违法内容，法院只需要认可违法情形而无须追究人员责任，从而乐于配合，回复及时，采纳率高。这也是程序性、瑕疵性监督占比高的一个重要原因。

（三）准确把握个案监督与类案监督的标准

调研发现，有的基层检察院对个案监督与类案监督之间的关系把握不准，对适宜类案监督的情形按照个案监督处理，如有的检察院发现法院一些案件存在送达瑕疵问题，就按照一案一监督方式，向法院发出多份内容基本相同的检察建议书。这些除当事人名称不同、建议内容基本相同的检察建议，各地法院也采取不同的回复方式。如某法院在给检察院的一份《回复函》中称：“你院提出二十七案中的违法情形大多属于共性问题，故我院统一向你院进行回复，不再逐案回复。”对于执行中违法情形大致相同的类案，有的检察院发出改进工作检察建议，有的检察院合并向法院发出一份检察建议。如某检察院以某检民执监［2020］9－109号这1份检察建议监督法院对101个案件的被执行人未纳入失信名单问题；以某检民执监［2021］9－61号这1份检察建议监督法院解除已经执结的53个案件中对被执行人不动产未予解封问题。有些检察机关则分别制发检察建议。如某检察院对于法院对被执行人虽作出限制出境报备决定，但未依法制发限制出境执行决定文书并送达给当事人等问题，分别立案并制发检察建议144份。调研的内蒙古等9省（自治区），依职权受理案件数量与最终提出检察建议数量相差不大，表明相当一部分检察机关针对每一起案件都分别制发检察建议。

三、加强民事执行检察的思考

2020年5月，在中共中央政治局就“切实实施民法典”举行的第二十次集体学习时，习近平总书记强调：“要加强民事检察工作，加强对司法活动的监督，畅通司法救济渠道，保护公民、法人和其他组织合法权益”。2020年年底，最高人民检察院召开全国检察机关贯彻实施民法典会议,张军检察长指出:“民事执行是保障民法典确立的规则、理念落地生根的关键环节。对严重不负责任或者滥用职权,不依法采取诉讼保全措施、不履行法定执行职责,或者违法采取强制执行措施的,依法促请、监督法院及时纠正;倾向性问题则应提出检察建议,促进规范化建设。2020年7月,最高人民法院、最高人民检察院联合出台了《关于建立全国执行与法律监督工作平台进一步完善协作配合工作机制的意见》,各地检察机关要主动做好衔接配合。要加强对民事非诉法律文书执行中违法情形的监督,从源头上促进仲裁和公证严格依法规范进行。”2021年6月,《中共中央关于加强新时代检察机关法律监督工作的意见》中明确要求:“深入推进全国执行与监督信息法检共享,推动依法解决执行难问题,加强对损害国家利益或者社会公共利益、严重损害当事人合法权益、造成重大社会影响等违法执行行为的监督。”

民事检察进入新时代,迎来新的发展契机。民事执行检察作为民事检察工作的重要内容和基层检察院的主要职能,要顺势而为,乘势而上,认识新发展阶段,贯彻新发展理念,构建新发展格局,以自身高质量发展,促进社会经济生活高质量发展,为推动解决执行难、发展和完善中国特色社会主义检察制度、推进国家治理体系和治理能力现代化作出新贡献。

(一)树立以人民为中心的司法理念

坚持以人民为中心,是新时代中国特色社会主义的核心理念,也是民事执行检察工作必须坚持的重要理念。要牢牢把握检察权来自人民、服务人民的根本属性,始终坚持为大局服务,为人民司法,努力做到让人民满意。要牢固树立人民至上理念,始终把人民利益摆在至高无上的地位。顺应新时代人民群众对美好生活的新需求,抓住人民群众反映强烈的执法不严、司法不公等问题,加大法律监督力度,维护社会公平正义。

1. 畅通申请监督渠道

民事执行检察,是公权力对公权力的监督,最本质的属性无疑是检察权对执行权的监督制约。但在监督公权力的同时,不可避免地涉及对当事人私权的影响。当事人的申请,是检察机关发现民事执行活动是否违法和错误的主要来源,也是启动监督程序的最主要途径。对当事人而言,检察监督就是一种权利救济。监督民事执行活动依法规范进行,保护当事人合法权益,是民事执行检察并行不悖的宗旨和任务。贯彻《监督规则》,要落实习近平总书记关于“畅通司法救济渠道”的指示精神,真正打开受理通道。

一是要准确把握《监督规则》规定的受理条件，依法受理执行检察案件。关于受理的条件，包括实体条件、程序条件和形式条件。实体条件的门槛相对较低，《监督规则》第 19 条第 3 项规定："有下列情形之一的，当事人可以向人民检察院申请监督：……（三）认为民事执行活动存在违法情形的。"由此可见，只要当事人认为民事执行活动存在违法情形，就可以申请检察监督。在受理阶段，不需要检察机关对执行活动是否违法作出判断，只要当事人认为违法即符合受理的实体条件。《监督规则》第 21 条至第 26 条对当事人申请检察监督应当提供的材料及材料内容做了较为具体和清晰的规定，这些均属受理的形式条件。实践中存在模糊认识的是程序条件。《监督规则》第 28 条规定："当事人认为民事审判程序或者执行活动存在违法情形，向人民检察院申请监督，有下列情形之一的，人民检察院不予受理：（一）法律规定可以提出异议、申请复议或者提起诉讼，当事人没有提出异议、申请复议或者提起诉讼的，但有正当理由的除外；（二）当事人提出异议、申请复议或者提起诉讼后，人民法院已经受理并正在审查处理的，但超过法定期限未作出处理的除外；"这就是前文提到的所谓"前置程序"。本着先由法院内部监督、再由检察机关外部监督以及穷尽法院救济程序、检察监督断后的考虑，"两高"目前形成了先引导当事人提出异议、复议、提起诉讼，再申请检察监督这样的程序路径共识。但是，这样的路径，应当建立在异议、复议等内部程序比较通畅、能够较好解决争议的基础上，如果异议、复议程序不能依法及时启动，或者已经形成程序空转，司法机关是无权要求当事人必须选择他们认为无效的路径的。也正是基于这样的考虑，《监督规则》规定了"有正当理由的除外"。检察机关在把握受理的程序条件时，既要防止大包大揽，忽视甚至架空异议复议程序而直接受理监督申请；也要防止片面机械把握"前置程序"，将未经异议复议程序的一律推之门外，导致当事人求告无门。

二是要高度重视当事人的申请。如前所述，检察机关民事执行检察的案件来源是依当事人申请和依职权主动发现二元化启动模式。民事审判和执行主要涉及的是案件当事人的私权，因此检察机关启动监督程序，除案件涉及国家利益、社会公共利益以及案外人利益之外，一般应尊重当事人意思自治，以当事人申请为主，以依职权主动发现为辅。但目前的检察实践恰恰相反，一些检察机关依赖于依职权主动发现案件，习惯于主动启动监督程序，依当事人申请的比例很低。要认真分析原因，查找问题症结。依职权主动监督增多，固然体现了检察机关能动履职的担当，但可能也会出现另一种倾向：办凑数案，办"鸡蛋里挑骨头"案。与此同时，既然依职权监督就能完成所谓工作任务，就能使业务数据很好看，那就没必要再去下功夫办理依当事人申请案了,因为当事人申请的案件往往是一些“骨头”案,不好处理的棘手案件。长此以往,形成了恶性循环,当事人申请监督案件不受重视,不下功夫去认真研究,申请就会越来越少,我们的监督工作就会离老百姓越来越远,越来越不接地气。所以,一定要高度重视当事人的申请,将主要精力放在审查依申请案件上,确保受理一件,办成精品案件一件。符合监督条件的,依法提出监督意见;不符合监督条件的,释法说理,化解矛盾,或者按照实质性化解争议的目标,促使当事人和解。“酒香不怕巷子深”,把当事人申请监督的个案办好了,才有可能一传十,十传百,检察监督的公信才能树立起来。

三是办好针对执行复议的监督案件。人民法院的民事执行活动通常包括执行审查活动和执行实施活动两大类,执行异议和执行复议是执行审查活动中的一类案件,为什么要强调办好针对执行复议的监督案件?主要原因是《监督规则》将执行异议和复议设置为受理当事人申请监督的“前置程序”,而对于经过了执行复议后的案件,由哪一级检察院受理、如何监督,长期以来缺少明确说法,监督不力。通过此次《监督规则》第 30 条第 2 款和第 107 条的规定,这一问题得到明确。今后,当事人对执行复议裁定申请检察监督,应由作出复议裁定法院的同级检察院受理,受理后可以自己审查,也可以交办下级院审查。如交办审查,接受交办的院审查后拟不支持监督申请的,可以直接作出决定;拟提出监督意见的,需提请交办院,由交办院作出最终决定。这种制度设计,激活了交办这一方式,使上下一体化监督执行活动具备机制上的可能,同时由于上级院的更多介入,将进一步提升民事执行检察的质效。这种制度设计的考虑主要是在坚持“同级受理”的基础上,合理配置司法资源,最大程度发挥上下级检察院之间的合力。效果如何,运行中是否会带来新的问题,有待于实践检验。省级检察院和分州市级检察院要加强对执行复议类案件的办理,不断总结经验,确保这一规定落地,确保这一类案件有序办理。

2. 解决好人民群众的“急难愁盼”

一是要办好人民群众身边“小案”,真正让人民群众在每一个司法案件中感受到公平正义。司法案件大多发生在群众身边,民事执行案件更是关乎一个个当事人的利益。老百姓往往是通过一个个具体案件,尤其是事关自身利益的个案,来看我们的检察制度,看我们的党和国家,看这个社会。从这个意义上说,“小案”里面有政治,每一个案件都是“天大的事”,每一起案件都连着政治、连着民心,只有用心用情办好,才能守住民心。民事检察部门要以“如我在诉”办好发生在人民群众身边的案件,从细微处积累人民群众对法治的信心、对党和政府的信赖,厚植党长期执政的政治根基。

【典型案例】河南民事执行检察案

2004年,吴某以80万元的价格从某房产公司购买了一套房产,但在签订《房屋买卖合同》之后,双方没有及时办理过户手续。2008年搬进去以后,吴某多次催促,但是房产公司一直推托,一拖就是8年。2016年,吴某起诉,并申请诉讼保全,法院判决确认房屋所有权为吴某所有,房产公司应办理过户手续。但法院在执行时,发现房产公司已于三个月前将这套房产卖给了第三人林某,并办理了过户登记。法院作出执行裁定书,以被执行人无可供执行的财产为由,终结本次执行。得知该消息后,吴某多次到法院、房管部门交涉,均无果。无奈之下,2019年10月,她向检察院申请监督。检察官调查发现,房产公司打了"时间差":2004年吴某与房产公司签订《房屋买卖合同》时,全市不动产登记系统并没有联网;2017年,房产公司在一审败诉、二审上诉期间,将房子卖给第三人林某。检察机关认为,房产公司擅自将已查封房产转卖,是违法的,所订立的房屋买卖合同无效。房产公司老板涉嫌拒不执行判决、裁定罪。2019年11月,检察院向法院发出检察建议,建议恢复执行,同时将严某涉嫌犯罪的线索移送公安机关。但由于第三人林某一直找不到,执行陷入僵局。12月,在检察机关建议下,吴某提起第三人撤销之诉,法院判决认定房产公司与林某的合同无效。检察院再次向法院发出检察建议。在检察监督的一再推动下,法院向该市不动产登记和交易中心下达协助执行通知书,吴某终于拿到了心心念念16年的房产证。

二是实质化解决当事人的问题。民事执行程序纷繁复杂,很多执行案件在法院已经拖了十几年甚至更长时间,当事人手持胜诉判决,却成了法律白条,自身权益长年不能得到落实。我们常讲,办案就是办人生。"我们办的其实不是案子,而是当事人的人生。"有的当事人为了一件官司从人生壮年到耄耋之年,深受其累,不但财产造成巨大损失,本人及其家庭也受到重大影响,甚至人生彻底改变。民事执行检察不能仅仅满足于依法办案,程序完备,结论正确。还要本着对当事人负责、为人民司法的态度,努力解决群众的操心事、烦心事、揪心事,彰显司法为民的检察担当。要将心比心,换位思考,带着感情去办案,千方百计为百姓求公道,为群众减讼累,为社会消戾气,让公平正义早日实现。

【典型案例】福建民事执行检察案

1995年6月,某公司与某镇政府协议约定实施拆迁开发,何某的房屋被拆除,镇政府安置给何某房屋及店面各一套,但何某被拆迁的房屋面积小于安置的两套房屋面积。因店面归属问题及两套房屋办证事宜,双方发生纠纷诉至法院。经三级法院八次审理,2015年法院最终作出生效判决:某公司、某镇政府一个月内共同协助何某办理房屋过户登记手续，并在何某补足店面超面积安置差价后协助办理店面过户登记手续。判决生效后，何某申请强制执行。

在上述案件诉讼期间，某公司将该店面等其名下房产抵押给银行，后因未按期还款，银行起诉至法院，法院判决确认银行对案涉店面等房产拍卖、变卖价款享有优先受偿权。判决生效后银行亦向法院申请强制执行。

执行过程中，法院查封了店面。何某提出异议，被法院驳回。何某向检察院申请执行监督。通过深入调查，检察官认为矛盾的症结在于店面的补差价，由于判决书没有认定店面具体差价数额，导致过户存在困难。通过进一步审查卷宗，检察官找到了1995年镇政府制定的拆迁安置实施方案，结合该方案相关规定计算当时差价，参考店面占用二十余年对应的资金占用利息，以及店面抵押时的评估价，综合得出了参考的差价范围。检察官组织双方当事人协商补差价事宜，并通过公开听证，听取各方意见，最终达成了和解协议，"一揽子"综合解决问题。在检察官的积极推动、各方当事人的配合、多方职能部门的联动下，何某于2020年6月18日取得两套房屋产权证。

（二）集中精力办好案件

随着改革开放的深入推进，我国社会发展进入新阶段。无论是立法、司法还是执法工作，都要体现时代性，满足人民群众的新需求。我们注意到，《民法典》作为社会生活的百科全书，非常注意紧跟时代，体现时代精神，满足时代需求，解决时代问题，彰显时代性。比如，对人格权的保护，顺应电子商务的发展，对高空抛物等具体问题的规制，无不体现了我国《民法典》的时代性。中国特色社会主义进入新时代，我国社会主要矛盾已经转化为人民日益增长的美好生活需要和不平衡不充分的发展之间的矛盾。民事执行检察只有定好位，把握好新的时代坐标，对照社会主要矛盾变化确定工作思路、规划发展方向，找准工作着力点和着重点，才能切实谋发展。民事执行检察主要是通过办案履行监督职能，作为"供给侧"，要主动对标对表，围绕人民群众的美好生活需要提升新时代民事执行检察工作水平，为人民群众、为社会和时代办出更多更好的案件，提供更好、更优、更实在的法治产品、检察产品。

1. 突出办理和总结典型个案

案例源于实践，是生动具体的法治，是检察产品和法治产品的最主要体现之一。加强典型案例的办理和总结，对外可以生动地宣传检察职能，扩大影响，对内能够有效发挥业务指导作用，促进提升一线办案人员的司法办案能力水平。近年来，最高人民检察院高度重视典型案例的总结宣传和运用案例指导工作。“昆山反杀案”有效激活了正当防卫条款的适用，“内蒙呼格案”宣示了检察机关依法监督纠正冤错案的决心和成绩，“杭州快递案”则让我们记住了“自诉转公诉”的程序转换。学习借鉴刑事检察的成功经验，民事执行检察尤其需要加强典型案件的办理和总结。一方面，全国检察机关每年提出民事执行检察建议数万件，案件数量上升很快，但所形成的社会影响力不够，很大原因在于缺少突出的典型案件，社会公众对检察机关民事执行检察的职能了解仍然十分有限；另一方面，更多办理、总结和发布典型案例，可以有效弥补上级院对下指导不足的问题。张军检察长曾鲜明指出检察工作“三个不平衡”的问题，其中，“高检院、省级检察院的领导指导能力与市、县检察院办案工作的实际需求不适应、不平衡”是一个重要的不平衡。在民事执行检察工作中，这个不平衡尤为突出。原因之一，就是省级检察院和最高人民检察院因案件级别管辖原因，直接办理民事执行检察案件相对较少。即便有案件，省级检察院和最高人民检察院也主要是监督执行审查类案件，而大量的执行实施类案件的监督，需要分市院和县区院去完成。省级检察院和最高人民检察院通过对全省、全国检察机关工作的宏观情况进行大数据分析，研讨检察工作发展走向和存在问题，提出改进推进工作的思路和措施，无疑是业务指导的重要方面。同时，两者通过剖析、研究典型个案，发现民事执行中普遍性问题，提炼案件办理的规则和经验，为基层院办理类似案件提供具体参考示范，无疑更是业务指导的重要方面。

近几年，最高人民检察院制发了很多指导性案例和典型案例，这是民事执行检察的宝贵财富，是研究和指导民事执行检察办案工作的重要参考遵循，也是今后工作中仍然要关注的一个方面。迄今为止，最高人民检察院制发的民事检察指导性案例共四批，分别是第 14 批“惩治虚假诉讼”、第 21 批“保护民营经济”、第 28 批“加强民事执行监督”和第 31 批“支持起诉”。其中第 28 批指导性案例主题就是“加强民事执行监督”，3 件案件均为民事执行检察案件，在第 14 批和第 21 批指导性案例中，也分别有 3 件和 2 件民事执行检察案件。除此之外，在最高人民检察院第六厅印发的“非诉执行监督”“跟进监督”“类案监督”“检察和解”等多批典型案例中，民事执行检察案件多有出现。2022 年，最高人民检察院第六厅还将印发依职权监督、民事执行检察监督等典型案例。

2. 加强类案研究和监督

在个案纠正的基础上，民事执行检察还要更加关注类案问题，注重加大对同类案件的深入挖掘，实现监督效果最大化。近年来，最高人民检察院先后针对法院公告送达、防范虚假诉讼问题向最高人民法院提出2号和5号检察建议，取得了良好效果。北京等地检察院通过年度通报、定期会商等方式，梳理总结法院民事审判、执行中的突出问题，通报给同级法院，有效提升了监督质效，促进了法院规范执法。在民事执行检察工作中，各地通过日常办案和组织专项活动，发现了法院执行程序中一些普遍的、共性的问题，由个案向类案，由个别到普遍，提出了分量更重、效果更好的检察建议，取得明显成效。2020年，福建省人民检察院在省委政法委部署开展的执行案件评查活动中发现，该省一些法院根据最高人民法院《关于公布失信被执行人名单信息的若干规定》《关于进一步做好公布失信被执行人名单信息相关工作的通知》等要求，从宽掌握履行能力的认定标准，以纳入为原则，不纳入为例外，在适用失信被执行人名单制度过程中产生了一些问题。评查的596件民事行政执行案件，涉失信被执行人案件269件，其中涉失信被执行人执行活动存在不当情形案件203件，占全部涉失信被执行人案件总数的75.5%。主要反映法院在失信被执行人名单的纳入、删除或撤销、管理等方面存在问题。为此，福建省人民检察院向福建省高级人民法院发出检察建议，指出法院存在“将不符合条件的被执行人纳入失信被执行人名单，纳入失信被执行人名单前未全面执行相关程序性规定，逾期删除或撤销失信信息，决定纳入失信被执行人名单但未实际公开发布信息，失信被执行人名单决定书签发程序不规范”等五大问题，要求“进一步强化程序公正意识，落实规范执行制度，完善执行监督机制，加强执行队伍建设。”福建省高级人民法院收到检察建议后，立即组织开展了失信被执行人名单管理“回头看”专项整改活动，迅速下达《关于对部分案件纳入或删除失信名单方面违反规定进行整改的通知》，要求全省法院以高度的政治自觉、强烈的责任担当和实在的整改措施，严肃认真开展对照整改，对于检察建议指出的不当情形，拿出具体整改方案和举措，限时抓好整改。后该法院专门回函表示，经逐一对标对表，检察建议中指出存在不当情形的203件案件的相关整改工作已全面完成。2021年，浙江省人民检察院组织开展涉不动产查封、网络司法拍卖、信用惩戒措施、涉社保终本执行等几个专项活动，加强对相关一类问题的研究和监督。其中针对失信限高人员限乘飞机、火车制度中存在的问题，浙江省人民检察院提出检察建议，浙江省高级人民法院专门回函，表示确实存在一些惩戒漏洞，拟采取有效措施逐步完善。今后，各地要更加注重区分个案与类案的关系，对于违法送达、执行超期等一些普遍性问题，少发或不发个案建议，通过类案建议进行监督；对于明显超标的查封、违法终结本次执行、信用惩戒措施等人民群众关注的热点领域和环节，应加强总结分析，提出完善工作的建议，共同推进解决“执行难”。

（三）突出监督重点

1. 常态化开展虚假诉讼监督

近年来，在最高人民检察院虚假诉讼监督指导性案例的指引和“五号检察建议”的带动下，全国民事虚假诉讼监督工作蓬勃开展，已成为民事检察工作的重要亮点和新的业务增长点，并由专项监督模式逐渐转变为常态化监督。在开展常态化监督虚假诉讼工作中，要注意重点领域就在执行。在执行程序中，被执行人和案外人串通虚增债务参与执行分配，虚构执行异议阻碍执行，虚构职工工资、农民工工资、优先债权等套取资产，多种类型的虚假诉讼时有发生。以浙江省绍兴市柯桥区检察院为例，近三年来，该院共查处各类虚假诉讼案件 171 件，其中涉及执行领域虚假诉讼案件 156 件，占比高达 91%。当事人之间恶意串通制造虚假诉讼，表现形式往往是虚假调解、虚假仲裁、虚假公证债权文书，似乎大多反映在审判环节或仲裁、公证环节，但问题暴露往往在执行环节，执行环节是发现虚假诉讼的最主要切入点，也是虚假诉讼的重灾区。因此，在开展民事执行检察工作中，要格外增强线索发现意识，对于申请人提出的执行分配方案不当、执行异议存在恶意、执行依据虚假等诉求，要强化调查核实，充分运用《监督规则》规定的调查核实手段和措施，主动加强与公安机关的联系，力争发挥合力，取得突破。要将常态化开展虚假诉讼监督作为民事执行监督的一个重点，通过执行监督发现和惩治虚假诉讼，并促进裁判结果监督深入发展。

2. 确立不同区域不同阶段的监督重点

执行领域纷繁复杂，既涉及实体问题，也涉及程序问题；既有单纯民事执行问题，也涉及和行政执行、刑事执行的交叉；在执行行为性质中，既有执行实施，也有执行审查；在执行实施各环节中，包括查封、扣押、冻结款物环节，资产评估拍卖、变卖环节，执行财产保管环节，也涉及案外人利益及变更、追加被执行主体环节等。检察机关对民事执行活动进行监督，虽然是一种全面监督，但不能“一口吃个胖子”，必须突出重点，有的放矢。按照最高人民检察院依法能动履职的要求，各级检察院要在办好当事人申请监督的个案的基础上，认真调研梳理本地区民事执行活动存在的多发问题，结合人民群众反映和地方实际，合理确定本地区民事执行检察工作重点。例如，执行难已成为我国现阶段司法实践与社会治理的显著问题，中央要求各相关职能部门应全面发力、形成解决执行难的合力。检察机关作为司法机关和监督机关，一方面要充分发挥民事执行检察监督职能，遏制执行乱；另一方面也要对拒不执行生效民事裁判的行为或拒不协助法院执行的国家机关进行监督，通过向有关机关移送涉嫌犯罪线索或督促相关部门积极履行协助义务,支持法院依法执行,共同推动解决执行难的问题。又如,各地可借鉴福建省、浙江省等地的做法,选择失信被执行人制度、信用惩戒措施、司法网络拍卖等当前执行领域的热点,开展专题研究,开展专项监督。各省应每年确定一个至两个监督重点,通过开展专项活动的方式,加大监督力度,提高监督水平。

(四)提高监督质效

1. 明确监督标准

通过调研发现,当前民事执行监督质效不高,对已经难以通过个案修复或纠正的程序性问题、瑕疵性问题监督过多,这和监督标准不明确、监督标准过低有关。虽然执行违法和执行错误是《监督规则》确立的监督条件,但并非所有的错误都需要监督,这就需要我们明确监督标准。首先,依职权监督的案件,应当严格按照《监督规则》第 37 条的规定,不得随意扩大范围。凡不符合法定的六种情形之一的依职权案件,应当认定为违法启动程序。其次,开展专项活动只是工作的一个方法,不等于对专项活动中发现的每一个案件都可以依职权主动监督。凡是对个案拟依职权监督的,仍然要求符合法定情形。最后,对于法院已经执行终结的个案中存在的违法送达、超期执行等程序性问题,如个案程序问题已不可逆,没有影响实体处理,一般不宜发个案检察建议,可作为类案监督或工作建议的素材。

2. 完善工作机制

一是构建横向协作、上下联动的一体化办案机制。在横向协作方面,注重加强与检察机关其他部门的协作,形成检察监督合力;在上下级合作方面,通过交办、抽调辖区内办案人员、组成专案组等方式推行上下一体化办案机制。重大疑难复杂案件可由上级院挂牌督办。对检察建议未予及时回复或回复缺乏针对性的情况,加强跟踪问效,对认为确有错误但法院不予纠正的情况,及时提请上级院跟进监督。同时可探索与同级人大、监委等建立协作机制,借助外力增强监督刚性。

二是坚持经常性开展案件质量评查和法律文书评比活动。贯彻最高人民检察院“质量建设年”要求,最高人民检察院和省级检察院组织开展案件质量评查和法律文书评比活动,根据评查情况梳理执行监督中存在的问题,深入研究执行监督案件特点及规律,以加强对下指导的针对性。

三是探索建立文书备案审查制度。学习推广湖北省人民检察院的经验,州市院和县区院应将执行检察建议逐级逐案上报省级院,由省级院对检察建议进行备案审查,每年形成备案审查情况通报,提高案件和文书质量。

修订后《人民检察院民事诉讼监督规则》的理解与适用

颜良伟* 最高人民检察院

目　次

* 颜良伟,最高人民检察院第六检察厅干部,《人民检察院民事诉讼监督规则》修订草案执笔人。

增强两项监督工作的可操作性

(八)完善案件线索双向移送、协作配合机制,推动形成多方监督合力

(九)完善检察机关自我纠错制度,维护司法公正和司法权威

(十)明确有关适用依据,确保程序依据全程覆盖

四、若干重点条文解读

(一)上级检察院调用辖区检察人员办理民事诉讼监督案件(第8条第3款)

(二)当事人申请监督的期限(第20条第1款)

(三)当事人不服上级法院复议裁定、决定提出监督申请案件由上级法院的同级检察院受理(第30条第2款)

(四)检察机关不依法受理监督申请的救济途径(第31条)

(五)检察机关依职权启动监督程序的案件范围(第37条第1款)

(六)上级检察院交办案件的程序(第42条第1款)

(七)调阅人民法院诉讼卷宗副卷(第47条第3款)

(八)民事诉讼监督案件审查期限的扣除(第52条第1款)

(九)检察机关向银行业金融机构查询、调取、复制相关证据材料的具体情形(第64条第1款)

(十)对虚假民事调解书的监督方式(第75条第2款)

(十一)原提出抗诉的检察机关再次抗诉情形(第91条)

(十二)审判人员违法行为的监督情形(第101条)

(十三)执行活动违法、错误的监督情形(第106条)

(十四)复查制度(第126条)

五、结语

人民检察院依法对民事诉讼和执行活动实行法律监督,是中国特色社会主义检察制度的重要内容,也是我国司法制度的鲜明特色。随着时代的进步、法治的发展,特别是人民群众在民主、法治、公平、正义、安全、环境等方面有了更高水平的需求,民事检察工作的理念不断更新,职能不断丰富,制度不断完善,为促进司法公正,维护社会公平正义发挥了积极作用。作为检察机关民事检察领域一部重要的司法解释,《人民检察院民事诉讼监督规则》(以下简称修订后民事诉讼监督规则)经最高人民检察院第十三届检察委员会第六十二次会议通过,自2021年8月1日起施行。为正确理解和适用修订后民事诉讼监督规则,现将有关情况说明如下。

一、修订的背景及过程

民事诉讼监督规则是检察机关贯彻执行《民事诉讼法》的重要司法解释，也是检察机关办理民事诉讼监督案件的基本依据。最高人民检察院《人民检察院民事诉讼监督规则（试行）》（以下简称原规则）自 2013 年 11 月 18 日实施以来，对检察机关依法履行监督职责，提高监督质效，实现监督效果发挥了重要作用。

近年来，随着中国特色社会主义进入新时代，人民群众对民事检察工作有新的更高期待，政法领域全面深化改革对民事检察工作有新的部署，最高人民检察院党组有关“四大检察”“十大业务”全面协调充分发展和做强民事检察工作决策对民事检察工作有新的要求，民事检察工作面临新的形势和挑战。原规则不能完全适应新形势新要求，各地建议修订完善的呼声越来越高。2019 年 7 月 19 日，中央政法委政法领域全面深化改革推进会要求尽快修订原规则。为保证修订工作顺利开展，最高人民检察院成立民事诉讼监督规则修订领导小组，并由第六检察厅、第十检察厅、法律政策研究室、案件管理办公室等部门派员组成工作小组。工作小组广泛征求最高人民检察院各部门、各地检察机关、专家学者的意见以及全国人大常委会法工委、最高人民法院、司法部的意见后形成审议稿，后经最高人民检察院第十三届检察委员会第六十二次会议审议通过。

二、修订的基本思路

本次修订注重把握以下基本思路。

（一）坚持以人民为中心，为人民群众提供新时代更优更实的民事检察产品

民事检察工作事关民心、民意和民情。近年来，民事诉讼监督案件呈现数量持续上升、疑难复杂案件增多、虚假诉讼屡禁不止、息诉化解难度大等特点，本次修订坚持司法为民和司法便民，进一步完善申请监督范围、权利义务告知、案件受理程序、申请监督权利救济、申请复查等方面的条款，切实保障当事人对民事诉讼监督案件的申请权、知情权、参与权和监督权，保护其合法合理诉求，并通过加大监督力度，有效维护民事主体的合法权益，增强人民群众对实体公正与程序公正的获得感。

（二）坚持适应形势发展，充分吸收近年来修订法律新规定和司法体制改革新成果

近年来，立法机关对《人民检察院组织法》《检察官法》等法律进行修订，对检

察机关办案组织、上级检察机关对下级检察机关行使职权事项、检察官办案责任制等作出了新规定。司法体制改革也取得新成果，《关于民事执行活动法律监督若干问题的规定》《关于建立全国执行与法律监督工作平台进一步完善协作配合工作机制的意见》《关于进一步加强虚假诉讼犯罪惩治工作的意见》等最高人民检察院与相关中央单位会签文件已经解决了民事执行检察监督工作中的一些问题，《人民检察院检察建议工作规定》明确了检察建议的类型范围、办理程序、督促落实、监督管理等内容，《人民检察院检察委员会工作规则》进一步完善了检察委员会的组成和工作机制。本次修订充分吸收上述法律新规定和司法体制改革新成果。此外，原规则制定时间较早，本次修订对2016年《人民检察院行政诉讼监督规则（试行）》［以下简称《行诉监督规则（试行）》］（已失效）中的一些较好规定进行了借鉴。

（三）坚持问题导向，重点解决检察监督中的突出问题

原规则实施以来，各地检察机关适用中遇到的一些问题亟须通过完善民事诉讼监督规则予以解决。例如，依职权启动监督程序的案件范围过窄，未规定必要的兜底条款，导致部分确有监督必要的民事案件未能进入检察监督范围，影响检察机关全面履行法律监督职责；法律及司法解释未对虚假民事调解书是否损害国家利益、社会公共利益问题作出明确规定，导致个案中因检法两院存在认识分歧影响监督实效；原规则未对当事人申请监督期限作出规定，导致年代久远的案件仍进入检察监督范围，存在审查处理难、矛盾化解难、息诉服判难，极端个案容易演变成涉法信访案；《民事诉讼法》规定检察机关审查期限为三个月，未有扣除审查期限等方面的规定，但实践中部分案件因调卷、鉴定、评估等客观原因无法在三个月内办结，影响了检察权威；《民事诉讼法》及原规则对审判人员违法行为监督和执行监督的规定过于原则，缺乏指引性规定，影响办案实效等。本次修订聚焦影响检察监督职能有效发挥的突出问题，通过完善相关条款，明确适用标准，细化监督程序，增加指引性规定，进一步提升民事诉讼监督工作的规范性和可操作性，切实解决检察办案难题。

（四）坚持积极稳妥，规范新类型民事诉讼监督案件办理程序

对执行人员违法行为监督、民事非诉执行监督、民事公益诉讼监督、专门法院民事诉讼监督等新类型案件的办理作出原则规定，确保办案程序合法、规范。

（五）坚持依法依规，严格遵循司法解释的法律定位

修订后民事诉讼监督规则是检察机关贯彻执行《民事诉讼法》的司法解释，因此本次修订突出对立法精神和立法原意的把握，严格按照《民事诉讼法》的有关规定，在法律赋予权限范围内作出解释。凡立法机关提出不同意见的条款，均作了补充、修改或删除。对争议特别大、实践经验尚不成熟以及不涉及法律适用的工作要求条款，原则上不作规定。

三、修订的主要内容

修订后民事诉讼监督规则共10章135条，对原条文进行实质性修改的有70余条，涉及调用辖区检察人员办案、两年申请监督期限、依职权启动监督程序案件范围、调阅副卷、对虚假调解书监督、再次抗诉监督、申请复查、控申部门对复查案件的初核职能、非诉执行监督、对专门人民法院民事诉讼监督等诸多重要内容。

（一）优化办案组织，落实检察官办案责任制

1. 优化办案组织，明确办案人员范围与职责。检察机关办理民事诉讼监督案件，根据案件情况，可以由一名检察官独任办理，也可以由两名以上检察官组成办案组办理。由检察官办案组办理的，检察长应当指定一名检察官担任主办检察官，组织、指挥办案组办理案件。检察官办理案件，可以根据需要配备检察官助理、书记员、司法警察、检察技术人员等检察辅助人员。检察辅助人员依照有关规定承担相应的检察辅助事务。上级检察机关可以依法统一调用辖区的检察人员办理民事诉讼监督案件。

2. 落实检察官办案责任制，强化办案纪律约束。检察机关办理民事诉讼监督案件，实行检察官办案责任制，由检察官、检察长、检察委员会在各自职权范围内对办案事项作出决定，并依照规定承担相应司法责任。检察人员办理民事诉讼监督案件，应当秉持客观公正的立场，自觉接受监督。检察人员不得接受当事人及其诉讼代理人、特定关系人、中介组织请客送礼或者其他利益，不得违反规定会见当事人及其委托的人。检察人员对过问或者干预、插手民事诉讼监督案件办理等重大事项的行为，应当按照有关规定全面、如实、及时记录、报告。

（二）删除“管辖”一章，理顺结构体系

本次修订删除了“管辖”一章，并将提级办理、专门检察机关案件办理等条款

设置在其他章节中,使民事诉讼监督规则"受理 - 审查 - 监督"主体架构更加清晰地展示,有效指引当事人依法行使申请监督权利。

(三)进一步明确当事人申请监督条件和检察机关受理程序,保障申请监督案件入口畅通、有序规范

1. 明确申请监督期限。当事人对符合《民事诉讼法》第 216 条第 1 款规定的生效民事判决、裁定、调解书申请监督的,应当在人民法院作出驳回再审申请裁定或者再审判决、裁定发生法律效力之日起两年内提出。申请监督期间为不变期间,不适用中止、中断、延长的规定。人民检察院依职权启动监督程序的案件,不受申请监督期限的限制。

2. 完善检察机关不予受理的情形。将原规则第 31 条第 1 项"当事人申请再审超过法律规定的期限的"规定增加"但不可归责于其自身原因的除外"的限制。将原规则第 31 条第 2 项改为"法院在法定期限内正在对民事再审申请进行审查的"。在原规则第 31 条增加一项"申请监督超过本规则第二十条规定的期限的"。删除原规则第 32 条。在原规则第 33 条中增加一款"当事人对审判、执行人员违法行为申请监督的,不受前款规定的限制。"

3. 明确检察机关对审理、执行法院的上级法院复议裁定、决定申请监督案件的受理层级。此类案件由作出复议裁定、决定法院的同级检察机关受理。同级检察机关受理后可以根据需要依照民事诉讼监督规则有关规定向下级检察机关交办此类案件。在第七章中新增有关交办案件结案方式的特别规定。

4. 明确对检察机关不依法受理监督申请的救济途径。当事人认为检察机关不依法受理其监督申请的,可以向上一级检察机关申请监督。上一级检察机关认为当事人监督申请符合受理条件的,应当指令下一级检察机关受理,必要时也可以直接受理。

5. 明确检察机关决定受理监督申请案件时应同时向双方当事人发送相关法律文书。负责控告申诉检察的部门在向申请人发送《受理通知书》的同时,应当向其他当事人发送《受理通知书》和监督申请书副本并告知其权利义务。

(四)适度扩大依职权启动监督程序案件范围

1. 明确检察机关对当事人存在虚假诉讼等妨害司法秩序行为的民事案件应当依职权启动监督程序。

2. 明确检察机关对法院作出的已经发生法律效力的民事公益诉讼判决、裁

定、调解书确有错误，审判程序中审判人员存在违法行为，或者执行活动存在违法情形的案件应当依职权启动监督程序。

3. 增加规定“具有重大社会影响等确有必要进行监督的情形”兜底条款。

4. 明确检察机关对民事案件依职权启动监督程序，不受当事人是否申请再审的限制。

（五）完善案件审查、调查核实工作机制，确保全面客观审查监督案件

1. 完善案件交办等机制。对原规则有关案件交办机制进行了修改，取消交办案件必须要求下级检察机关有管辖权的限制，同时将交办案件的处理结果由“报请上级检察机关审核”改为“报上级检察机关决定”。此外，还删除了关于案件转办机制的规定。

2. 完善案件审查范围。检察机关审查民事诉讼监督案件，应当围绕申请人的申请监督请求、争议焦点以及检察机关依职权启动监督程序的六种法定情形，对法院民事诉讼活动是否合法进行全面审查。

3. 增加专家咨询论证制度。

4. 增加有关调阅副卷的规定。人民检察院认为确有必要，可以依照有关规定调阅人民法院的诉讼卷宗副卷，并采取严格保密措施。

5. 增加有关检察官联席会议的规定。

6. 增加“提请其他监督”和“复查维持”两种新的结案方式。

7. 增加有关扣除审查期限的规定。调卷、鉴定、评估、审计、专家咨询等期间不计入审查期限。

8. 完善调查核实工作机制。将检察机关该项调查核实措施的运用限定在可能损害国家利益、社会公共利益等四种法定情形。对技术性证据专门审查问题作了衔接性规定。将调查核实措施审批主体改为“需要调查核实的，由承办检察官在职权范围内决定，或者报检察长决定”。

（六）完善对生效裁判、调解书的监督标准和程序，强化对确有错误裁判结果的监督力度

1. 明确对虚假民事调解书的监督方式。检察机关对当事人通过虚假诉讼获得的民事调解书，应当以损害国家利益、社会公共利益为由依法向法院提出再审检察建议或者抗诉。

2. 完善“有新的证据，足以推翻原判决、裁定”的认定标准。当事人因故意或

者重大过失逾期提供的证据,人民检察院不予采纳;但该证据与案件基本事实有关并且能够证明原判决、裁定确有错误的,应当认定为《民事诉讼法》第 207 条第 1 项规定的情形。人民检察院依照修订后民事诉讼监督规则第 63 条、第 64 条的规定调查取得的证据,与案件基本事实有关并且能够证明原判决、裁定确有错误的,应当认定为《民事诉讼法》第 207 条第 1 项规定的情形。

3. 完善"适用法律确有错误"的认定标准。参考最高人民法院《关于适用〈中华人民共和国民事诉讼法〉的解释》相关规定,对"适用法律确有错误"的认定标准进行调整,但仍保留兜底条款。

4. 扩大再审检察建议的适用范围。符合提请抗诉条件的案件,且适宜由同级人民法院再审纠正的,地方各级人民检察院可以向同级人民法院提出再审检察建议。

5. 明确原提出抗诉的检察机关再次抗诉的程序。人民检察院提出抗诉的案件,接受抗诉的人民法院将案件交下一级人民法院再审,下一级人民法院审理后作出的再审判决、裁定仍有明显错误的,原提出抗诉的人民检察院可以依职权再次提出抗诉。

6. 完善检察机关派员出席再审法庭的相关程序。从协调法院安排人民监督员旁听庭审,检察人员出庭任务、应对庭审有关情况等方面进行完善。

(七)完善对审判人员违法行为和执行活动违法情形的监督程序,增强两项监督工作的可操作性

1. 增设审判人员违法行为监督情形的指引性规定。检察机关发现同级法院民事审判程序中审判人员有《法官法》第 46 条等规定的违法行为且可能影响案件公正审判、执行的,应当向同级法院提出检察建议。

2. 完善对执行活动违法情形的监督程序。参考 2016 年最高人民法院、最高人民检察院《关于民事执行活动法律监督若干问题的规定》第 3 条、第 10 条规定,该规定进一步明确了执行监督范围以及要求法院说明执行情况的适用条件。2009 年最高人民法院《关于进一步加强和规范执行工作的若干意见》、2011 年最高人民法院《关于执行权合理配置和科学运行的若干意见》等新增了有关执行活动违法监督情形的指引性规定,对上级检察机关将法院作出的执行复议裁定、决定等监督案件交由下级检察机关办理后的结案方式作出特别规定。

（八）完善案件线索双向移送、协作配合机制，推动形成多方监督合力

1. 完善违纪违法犯罪线索移送机制。民事检察部门在履行职责过程中，发现涉嫌违纪违法犯罪以及需要追究司法责任的行为，应当报检察长决定，及时将相关线索及材料移送有管辖权的机关或者部门。

2. 完善民事诉讼监督案件线索移送机制。检察机关其他职能部门在履行职责中发现符合检察机关应当依职权启动监督程序的民事诉讼监督案件线索，应当及时向民事检察部门通报。

（九）完善检察机关自我纠错制度，维护司法公正和司法权威

1. 完善本院自行纠错制度。检察机关发现作出的相关决定（包括不支持监督申请决定、终结审查决定等终局性决定）确有错误需要纠正或者有其他情形需要撤回的，应当经本院检察长或者检察委员会决定。

2. 新增复查制度。检察机关应吸收实践探索的申请复查制度，作为"同级受理"制度的有益补充，并在当事人申请复查期限及具体情形、检察机关办理复查案件期限、上级检察机关依职权复查等方面进行了完善。

（十）明确有关适用依据，确保程序依据全程覆盖

1. 明确办理执行人员违法行为监督案件的适用依据。检察机关发现同级法院执行活动中执行人员存在违法行为的，参照修订后民事诉讼监督规则第六章有关规定执行。

2. 明确办理民事非诉执行监督等案件的适用依据。检察机关发现法院审查和处理当事人申请执行、撤销仲裁裁决或者申请执行公证债权文书存在违法、错误情形的，参照修订后民事诉讼监督规则第六章、第七章有关规定执行。

3. 明确办理检察建议案件的适用依据。检察建议案件的办理，民事诉讼监督规则未规定的，适用《人民检察院检察建议工作规定》。

4. 明确办理民事公益诉讼监督案件的适用依据。民事公益诉讼监督案件的办理，适用修订后民事诉讼监督规则及有关公益诉讼检察司法解释的规定。

5. 明确检察机关办理对专门法院的民事诉讼监督案件的适用依据。军事检察院等专门检察机关对民事诉讼监督案件的办理，以及检察机关对其他专门法院的民事诉讼监督案件的办理，适用修订后民事诉讼监督规则和其他有关规定。

四、若干重点条文解读

(一)上级检察院调用辖区检察人员办理民事诉讼监督案件(第8条第3款)

《人民检察院组织法》第24条第1款第4项规定,上级检察院可以统一调用辖区的检察人员办理案件。在民事检察工作中,上级检察院也有调用辖区检察人员办理案件的现实需要,比如,在办理虚假诉讼、审判人员违法行为监督案件中需要开展较多调查取证工作,为确保办案效率与质量,需要调用下级检察院检察人员参与办案;鉴于法院对部分民事案件集中管辖及一些新型法院不断组建,检察机关原有的按照行政区划设置及开展监督工作,已经不能适应需要;基层检察院民事检察人员数量少且分散,不能形成监督合力,有必要探索建立上级检察院统一调用辖区内检察人员办案机制。因此,为发挥检察一体化机制作用,确保重大疑难复杂案件的办理质量,有必要增设第8条第3款规定。需要说明的是,上级检察院根据办理案件的需要和《人民检察院组织法》第24条第1款第4项的规定,通过作出书面调用决定的形式,可以调用辖区的检察人员临时参与某些个案的办理工作。被调用人员的办案权限只在调用期限内针对调用办理的个案有效,调用期限届满或者个案办理完毕,该次调用的办案权限即随之终止。最高人民检察院还就规范上级检察院统一调用辖区检察人员办理案件工作提出统一要求并印发相关法律文书格式样式。因此,本条中"履行相关检察职责"应根据最高人民检察院有关规定以及办案实际情况进行确定。

(二)当事人申请监督的期限(第20条第1款)

《民事诉讼法》第216条赋予了民事案件当事人依法向检察机关申请监督的权利,但未规定申请监督的期限。近年来,司法实践中出现了许多在民事裁判生效多年以后才向检察机关申请监督的案件,这些案件多数是陈年旧案、时间久远,由于时过境迁所导致的证据灭失等因素的影响,当事人往往难以提供充足证据证明原审裁判存在错误,检察机关也无法查清案件的关键事实,而且容易形成涉法信访案件。长期以来,各地检察机关普遍反映这给检察监督工作带来很大困扰,并呼吁对当事人申请监督期限予以一定规范。检察机关经慎重研究后认为,《民事诉讼法》规定了当事人向法院申请再审的期限,而申请监督与申请再审是两种性质相同的权利。从法理上看,当事人行使申请监督权利也应当有一定期限的限制,以便督促当事人及时行使民事权利,维护法律关系和社会关系的稳定,同时也能够使当事人对法律救济期限有明确认识，心理上能早日摆脱纷争，以一个良好的心态投入新的生产生活。经征求立法机关意见后，本次修订新增当事人不服生效裁判的两年申请监督期限。

（三）当事人不服上级法院复议裁定、决定提出监督申请案件由上级法院的同级检察院受理（第30条第2款）

无论是在审判程序，还是在执行程序中均存在当事人向上一级法院申请复议的情形。实践中较为突出的问题是，对当事人不服上级法院复议裁定、决定提出监督申请案件应由哪一层级检察机关受理？修订中，存在以下两种不同的意见：第一种意见认为应由原审理、执行法院的同级检察院受理；第二种意见认为应由作出复议裁定等法院的同级检察院受理。本次修订采纳了第二种意见，同时将该款规定与案件交办机制衔接一致，主要理由有三：一是民事检察监督实行的是“同级受理”原则，由下级检察院受理上级法院复议裁定，既存在法理上的障碍，实践中也无法实行。因此，规定由作出复议裁定、决定的人民法院的同级人民检察院受理，更加合理。二是考虑民事检察工作“倒三角”现实情况以及下级检察院与原执行法院沟通协商以及调阅案卷等便利性，有必要规定上级检察院可以根据需要向下级检察院交办案件。三是执行案件虽经上级法院复议，但上级法院仅是复议程序并未提级执行，执行法院仍是下级法院，由下级法院的同级检察院审查具有合理性。下级检察院在接受上级检察院交办案件后，认为法院执行复议裁定等存在违法情形应予监督的，应当提请上级检察院监督；认为法院执行复议裁定正确的，可依法作出不支持监督申请决定。

（四）检察机关不依法受理监督申请的救济途径（第31条）

《行诉监督规则（试行）》在坚持“同级受理”的基础上，特别规定了“同级人民检察院控告检察部门不依法受理的，当事人可以向上一级人民检察院申请监督”。实践中也确实存在少数同级检察机关不依法受理的个案情形，需要上级检察机关来保障当事人申请监督权利。本次修订借鉴《行诉监督规则（试行）》上述规定，并明确上一级检察院的处理方式，使该条款更具有操作性。需要注意的是，基于“同级受理”原则，上一级检察院认为当事人监督申请符合受理条件的，应当首先指令下一级检察院受理，只有存在不宜由下级检察院办理此案的情形时，才有必要由上一级检察院直接受理。

(五)检察机关依职权启动监督程序的案件范围(第37条第1款)

本次修订新增第37条第1款第3项、第4项、第6项三种依职权启动监督程序案件类型,主要的考虑是:原规则对检察机关依职权启动监督程序的案件类型通过类型列举的方式予以明确,即只有损害国家利益或者社会公共利益,审判、执行人员有贪污受贿、徇私舞弊、枉法裁判行为以及依照有关规定需要人民检察院跟进监督的三类案件。经多年实践,检察机关发现原规则对依职权启动监督程序案件范围规定缺乏兜底条款,与《民事诉讼法》第215条规定的"人民检察院发现"表述所体现的立法精神不相符,从立法技术上看也不周延。因为对民事诉讼实行法律监督是检察机关的法定职责,检察机关既不能越权监督,但也不能放弃或者怠于行使法律监督权。十八届四中全会审议通过的《中共中央关于全面推进依法治国若干重大问题的决定》明确要求强化检察机关诉讼监督。2020年中央政法工作会议提出了有关强化检察机关法律监督职能和拓展监督广度、深度的要求。另外,实践中原规则规定的依职权启动监督程序案件范围过窄导致实践中出现了检察机关应主动进行监督却缺乏监督依据的问题。《行诉监督规则(试行)》第9条对检察机关主动监督情形设置了兜底条款。本次修订借鉴《行诉监督规则(试行)》第9条的规定,并结合民事检察工作实际,适度扩大了依职权启动监督程序案件范围。需要注意的是,虽然修订后民事诉讼监督规则规定了依职权启动监督程序案件的兜底条款,但各地要立足检察机关职责定位,将充分履行监督职能与遵循民事诉讼规律有机结合起来,准确把握"确有必要"这一兜底条款适用标准,确保公权力介入私权之争的正当性与合理性。

(六)上级检察院交办案件的程序(第42条第1款)

实践中存在上级检察院异地交办案件以及因便于化解矛盾、解决纠纷,需要下级检察院配合协助进行调查核实而将案件交由无管辖权的下级检察院办理等特殊情形,因此本次修订进一步完善案件交办机制,取消原规则有关交办案件必须要求下级检察院有管辖权的限制,同时将"报请上级检察院审核"改为"报上级检察院决定",使其体现检察一体化工作机制特点,满足办理重大疑难复杂案件的需求。需要注意的是,上级检察院院需要交办的案件主要是重大疑难复杂案件,各地要把握好这一要求,在适用该款规定上不能过于宽泛。

(七)调阅人民法院诉讼卷宗副卷(第47条第3款)

2019年7月19日政法领域全面深化改革推进会和2020年1月17日中央政

法工作会议均明确要求探索正卷、副卷一并调阅制度。2020 年 8 月 26 日，中央政法委政法领域全面深化改革推进视频会要求加快落实正卷、副卷一并调阅制度，提升民事监督精准性。民事审判执行的一些关键信息均留存在副卷中，加强对民事诉讼的精准监督，应当正卷、副卷同时调阅。因此，在征求最高人民法院意见后，本次修订增加调阅副卷的规定。需要注意的是，根据本款“有关规定”的表述，检察机关调阅副卷的前提是依照有关规定，即依照检法两院会签有关调阅副卷的文件规定，没有会签文件的，是不能调阅副卷的。目前，仅有部分地方检法两院会签了有关调阅副卷的文件。因此，仍需要进一步推动正卷、副卷一并调阅制度落地落实。

（八）民事诉讼监督案件审查期限的扣除（第 52 条第 1 款）

《民事诉讼法》规定检察机关审查民事诉讼监督案件的期限为 3 个月，但是没有规定扣除审查期限制度。实践中，检察机关经常遇到由于调取法院卷宗、调查核实、专家咨询、引导当事人和解以及案件疑难复杂等客观情况，导致检察机关无法在法定的 3 个月审查期限内审结，进而出现案件超期现象，影响了检察工作的规范性与权威性。《行诉监督规则（试行）》第 12 条规定了扣除审查期限内容。本次修订借鉴《行诉监督规则（试行）》上述规定，在征求立法机关意见后增加扣除审查期限规定。需要说明的是，《行诉监督规则（试行）》第 12 条对扣除审查期限的规定采用了列举方式，并无“等外”规定。这可能不符合当前民事诉讼监督案件审查工作的需求，因为随着民事诉讼监督案件专家咨询制度的建立以及互联网咨询平台的试点推进，专家咨询期限不属于承办人可控制范围，也需要将专家咨询期间纳入扣除审查期限。因此从工作发展趋势看，有必要对扣除审查期限作出“等外”规定。

（九）检察机关向银行业金融机构查询、调取、复制相关证据材料的具体情形（第 64 条第 1 款）

实践中检察机关在办理虚假诉讼监督等案件时，为查清当事人是否存在虚假诉讼行为，往往需要查询当事人或者案外人的银行账户流水情况。如最高人民检察院发布的第十四批虚假诉讼监督指导性案例的检例第 52 号、第 53 号中，检察机关均采取了查询当事人及案外人银行存款措施。为进一步明确范围，规范检察机关向银行业金融机构查询、调取、复制相关证据材料工作，修订后民事诉讼监督规则第 64 条第 1 款将检察机关该调查核实措施限定在损害国家利益和社会公共利益、审判人员存在违法行为、当事人存在虚假诉讼行为、公益诉讼等需要主动取证的四种情形。

(十)对虚假民事调解书的监督方式(第75条第2款)

2019年3月15日中共中央政法委员会、最高人民法院、最高人民检察院发布的《关于进一步优化司法资源配置全面提升司法效能的意见》提出:“探索检察机关对虚假诉讼的监督机制”。《最高人民检察院第十四批指导性案例》中“武汉乙投资公司等骗取调解书虚假诉讼监督案”的第一点指导意义明确指出:虚假诉讼的民事调解有其特殊性,此类案件以调解书形式出现,从外表看是当事人在处分自己的民事权利义务,与他人无关。但其实质是当事人利用调解书形式达到了某种非法目的,获得了某种非法利益,或者损害了他人的合法权益。当事人这种以调解形式达到非法目的或获取非法利益的行为,利用了人民法院的审判权,从实质上突破了调解各方私益的范畴,所处分和损害的利益已不仅是当事人的私益,还妨碍司法秩序,损害司法权威,侵害国家和社会公共利益,应当依法监督。对于此类虚假民事调解,检察机关可以依照《民事诉讼法》的相关规定提出抗诉。2021年3月,最高人民法院、最高人民检察院、公安部、司法部联合发布的《关于进一步加强虚假诉讼犯罪惩治工作的意见》第18条规定:“人民检察院发现已经发生法律效力的判决、裁定、调解书系民事诉讼当事人通过虚假诉讼获得的,应当依照民事诉讼法第二百零八条第一款、第二款等法律和相关司法解释的规定,向人民法院提出再审检察建议或者抗诉。”修订后民事诉讼监督规则吸收该条规定,明确了检察机关对虚假调解的监督方式。

(十一)原提出抗诉的检察机关再次抗诉情形(第91条)

原规则对原提出抗诉的检察机关再次抗诉问题未作规定,实践中存在原提出抗诉的检察机关认为再审裁判仍有明显错误而再次提出抗诉的情形。但有的法院援引1995年最高人民法院《关于人民检察院提出抗诉按照审判监督程序再审维持原裁判的民事、经济、行政案件,人民检察院再次提出抗诉应否受理的批复》,拒绝接受原提出抗诉的检察机关的再次抗诉。经研究认为,《民事诉讼法》第215条明确规定了上级检察院有权对下级法院的再审裁判进行抗诉,并无其他限制条件。因此,为统一法律适用标准,在征求最高人民法院意见后,本次修订新增第91条规定。需要说明的是,《民事诉讼法》第216条规定,当事人向检察机关申请监督以一次为限。在实践中,经常有当事人申请检察机关对抗诉维持判决再次抗诉，检察机关均以跟进监督属检察机关依职权监督范围进行答复。本次修订增加“依职权”，避免当事人误解为授权当事人可以申请检察机关再次监督。

（十二）审判人员违法行为的监督情形（第 101 条）

全国人大常委会法工委编写的《中华人民共和国民事诉讼法释义》一书指出，《民事诉讼法》第 215 条第 3 款的立法目的是检察建议比抗诉的适用范围更广，除了在审判监督程序中发挥作用外，检察建议还可以用于帮助人民法院发现其他审判程序中审判人员的违法行为，及时纠正相应失误。《民事诉讼法》第 215 条第 3 款规定仅对监督对象作出原则性规定，但何为“审判人员的违法行为”，在实践中并不好掌握。原规则第 99 条第 11 项、第 12 项规定了两种审判人员违法行为类型，即“审判人员接受当事人及其委托代理人请客送礼或者违反规定会见当事人及其委托代理人”和“审判人员实施或者指使、支持、授意他人实施妨害民事诉讼行为，尚未构成犯罪”。虽然这两种行为类型在实践中较为常见，但存在列举不全、指引性不强等问题。2019 年修改后的《法官法》增设第 46 条，对法官违法行为类型作出规定，该规定可以作为检察机关开展审判人员违法行为监督的依据。此外，最高人民法院制定的有关审判人员工作纪律等规定，也可以作为检察监督的依据。据此，本次修订增设本条，对审判人员违法行为的监督情形作出指引性规定。需要注意的是，《监察法》第 34 条第 1 款规定：“人民法院、人民检察院、公安机关、审计机关等国家机关在工作中发现公职人员涉嫌贪污贿赂、失职渎职等职务违法或者职务犯罪的问题线索，应当移送监察机关，由监察机关依法调查处置。”而《民事诉讼法》第 215 条第 3 项规定针对的是审判人员违法行为，显然审判人员属于公职人员，审判人员履行审判职责过程中的违法行为也属于职务违法行为，根据《监察法》第 34 条第 1 款的规定，检察机关发现审判人员涉嫌违法问题线索，都应当移送监察机关处理，那么《民事诉讼法》第 215 条第 3 项规定是否与颁布在后的《监察法》第 34 条第 1 款规定相抵触而没有了适用空间？对这一问题的疑惑也让一些检察人员对检察建议和移送问题线索两种监督方式如何适用产生困扰。经研究认为，《民事诉讼法》第 215 条第 3 款规定与《监察法》第 34 条第 1 款有交叉关系，审判人员违法行为也属于公职人员职务违法范畴，但这并不意味着两者存在法律上的冲突。《监察法》第 34 条第 1 款规范的是公职人员违法问题线索统一归口处理活动，其立法目的在于保证监察机关统一高效处理公职人员职务违法行为。《民事诉讼法》第 215 条第 3 项规范的是检察机关开展审判人员违法行为监督活动，其立法目的在于帮助人民法院发挥内部监督机制作用，追究相关审判人员相应责任,及时纠正相应失误。因此,检察机关依照《民事诉讼法》第 215 条第 3 款规定履行审判人员违法行为监督职责,其目的也是追责,这与《监察法》第 34 条第 1 款规定的立法精神并不冲突。因此,检察机关在适用《民事诉讼法》第 215 条第 3 款及《监察法》第 34 条第 1 款上可作以下区分:一是与监察机关对公职人员职务违法的监察不同,检察机关对审判人员违法行为监督的依据是《民事诉讼法》,因此检察监督的重点是审判人员违法履行审判职责行为或者与履行审判职责职务有关的其他违法行为。因此,如果审判人员的违法行为与履行审判职责无必然关系,如吸食毒品、酒驾醉驾等行为,检察机关不宜采取监督措施,但将问题线索可以移送监察机关、公安机关等处理。二是审判人员职务违法与民事审判程序中审判人员违法行为之间是包含与被包含关系,检察机关通过调查核实能够证实审判人员存在违法履行审判职责或者与履行审判职责有关的其他违法行为的,应当依照《民事诉讼法》第 215 条第 3 款规定提出检察建议。审判人员涉嫌违法问题线索具有可查性,但检察机关因民事调查核实手段有限、刚性不足,难以查清相关事实的,也可以向监察机关移送民事审判程序中审判人员违法问题线索。三是实践中有的法院收到审判人员违法行为监督检察建议后,存在未追究审判人员相应责任或者处理结果畸轻等情形,此时检察机关应当跟进监督或者向同级监察机关移送案件线索。

(十三)执行活动违法、错误的监督情形(第 106 条)

《民事诉讼法》只有一个原则性的条文对民事执行检察监督制度进行规定。地方呼吁修订后民事诉讼监督规则对实践中常见的执行违法情形作出指引性规定,以便各地有效开展执行监督工作。考虑法院民事执行活动涉及的规范性文件庞杂,要逐项梳理执行违法情形难度较大,而且也容易过时,因此本次修订并未采用《行诉监督规则(试行)》第 29 条至第 31 条中的列举方式来拟定条文,而是采用概括式规定。根据司法实践中将执行权分为执行审查权和执行实施权的通行做法,法院在行使上述两项权力中所存在的违法或者错误情形就是检察机关的监督对象。同时,根据检察实践,有的法院在民事执行工作中也存在消极执行、拖延执行等怠于履职的情形,这也是检察监督的对象。因此本次修订将上述常见的三大类常见的执行违法情形作为民事执行检察监督的重点,并考虑条文本身的周延性,还增加了兜底条款。

（十四）复查制度（第 126 条）

根据《民事诉讼法》第 215 条的规定，作出生效裁判结果的法院的同级检察院既可以提出再审检察建议，也可以提请上级检察院抗诉。为了便利当事人申请监督，充分发挥再审检察建议实现同级监督的优势，缓解民事裁判结果监督工作中“倒三角”难题，提高监督效率和效果，原规则规定了“同级受理”原则。实践证明，“同级受理”原则基本符合检察监督工作实际。但“同级受理”原则客观上也导致法律规定的抗诉权在上级检察院，同级检察院的不支持监督申请决定是否有终局性的疑问，即在坚持“同级受理”原则的情况下，一律不允许当事人向上级检察院申请复查也有不合理之处。2014 年《最高人民检察院民事行政检察厅与控告检察厅办理民事行政检察案件第二次座谈会议纪要》第 7 条规定了当事人申请复查制度，作为“同级受理”原则的有益补充。本次修订吸收《最高人民检察院民事行政检察厅与控告检察厅办理民事行政检察案件第二次座谈会议纪要》中复查制度的规定，并进一步扩大复查范围，规定上级检察院可以依职权复查下级检察院对同级法院生效的民事判决、裁定、调解书作出不支持监督申请决定的案件，并在当事人申请复查期限、检察机关办理复查案件期限等方面进行完善。需要说明的是，根据第 126 条规定，控告申诉检察部门对申请复查案件负有初核职责，初核在本质上是程序性审查，与民事检察部门的实体审查不同。从以往办理复查案件情况看，复查纠正的比例不高，在 5% 以下。因此，申请复查案件经控告申诉检察部门初核，就能排除一些明显不需要进行复查的案件，减少这部分案件移送民事检察部门审查这一环节，有利于提高检察机关的办案效率，减少当事人诉累。

五、结语

习近平总书记在主持中央政治局第二十次集体学习时强调，要加强民事检察工作，加强对司法活动的监督，畅通司法救济渠道，保护公民、法人和其他组织合法权益。修订后民事诉讼监督规则的施行，有利于全国检察机关在民事诉讼活动中充分发挥法律监督职能，推进执法司法制约监督体系改革和建设，维护司法公正、化解矛盾纠纷、促进案结事了人和，实现社会公平正义。各地检察机关民事检察部门要准确理解和把握修订后民事诉讼监督规则条文规定的背景、原则和作用，有效贯彻落实修订后民事诉讼监督规则，实现依法监督、精准监督，进一步做强民事检察工作；要加强与控申检察等部门的沟通与协作，进一步明确部门职责、完善衔接机制，规范办案程序，保障民事主体申请检察监督的权利；要加强对办理民事诉讼监督案件情况的分析研判，研究解决民事诉讼监督办案的新情况、新问题，对于具有普遍意义的民事诉讼监督规则条文适用问题积极研提意见，为上级检察院民事检察部门加强对下指导提供参考；要从鲜活生动的民事检察实践中总结提炼民事领域热点难点问题，及时形成研究成果，以更高标准引领民事检察队伍整体业务素质和法学理论修养的提高，以优质的办案成效和高水平的专业研究水准，增强民事检察的社会公信力和影响力。

民事检察监督中的检察建议问题

李　萍* 　最高人民检察院

目　次

* 李萍，最高人民检察院第六检察厅干部。

一、检察建议在民事检察监督中的重要地位

检察建议在民事检察中占有举足轻重的位置。首先,从数据上看,每年制发民事检察建议的数量占民事检察办案数量的一半以上。以2020年为例,当年,全国民事检察部门共办结生效裁判、调解书监督案件7.48万余件,其中经审查提出抗诉4800余件。再审检察建议9900件。另对审判活动违法行为提出检察建议3.2万余件,对执行活动违法行为提出检察建议3.7万余件。总办案数14.38万件,检察建议7.89万件,检察建议占办案总数的54.87%。① 其次,从适用范围看,民事检察建议适用范围非常广泛,可以覆盖民事检察的三大领域,即裁判结果监督、审判活动违法监督及执行监督。最后,民事检察建议可以实现同级监督,效率较高,因而适用率比较高。但是,民事检察建议种类较多,易于混淆,各种检察建议的制发程序、效力亦有较大差异。有鉴于此,非常有必要对民事检察中的检察建议问题进行一次系统梳理,使其在精准监督理念指导下,发挥最优效能。

二、从三个故事看检察建议的发展历程和规律②

检察建议书的历史渊源,可以追溯到1954年年底最高人民检察院发布的文件规定了三种监督形式,即建议书、提请书和抗议书。其中,建议书用于对本级国家机关或者部门提出纠正意见。建议书和提请书构成了今天社会治理检察建议的前身,纠正刑事侦查活动和劳动改造工作中违法行为的建议书和提请书则构成了今天纠正违法检察建议的前身。

回溯检察建议68年的发展史,自诞生之初,检察建议就以法律监督之名,行社会治理之实,呈现浓郁的时代特色和家国情怀。特别是党的十八大以来,检察机关深入学习贯彻习近平法治思想,坚持以人民为中心,以问题为导向,以检察建议为抓手,在法治轨道上推进国家治理体系和治理能力现代化,因而检察建议始终展现一股蓬勃向上、生生不息的生命力。以下三个不同时期的故事可见一斑。

(一)新中国成立初期:迟到的救济棉衣与“王傻子”之死

名字对于中国人来说特别重要,但是“王傻子”连个正式的姓名都没有,由此

---

① 参见2020年最高人民检察院工作报告。

② 此部分内容参见张羽:《检察建议的历史图景》,载微信公众号“最高人民检察院”2020年11月24日。

可见其生活条件之困窘。他是天津北郊区双口乡的一个单身汉，靠政府救济过日子。1955年，原本要发的救济棉衣一直没发下来。临近冬至，天寒地冻，1955年12月17日也就是农历十一月初四，大雪没路，“王傻子”终于拿到了乡政府的救济棉衣，但他没能挺过这个冬天，被冻死了。

“王傻子”之死引起了天津市人民检察院的注意。1956年9月29日，市检察院指示北郊区检察院调查王傻子因冻致死的原因，一名叫靳秉奇的检察官接受了这项任务，在下乡调查之后，手写了一份《天津市北郊区人民检察院建议书》发给北郊区人民委员会民政科：

根据市民政局1955年加强冬天令救济工作计划，救济棉衣要求在11月底基本发到被救济人手中，但你科于12月17日才发到被救济人手中，拖延廿（注：繁体字二十）日左右，发放后既不认真检查又缺乏对乡村干部认真负责的教育，虽然救济发出但从王傻子问题来看缺乏救济作用，为认真及时而有效地执行上级所颁发的政策指示，希你科认真检查处理，并将处理结果函复我院。

建议书发出一周之后，靳秉奇就拿到了北郊区人民委员会《关于函复王傻子冻死情况的检查》，文中先是说明了救济棉衣的发放情况，并表示：

我们认为双口乡在解决救济户棉衣的工作未能及时执行上级政策，因此与市、区的要求不相符合，这是值得检查和纠正的。

另外我们认为贵院的建议书中所指出的地区在发放后未能认真检查又缺乏对乡、村干部认真负责的教育，对下边缺乏检查，我们主观上对救济工作的重视是不够的，及时督促和帮助乡作好这一工作是作（做）的很差，使工作造成了损失，这是应引以为戒。我们除应该深刻检查这一工作以外，对于相关的救济工作已经抽调干部深入各乡去检查，并着重帮助和督促乡干部应作好这一工作，保证不再发生此类情况。

64年后，这两份泛黄的手写文件被北辰区检察院（北郊区后改为北辰区）发现，并上报天津市检察院。每一个阅读过这份泛黄的手写档案的人都不由惊叹，这份检察建议展现了超越时代的法治观念、人文关怀和法律监督理念。

新中国成立初期，经历过多年战争的国家百废待兴，衣物、食品短缺现象并不罕见，保障百姓衣食供应是当时天大的事。政府救济是当时常见工作。在这个案例中，检察机关对“王傻子”非正常死亡背后的原因进行调查，发现了有关部门在救济工作中违反政策法令的情况，制发建议书，督促有关部门依法履职，改进工作。20世纪50年代的天津是北方最大、最繁华的工商业城市，检察制度和业务建设也开展得比较早，取得了不错的成绩。

(二)20 世纪 80 年代:社会治安中的检察建议

时间过去了近 30 年,“文化大革命”后有段时间社会治安问题较为突出。在 1981 年中央提出对社会治安实行综合治理的方针后,检察机关积极运用检察建议作为综合治理的形式和手段之一。河北省沧县检察院建议书第 3 号叙述了一起强奸案。

1986 年 4 月 11 日晚,李龙屯村因停电,妇女郭凤芹早早插好门睡觉。22 时左右,她在朦胧中突然听到外屋门有响动,紧接着一条黑影蹿到里屋并朝她扑过来。此时,她在思想上已经做好了“拼”的准备。待到歹徒刚刚扑下的一刹,她便与歹徒搏斗起来……第二天,公安机关根据郭凤芹提供的体貌特征,抓到了犯罪嫌疑人“黑铁锤”,他得知郭凤芹的丈夫外出未归,即生邪念,结果强奸未遂,落入法网。

耐人寻味的是,这份建议书对案件过程的描述十分鲜活生动,提出建议的部分则仿佛在与普通人拉家常:

一个农家妇女能抵挡一个中年壮汉的袭击,郭凤芹凭什么战胜了强奸犯?

我们认为,主要有以下几个原因:第一,当歹徒向她扑来的时候,她不惊慌,不惧怕,敢于拼死抗争。这样就弥补了体力上的不足,使犯罪的企图不能得逞。第二,她巧妙地运用了心理战术,即一边与歹徒搏斗,一边呼救,这样不但能引起周围的注意,取得支援,并且对罪犯也能构成一定的心理威胁。因为任何犯罪都心虚胆怯,害怕群众。第三,她敢于在体力不足、形势不利的情况下,果断地下手,攻敌致命部位,反败为胜。

为了进一步提高广大妇女同志同罪犯斗争的自觉性,出现更多的战胜罪犯的强者。我们建议:

一、要广泛宣传郭凤芹这一典型事例。大力提倡同罪犯做斗争的顽强精神,广大妇女学会用法律武器维护自己的合法权益,自尊自强,人人争当战胜罪犯的强者。

二、要使广大妇女掌握一些防卫的基本知识,懂得针对罪犯的薄弱环节进行防卫……

三、要教育广大妇女增强社会责任感,一旦遭到欺凌或受到侵害,要及时报案,积极协助政法部门抓获犯罪分子……

四、应在妇女节广泛进行法制教育,使广大妇女懂得:当公共利益、本人或者他人的人身和其他权利遭受不法侵害的时候,公民进行防卫性的阻止、抵抗、反击,是宪法赋予公民的正当权利。只有积极同罪犯做斗争,才能受到社会的尊重和推崇。

这种既鲜活又有理有据的叙述风格，是检察建议书，更是法治宣传书。更令人惊叹的是，建议书中分析案件原因时体现的“法不能向不法让步”的精神，提出建议时凸显的“鼓励公民进行防卫”的理念，与近几年来我们激活正当防卫制度的法治理念是完全一致的。

这样的检察建议书完美地呈现了那个时期最高人民检察院的工作思路。1982 年 12 月 6 日，第三任检察长黄火青在第五届全国人民代表大会第五次全体会议上作最高人民检察院工作报告时提道：

在整顿社会治安中，不少基层检察院还协同公安、司法等部门，加强基层组织和基层工作，支持广大干部、群众同违法犯罪作斗争。并且广泛开展法制宣传，帮助群众建立治安公约和乡规民约，使干部、群众自觉遵守国家法律和社会公德。各级检察机关还通过办案，对一些机关、企事业单位在管理上存在的漏洞，及时提出建议，帮助发案单位采取措施，健全制度，加强管理，对预防违法犯罪起了一定的作用。

这是检察建议第一次被写入最高人民检察院工作报告并被提交给国家最高权力机关。

1983 年，最高人民检察院曾出台文件规定了检察建议书的基本格式，说明当时检察建议的运用已经相当普遍到需要统一的规范。

时任全国人大常委会副委员长陈丕显在 1985 年 1 月 21 日全国政法会议报告中指出：“检察院、法院要通过办案发现有关单位在工作上、制度上的问题，积极提出司法建议，推动整改，健全制度，堵塞漏洞。对不重视司法建议的单位，有的要运用社会舆论进行批评，造成严重后果的，要追究有关领导的责任。”有的地方人大甚至制定了增强检察建议的地方性法律文件，如浙江省绍兴市第一届人大在 1985 年出台了《关于重视发挥检察、司法建议书作用的决定》，要求有关部门对检察建议必须在一个月内书面答复。

（三）网络时代的检察建议

在新世纪的最初 20 年里，互联网以迅雷不及掩耳之势席卷中国百姓的每一个生活细节，以互联网为载体的新经济形态则时刻考验着这个国家的经济管理与社会治理水平。

2009 年最高人民检察院制定出台了《人民检察院检察建议工作规定（试行）》，对检察建议的内容、适用条件及程序进行了规定。此时的检察建议与法院的司法建议类似,都是为了实现社会综合治理的方式和手段。

2014 年,浙江省义乌市人民检察院在办案中发现,不法分子利用快递物流行业监管缺陷衍生出的涉枪涉爆、销售伪劣产品、贩卖毒品等犯罪案件逐年增多,利用快递物流作为暴恐工具运输渠道的可能性不断上升。该院向当地物流办、电商办等七家单位发送社会治理检察建议,协同党委政府及时设立全国县级市首家快递物流监管部门邮政管理局,督促逐步建立严格的快递收寄验视制度和快递实名制。相关建议被中共中央办公厅、国务院办公厅出台的《关于加强社会治安防控体系建设的意见》吸纳,转化为全部快递收寄验视、快递实名制和 X 光机安检制度,在 G20 峰会、世界互联网大会安保工作中发挥重要作用。

2018 年,最高人民检察院首次制发检察建议即向教育部发送了高检建(2018)1 号检察建议书,即"一号检察建议",引发社会高度关注,开启了检察建议发展史上的一个新时期。

三个故事虽然各有不同,但精神实质却是一脉相承的,即以个案为抓手,推动社会管理水平提升、增进人民福祉。这与检察机关的职能密不可分,检察机关在履行法律监督职能,特别是检察官审查起诉案件时,能够深入了解社会的各个灰色甚至黑色领域及其潜规则,可以据此有针对性地向案发单位及有关部门提出整改建议。所以在相当一段时间里,检察建议被视为检察职能的一种拓展,将办案中发现的问题及时反馈、告知给相关政府部门和社会机构。为服务大局,推进国家治理体系和治理能力现代化,检察建议始终如一地贡献着检察智慧。

三、检察建议在民事监督检察中的运用

民事检察建议与上述检察建议既有联系,又有显著的区别。主要在于上述检察建议作为社会治理手段,而民事检察建议更多体现为一种监督方式。

(一)民事检察建议的发展历程

民事检察建议经历了以下发展阶段。

1. 探索阶段

虽然 2001 年最高人民检察院颁布的《人民检察院民事行政抗诉案件办案规则》中将检察建议确立为民事、行政诉讼监督的一种方式,但因为缺乏全国性法律层面的支持,始终处于一种小心翼翼的探索状态。2009 年最高人民检察院制定出台了《人民检察院检察建议工作规定(试行)》,对检察建议的内容、适用条件及程序进行了规定。此时的检察建议与法院的司法建议类似,都是实现社会综合治

理的方式和手段。

民行检察部门最早对检察建议的运用，也是基于社会管理创新的角度，对检察工作中发现的法院或行政机关等管理及制度漏洞提出完善型检察建议。但随着民事行政检察工作的发展，检察建议已经成为民行检察部门履行监督权的重要手段，尤其是针对人民法院发出的检察建议超越了一般意义上的社会管理型的检察建议，其性质、功能已经发生了重大变化。

2011 年 3 月 10 日，最高人民法院、最高人民检察院《关于对民事审判活动与行政诉讼活动实行法律监督的若干意见（试行）》正式下发。该会签文件对于检察院而言有两大成果：一是首次承认了再审检察建议；二是首次承认了其他类型的检察建议，并规定了提出及回复期限等具体内容。上述两大成果使民行检察建议结束了“自我授权”和“效力待定”的尴尬状态，人民法院对检察建议也不能再“搁置”和“不闻不问”。民行检察建议脱离了一般意义上的综合治理的检察建议，作为民行检察对个案的监督方式，正式登上历史舞台。

2. 正式确定为法定监督方式

2012 年 8 月，新修订的《民事诉讼法》在两高会签文件的基础上，将“检察建议”正式确定为法定的监督方式，意味着民事诉讼监督中检察建议这一监督形式从实践探索转为法律制度。

《民事诉讼法》（2012 年修正）

第二百零八条　最高人民检察院对各级人民法院已经发生法律效力的判决、裁定，上级人民检察院对下级人民法院已经发生法律效力的判决、裁定，发现有本法第二百条规定情形之一的，或者发现调解书损害国家利益、社会公共利益的，应当提出抗诉。

地方各级人民检察院对同级人民法院已经发生法律效力的判决、裁定，发现有本法第二百条规定情形之一的，或者发现调解书损害国家利益、社会公共利益的，可以向同级人民法院提出检察建议，并报上级人民检察院备案；也可以提请上级人民检察院向同级人民法院提出抗诉。

各级人民检察院对审判监督程序以外的其他审判程序中审判人员的违法行为，有权向同级人民法院提出检察建议。

第二百零九条　有下列情形之一的，当事人可以向人民检察院申请检察建议或者抗诉：

（一）人民法院驳回再审申请的；

（二）人民法院逾期未对再审申请作出裁定的；

(三)再审判决、裁定有明显错误的。

人民检察院对当事人的申请应当在三个月内进行审查,作出提出或者不予提出检察建议或者抗诉的决定。当事人不得再次向人民检察院申请检察建议或者抗诉。

这是在我国法律层面第一次提出检察建议这一概念。检察建议与抗诉并列,正式成为民事检察的监督方式。

2013 年 9 月,《人民检察院民事诉讼监督规则(试行)》出台,将民事检察业务划分为三大领域,对裁判结果监督、审判程序违法监督、执行监督,对第一项使用抗诉、再审检察建议方式监督,对后两项均使用检察建议进行监督。

由于立法的突破,2013 年开始民事类检察建议出现爆发式增长,当年全国检察机关共发出民事类检察建议 64,351 份,与之相比,同年刑事类检察建议为 36,531份,行政类检察建议为 4636 份。

2018 年 10 月,《人民检察院组织法》正式将检察建议确立为检察机关行使法律监督职权的方式之一。相较于传统理念中,检察建议被视为检察机关办案职能的延伸或者补充,这无疑是检察建议性质的一次重要更新。

随后,两份有关检察建议的重要文件出台——《人民检察院检察建议工作规定》和《人民检察院检察建议督促落实统管工作办法》,其中前者将检察建议明确划分为五种类型,包括再审检察建议、纠正违法检察建议、公益诉讼检察建议、社会治理检察建议和其他检察建议。从综合运行的实际情况来看,再审检察建议和纠正违法检察建议,主要针对个案,被运用在民事、行政诉讼监督领域;公益诉讼检察建议和社会治理检察建议则更注重通过对个案或类案的分析,侧重于维护社会公共利益。

(二)民事检察监督中检察建议的种类、制发程序及效力

《民事诉讼法》(2021 年修订版)规定了两类检察监督方式,一类是抗诉,另一类是检察建议。而检察实践中,通常表述为“三大类”“四小项”。

三大类(在大的监督方式上分类):抗诉、再审检察建议、检察建议。

四小项(特指检察建议的分类):违法行为监督类检察建议、执行监督类检察建议、类案监督类检察建议、工作改进类检察建议。

下面简要介绍一下各类民事检察建议。

1. 再审检察建议与检察建议。二者名称近似,加之《民事诉讼法》未使用再审检察建议的称谓,使多数人对再审检察建议和检察建议产生混淆。其实,两类

监督方式因监督对象上存在明显差别,各司其事、泾渭分明,如表1所示。

表1　再审检察建议与检察建议之比较

区别			
1	监督对象	再审检察建议监督对象为:生效裁判	《人民检察院民事诉讼监督规则》第100条、第101条
		检察建议监督对象为:执行违法行为和审判人员违法行为	
2	监督程序	再审检察建议:需经检委会讨论决定;	《人民检察院民事诉讼监督规则》第87条;《关于民事执行活动法律监督若干问题的规定》第11条
		检察建议:经检察长批准或检委会决定,不必经过检委会讨论程序	
相同			
1	监督效力	均不具有抗诉直接启动再审或纠正违法程序的效力,须由法院决定是否采纳该建议	最高人民法院、最高人民检察院《关于对民事审判活动与行政诉讼实行法律监督的若干意见(试行)》第10条
2	监督机构级别	均为作出生效裁判或发生违法行为的法院的同级检察院向该同级法院发出	《人民检察院民事诉讼监督规则》第100条、第101条
3	跟进监督	对法院未采纳的再审检察建议或检察建议,上级检察院均可依职权跟进监督,要求上级法院纠错	《人民检察院民事诉讼监督规则》第124条

2. 检察建议制发程序。承办人审查后作出初步审查意见,经过小组或集体讨论(司法改革后,部分地区可以不经过讨论),报检察长审批决定。此间,如需要进行调查核实的,检察院可以启动调查核实程序。

检察建议是检察院运用比较广泛的一类监督方式,在刑事检察部门也有适用空间。例如,公诉或批捕部门,在办理案件过程中发现有关单位有违法或制度缺漏行为,建议予以整改纠正。但刑检部门发出的检察建议,一般不是结案方式,而是就案件中可能发现的临时性问题采取的一种建议性质的文书,大多为改进类的建议。而民事检察部门的检察建议大多就是结案的审结结论,是案件的结案方式。因此,民事检察部门的检察建议不是建议性质的文书,而是监督纠正性质的文书,强制力和监督力均高于刑检部门的检察建议及法院的司法建议。

3. 检察建议效力。检察建议是民事检察部门对执行活动、审判违法行为监督的主要监督方式。虽然法律上未赋予其直接启动程序或直接纠错的强制效力,但实践中通过两院相关规定的规制，赋予了一定程序上的强制效力。最高人民法院、最高人民检察院《关于民事执行活动法律监督若干问题的规定》第12条、第13条规定，人民检察院提出的民事执行监督检察建议，统一由同级人民法院立案受理。人民法院收到人民检察院的检察建议书后，应当在三个月内将审查处理情况以回复意见函的形式回复人民检察院，并附裁定、决定等相关法律文书。最高人民法院、最高人民检察院《关于对民事审判活动与行政诉讼实行法律监督的若干意见（试行）》第10条规定，人民检察院提出检察建议的，人民法院应当在一个月内作出处理并将处理情况书面回复人民检察院。人民检察院对人民法院的回复意见有异议的，可以通过上一级人民检察院向上一级人民法院提出。上一级人民法院认为人民检察院的意见正确的，应当监督下级人民法院及时纠正。通过最高人民法院、最高人民检察院的程序性规定，检察院发出检察建议后，法院应当正式受理审查，并在规定时间内书面回复，不予纠正的，检察院可以通过跟进上级院监督方式，保证检察建议效力。

检察建议为同级监督，具有制发程序简单、监督效率高的特点。下面案例充分证明了这一点。

案例：某牧业公司被错列失信被执行人名单执行监督案（第二十一批指导性案例，检例号第78号）

张某奎系山西省临汾市某牧业有限公司（以下简称某牧业公司）法定代表人。乔某与某牧业公司、张某奎因民间借贷产生纠纷。2016年9月16日，山西省临汾市尧都区人民法院判决张某奎、某牧业公司归还乔某借款本金18万元及利息6.14万元，2016年2月1日至判决生效之日，按约定月息2分的利率承担该借款利息。

判决生效后，乔某向尧都区人民法院申请强制执行。尧都区人民法院作出执行裁定，冻结被执行人张某奎、某牧业公司银行存款281,280元，查封张某奎名下房产一套，同时还决定将某牧业公司、张某奎纳入失信被执行人名单。该查封裁定作出后，执行法院未送达当事人。

山西省临汾市尧都区人民检察院发现乔某与某牧业公司、张某奎民间借贷纠纷一案执行行为违法，并予以立案审查。尧都区人民检察院经审查认为，执行法院存在以下违法情形：一是将张某奎纳入失信被执行人名单属于适用法律错误。最高人民法院《关于公布失信被执行人名单信息的若干规定》第3条规定：被采取查封、扣押、冻结等措施的财产足以清偿生效法律文书确定债务的，人民法院不得将被执行人纳入失信被执行人名单。本案执行程序中，被执行人张某奎、某牧业公司被冻结的存款和被查封的房产足以清偿生效裁判确定的债务。因此,执行法院将其纳入失信被执行人名单,显属违法。二是未向当事人送达执行裁定书。最高人民法院《关于人民法院民事执行中查封、扣押、冻结财产的规定》第1条规定:人民法院查封、扣押、冻结被执行人的动产、不动产及其他财产权,应当作出裁定,并送达被执行人和申请执行人。查封、扣押、冻结裁定书送达时发生法律效力。本案中法院制作执行裁定书后,长期未向当事人送达,违反了上述规定。

2017年11月28日,尧都区人民检察院向尧都区人民法院提出检察建议,建议该院依法纠正违法执行行为。尧都区人民法院采纳了检察建议,于2017年12月8日将执行裁定书送达当事人,并撤销了将张某奎、某牧业公司纳入失信被执行人名单的决定。

该案件中,尧都区人民检察院2017年11月28日提出检察建议,尧都区人民法院采纳了检察建议,于2017年12月8日纠正了错误的执行行为,当事人的合法权益得到及时维护,充分展示了检察建议监督方式灵活、效率高的特点。

(三)民事检察监督中检察建议的运用

1.执行监督类检察建议

(1)发出情形、条件与内容

《民事诉讼法》第242条规定,人民检察院有权对民事执行活动实行法律监督。根据该规定,人民检察院对人民法院民事执行监督的对象应当是人民法院的民事执行活动。那么什么是人民法院的民事执行活动?人民法院的民事执行活动也称人民法院民事强制执行,是指人民法院(执行机关)运用国家强制力,依据执行程序,强制(采取强制措施)被执行人履行生效法律文书确定的民事义务(执行依据)的行为。简而言之,人民法院基于行使民事执行权的而发生的行为都属于执行活动。

检察院有权对法院执行活动进行监督,监督对象大体包括两类:一是执行中的裁定、决定;二是法院执行中的强制措施等行为。针对上述两类监督对象,检察建议的制发条件、程序、内容均有差异,如表2所示:

表 2　执行监督类检察建议

<table>
<tr><th colspan="2">监督对象</th><th>典型情形</th><th>条件</th><th>内容</th></tr>
<tr><td colspan="2">执行裁定、决定、通知</td><td>1. 支持或驳回执行异议的裁定；
2. 变更申请执行人的裁定；
3. 追加被执行人的裁定；
4. 中止或终结执行程序的裁定；
5. 查封、扣押、冻结、拍卖的裁定；
6. 扣留、处罚等决定；
7. 协助执行通知等</td><td>1. 执行裁定、决定已经生效；
2. 执行人、被执行人或案外利害关系人申请监督；
3. 经过法定前置程序：当事人提出了异议、复议或执行异议之诉；
4. 执行裁定、决定确有错误，且对当事人权利造成了实质影响</td><td>1. 原裁定确有错误；
2. 依法应予撤销或变更；
3. 重新作出裁定；
4. 采取补救措施</td></tr>
<tr><td rowspan="2">执行行为</td><td>怠于执行</td><td>1. 应当依法实施具体执行行为而不实施的；
2. 应当作出裁定、决定、通知而不制作的；
3. 违法不受理执行案件或不受理异议、复议；
4. 执行案件在规定的期限内（6 个月）未能执行结案</td><td>1. 申请执行人申请监督；
2. 被执行人有可供执行的财产；
3. 已向法院提出过异议、复议；
4. 检察院向法院书面了解情况，法院未回复或回复内容经审查不成立的</td><td>1. 怠于执行行为违法；
2. 在一定期限内执行或作出裁定、决定、通知；
3. 建议更换执行人员</td></tr>
<tr><td>执行强制措施</td><td>1. 违法采取查封、扣押、冻结等强制措施；
2. 执行他人财产、明显超标的执行或暴力执行造成被执行人损害；
3. 评估程序违法或评估结果与财产实际价值差距巨大；
4. 拍卖、变卖等执行措施违反法律规定；
5. 参与分配、执行款物发放等违反法律规定</td><td>1. 执行强制措施已经做出；
2. 执行强制措施违法；
3. 已向法院提出过异议、复议；
4. 强制措施可以纠正或可以采取补救措施。</td><td>1. 执行强制措施违法；
2. 纠正原执行强制措施或采取补救措施；
3. 重新作出评估、拍卖等执行行为；
4. 更换执行人员</td></tr>
</table>

（2）效力

执行监督检察建议发送至法院，就启动了法院对执行案件的审查程序，该程序在最高人民法院、最高人民检察院《关于民事执行活动法律监督若干问题的规定》（2016 年 11 月 2 日发布，2017 年 1 月 1 日实施）发布后，更加法定化和规范化。执行监督检察建议的效力体现在启动法院的下述程序上：

①立案受理。《关于民事执行活动法律监督若干问题的规定》第 12 条规定，

人民检察院提出的民事执行监督检察建议，统一由同级人民法院立案受理。此处“立案受理”从效力层面，可以达到以下效果：

一是案件同法院正式立案受理的其他案件一样，直接进入分案程序，不能在此阶段对检察建议进行形式或实质审查；

二是应当另行确定合议庭或执行人员进行审查，该合议庭或执行人员应当与原执行裁定做出的合议庭或执行人员相区别；

三是案件应当有审查结果，即支持或不支持监督申请决定，应当有正式的执行裁定作为结论，该执行裁定作为法院书面《回复意见函》的附件。

在性质上，此处的立案受理更接近于审判监督程序中的“立案受理”，但相区别的是，审判监督程序有审查和审理两个环节，而执行监督程序仅有审查环节。因此，法院的立案受理，在一定程度上达到了“抗诉”——重新启动程序的效果。

②审查。法院应当另行确定合议庭或人员负责，这是监督程序中原参与人员回避的应有之义，也确保审查程序不流于形式。

③回复。法院应当在 3 个月内书面回复检察院案件审查结果，上述回复与裁判结果案件抗诉后法院改判或不改判相当，也可能采纳检察建议，抑或不采纳检察建议。采纳检察建议的，应当重新作出新的裁定、决定，将新裁定、决定一并回复检察院；不采纳的，应当在书面回复中明确说明相应理由。

④跟进监督。法院不采纳检察建议不当的，检察院可以提请上级院跟进监督，由上级院向其同级法院发出检察建议，启动上级法院的审查程序并监督下级法院纠正。

下面我们以一个案例来阐述检察建议在执行监督中的运用。

案例：南漳县丙房地产开发有限责任公司被明显超标的额查封执行监督案（第二十一批指导性案例，检例第 79 号）

2015 年 5 月 26 日，襄阳市甲小额贷款股份有限责任公司（以下简称甲小贷公司）、襄阳市乙工程总公司（以下简称乙公司）向湖北省襄阳市樊城区人民法院提起民事诉讼，请求判令南漳县丙房地产开发有限责任公司（以下简称丙公司）、南漳县丁建筑安装工程有限责任公司（以下简称丁公司）、洪某生偿还借款 5589 万元及利息，并申请对价值 6671 万元的房产进行保全。同日，樊城区人民法院立案受理并作出财产保全裁定，查封丙公司、丁公司及洪某生的房产共计 210 套。丙公司认为查封明显超出标的额，于 2015 年 6 月提出异议，但樊城区人民法院未书面回复。

2015 年 7 月至 2016 年 10 月，樊城区人民法院对当事人双方的多起借款纠纷作出民事判决,判令丙公司、丁公司、洪某生偿还乙公司、甲小贷公司借款合计5536.2万元及利息约438万元。在本案执行阶段,丙公司向执行法院提出房产评估申请,经执行法院同意,由丙公司委托鉴定机构进行评估,评估结果为查封的房产市场价值为1.21亿元。丙公司提出执行异议,但樊城区人民法院审查后认定,丙公司提出的执行异议依据不充分,且未在法定期限内申请复议,故不予支持。由于丙公司已建成的210套商品房均被执行法院查封,无法正常销售,企业资金断流,经营陷入困境。

2016年12月27日,丙公司、丁公司以樊城区人民法院明显超标的额查封为由,向樊城区人民检察院申请监督。该院予以受理审查。

樊城区人民检察院经审查核实发现,相关裁判文书确定的债务总额为5974万元,且甲小贷公司、乙公司申请查封的标的额仅为6671万元,而执行法院实际查封的房产价值为1.21亿元,存在明显超标的额查封的问题,违反《民事诉讼法》第242条规定及最高人民法院《关于人民法院民事执行中查封、扣押、冻结财产的规定》第21条的规定。2017年3月20日,樊城区人民检察院向樊城区人民法院发出检察建议,建议对超标的额查封的违法行为予以纠正。

收到检察建议书后,樊城区人民法院认定本案确系超标的额查封,于2017年4月17日解除对210套商品房中109套的查封。解封后,丙公司起死回生。

2. 审判程序违法类检察建议

(1)发出情形、条件与内容

《人民检察院民事诉讼监督规则》第100条详细列举了审判程序违法的情形,这些情形有的是结果监督类,有的是程序违法类。(见表3)

表3 审判程序违法类检察建议

监督对象	典型情形	条件	内容
裁判结果类	1. 判决、裁定确有错误,但不适用再审程序纠正的; 2. 违反自愿原则或者调解协议内容违反法律的	1. 裁判、调解书已经生效; 2. 判决裁定确有错误,但不适用再审程序; 3. 调解书违反自愿或合法原则,已经向法院申请再审被驳回或逾期未回复	1. 原判决、裁定确有错误; 2. 依法应予撤销或变更; 3. 重新作出相关裁判; 4. 采取补救措施

续表

监督对象	典型情形	条件	内容
程序违法类	1. 符合法律规定的起诉和受理条件,应当立案而不立案的; 2. 审理案件适用审判程序错误的; 3. 保全和先予执行违反法律规定的; 4. 支付令违反法律规定的; 5. 诉讼中止或者诉讼终结违反法律规定的; 6. 违反法定审理期限的; 7. 对当事人采取罚款、拘留等妨害民事诉讼的强制措施违反法律规定的; 8. 违反法律规定送达的	1. 存在违反法定程序的情形; 2. 违反法定程序导致当事人程序或实体权利受到较大影响; 3. 法律规定可以提出异议、复议的,已向法院提出过异议、复议; 4. 相关程序确有可纠正内容	1. 相关程序存在违法情形; 2. 在一定期限内纠正程序违法行为; 3. 采取补救措施; 4. 建议更换案件承办人员
违纪类	1. 审判人员接受当事人及其委托代理人请客送礼或者违反规定会见当事人及其委托代理人的; 2. 审判人员实施或者指使、支持、授意他人实施妨害民事诉讼行为,尚未构成犯罪的	1. 存在违纪行为,并有相关证据证明; 2. 相关机构尚未作出违纪或违法认定	1. 对相关裁判进行复查,必要启动再审程序或纠正程序; 2. 建议进行纪律处分或移送相关纪律检查部门; 3. 更换违纪人员

《人民检察院民事诉讼监督规则》第101条规定了对人员违纪类的监督。该条规定:人民检察院发现同级人民法院民事审判程序中审判人员有《法官法》第46条等规定的违法行为且可能影响案件公正审判、执行的,应当向同级人民法院提出检察建议。

(2)效力

①受理。法院应当由立案庭或其他专门部门受理检察建议。

②审查。应由原审判组织之外的合议庭或人员进行审查。

③回复。法院应当在一个月内书面回复检察院案件审查处理结果,采纳检察建议的,应当回复如何纠正违法程序或采取补救措施,并附相关文书。不采纳的,应当在书面回复中明确说明理由。

④跟进监督。法院不采纳检察建议不当的,检察院可以提请上级院跟进监督,由上级院向其同级法院发出检察建议,启动上级法院的审查程序并监督下级

法院纠正。

3. 特殊类型的检察建议

（1）类案监督检察建议

类案监督检察建议是检察院实践中针对法院多起案件提出的建议。一般主要针对几种情形：①人民法院对民事诉讼中同类问题适用法律不一致的；②人民法院在多起案件中适用法律存在同类错误的；③人民法院在多起案件中有相同违法行为的。上述检察建议不是针对个案，而是针对一段时间的多份裁判或多个问题提出，要求法院出具相关类案裁判规则，统一裁判尺度。针对法院同案不同判发出的类案监督检察建议就属此类。

（2）完善制度类检察建议

此类检察建议主要针对的不是个别案件或个人，针对的是法院整体工作，例如工作制度存在漏洞，管理方法存在疏漏等情况，建议内容一般是建议法院完善制度、加强管理。比如，党的十八届四中全会强调加大对虚假诉讼的惩治力度。为坚决贯彻执行中央决策部署，检察机关依法强化对虚假诉讼的监督。最高人民检察院认真分析办理的虚假诉讼监督案件，针对相关规定执行不够到位、程序不规范、法检沟通协作需加强等问题，于 2020 年 7 月向最高人民法院发出高检建〔2020〕2 号（总第 5 号）检察建议书，提出完善审判监督和管理、压实防治虚假诉讼的司法责任等建议，希望进一步完善法检协作机制，形成防范制裁虚假诉讼合力。五号检察建议发出后，取得了良好成效，最高人民法院作出了积极回应。各地检察机关与人民法院迅速行动，法检联手加强防范和制裁虚假诉讼，共同推动虚假诉讼防治工作持续深入开展。

四、难点问题

（一）抗诉与再审检察建议——最容易混淆的监督方式

抗诉与再审检察建议均是针对生效裁判结果的监督方式。因监督对象存在重叠，外界往往容易混淆。为了更好地介绍两种监督方式的程序、效力，并更形象地突出二者的联系与区别，拟以表 4 陈述：

表4　抗诉与再审检察建议之比较

<table>
<tr><td colspan="4">相同</td></tr>
<tr><td>1</td><td>监督对象一致</td><td>监督对象均为:具备可再审性的生效裁判、调解书</td><td>《民事诉讼法》第215条、第206条</td></tr>
<tr><td>2</td><td>监督标准一致</td><td>依据均为《民事诉讼法》第216条</td><td>《民事诉讼法》第216条</td></tr>
<tr><td colspan="4">区别</td></tr>
<tr><td rowspan="2">1</td><td rowspan="2">监督情形不同</td><td>抗诉:(1)原判决、裁定适用法律确有错误的;(2)审判人员在审理该案件时有贪污受贿、徇私舞弊、枉法裁判行为的。(3)判决、裁定是经同级人民法院再审后作出的;(4)判决、裁定是经同级人民法院审判委员会讨论作出的;(5)其他不适宜由同级人民法院再审纠正的</td><td rowspan="2">《人民检察院民事诉讼监督规则》第83～85条。
注:实践操作:不完全区分按照情形执行</td></tr>
<tr><td>再审检察建议:(1)有新的证据,足以推翻原判决、裁定的;(2)原判决、裁定认定的基本事实缺乏证据证明的;(3)原判决、裁定认定事实的主要证据是伪造的;(4)原判决、裁定认定事实的主要证据未经质证的;(5)对审理案件需要的主要证据,当事人因客观原因不能自行收集,书面申请人民法院调查收集,人民法院未调查收集的;(6)审判组织的组成不合法或者依法应当回避的审判人员没有回避的;(7)无诉讼行为能力人未经法定代理人代为诉讼或者应当参加诉讼的当事人,因不能归责于本人或者其诉讼代理人的事由,未参加诉讼的;(8)违反法律规定,剥夺当事人辩论权利的;(9)未经传票传唤,缺席判决的;(10)原判决、裁定遗漏或者超出诉讼请求的;(11)据以作出原判决、裁定的法律文书被撤销或者变更的</td></tr>
<tr><td rowspan="2">2</td><td rowspan="2">效力不同</td><td>抗诉:直接启动再审程序</td><td rowspan="2">《民事诉讼法》第218条;
最高人民法院、最高人民检察院《关于对民事审判活动与行政诉讼实行法律监督的若干意见(试行)》第7条</td></tr>
<tr><td>再审检察建议:接受再审检察建议的审判委员会决定是否启动再审程序</td></tr>
<tr><td rowspan="2">3</td><td rowspan="2">启动程序不同</td><td>抗诉:检察长决定</td><td rowspan="2">《人民检察院民事诉讼监督规则》第87条</td></tr>
<tr><td>再审检察建议:检委会讨论决定</td></tr>
</table>

续表

4	监督机构级别不同	抗诉:作出生效裁判法院的上级检察院作出抗诉决定 再审检察建议:作出生效裁判的同级检察院作出再审检察建议决定	《民事诉讼法》第215条
5	再审机构级别不同	抗诉:大部分由抗诉检察院的同级法院,即生效裁判的上级法院再审。 再审检察建议:由发出再审检察建议的同级法院,即作出生效裁判的法院再审	最高人民法院《关于民事审判监督程序严格依法适用指令再审和发回重审若干问题的规定》

再审检察建议为同级监督,效率高,可避免程序空转,但需经检委会决定,程序较为严苛,检察建议不具有启动再审程序的强制力。相比再审检察建议,抗诉的特点则正好相反。

(二)如何把检察建议“做到刚性、做成刚性”

1. 如何理解“做到刚性、做成刚性”?

在民事领域,做到刚性、做成刚性,关键是提升检察建议的质量。对内要提升检察建议的制发质量,做到精准监督;对外要加强跟踪问效、跟进监督。

2. 怎样做成刚性?

首先,检察建议本身要足够专业、质量过硬。检察建议的专业性、针对性、实效性是取得制发对象的认可和采纳的根本。仅对少数案件中呈现的浅层原因分析,是难以形成有质量、权威性的检察建议的,还需要对相关专业领域的管理现状、行业发展动态做一个全面深度学习和提炼,才能真正慎重地挖掘出一类问题的案发根源。五号检察建议之所以成功,就在于专业、深刻。在实践中,写一个检察建议有时要深入研究几百个案子,调研几十个机构,这样写出的检察建议才有说服力。

其次,检察建议要能落实。“检察建议数量不是目标,关键是质量、是落实。”从数据上看,2019年1月至2020年6月,全国检察机关共制发各类检察建议277,482份,已收到回复192,939份,占69.53%;已收到的回复中被采纳186,544份,采纳率为96.69%;另有10,754份虽未按期回复,但经督查,被建议单位实际工作中已采纳检察建议。在落实检察建议中,各级检察院结合各地实际,想尽、用尽了各种“接地气式”的方法:对上,释法说理,阐明要害,争取当地党委、政府的支持;对被建议单位,哪怕吃了闭门羹也绝不放弃,与对方反复沟通,争取对方的配合;对建议落实情况,走访调查督促,写万字笔记行万里路。因此,才取得了较好的效果。

当前民事检察事业迎来了良好的发展契机。民事检察建议作为重要的监督方式,在人民至上和精准监督理念指引下,具有非常大的发展空间。限于水平和时间,今天先给大家做个蜻蜓点水的介绍,也是抛砖引玉,希望能加深大家对民事检察建议的认识和思考,在实践中用好、用足民事检察建议,落实精准监督理念。①

① 本课程在准备中参考了互联网上冯小光《民法典实施背景下民事诉讼精准监督研究》;万绍文《柔中带刚——民事行政检察工作中的检察建议》;汤唯建等《检察建议做成刚性的内涵及路径》;王真《检察监督方式之比较及规则运用大全之检察建议》;田力《关于民事执行检察监督对象及案件管辖的有关问题》;张羽《提升,检察建议这两年》等文,在此一并致谢!

专题九

民事检察公开听证工作若干问题

姜耀飞 * 最高人民检察院

目 次

* 姜耀飞,最高人民检察院第六检察厅干部。

一、听证与民事检察听证概述

（一）听证概述

1. 听证的起源及概念界定

一般认为，听证并不是一个本土概念，其源于英国普通法的“自然正义原则”，后在英美法系国家得到广泛运用。在我国，作为法律概念的“听证”最早见于1996年制定的《行政处罚法》①。听证制度在我国发展至今，已成为立法、行政、司法这三种公权力运行过程中所共有的一种程序制度，系指有关国家机关在作出决定前，为使决定公正、合理，听取利害关系人的意见的程序制度。在我国实定法规范中，听证作为一种听取意见的形式，同样被立法、行政、司法过程所吸纳。我国《立法法》第36条第1款要求：“列入常务委员会会议议程的法律案，法律委员会、有关的专门委员会和常务委员会工作机构应当听取各方面的意见。听取意见可以采取座谈会、论证会、听证会等多种形式”。就司法活动而言，听证在形式上源于审判过程，庭审程序本质上就是一种非常严格的听证程序。至于行政过程，在《行政处罚法》出台之后，无论是正式听证还是非正式的陈述申辩，都广泛存在于行政机关的决定程序之中。因此，听证是立法、行政、司法这三种公权力运行过程中所共有的一种程序制度，是对于听取相关主体意见的一种制度化表达。在这三者中，听证程序的共同点是：需要符合最低限度的正当法律程序的要求。

世界各国对听证的概念界定不一。在韩国行政程序法中，“听证”，是在行政机关作出某种处分之前，直接听取当事人等之意见，调查证据之程序。在英美国家，听证指可就系争问题提供证据，陈述理由，并由有裁判权的个人或机关作出裁决的相对正式的程序。在我国，在最广泛的意义上，听证包括司法听证、立法听证和行政听证，即指有关国家机关在作出决定前，为使决定公正、合理，广泛听取利害关系人的意见的程序。

听证制度最先是在司法领域中的听取当事人双方辩驳的程序，后来逐渐适用于行政领域和立法领域，在我国听证最先出现在行政处罚领域中，因此，学者对听证的研究大多从行政听证的方面对听证做了狭义的界定。

① 1996年3月17日公布的《行政处罚法》第五章第三节“听证程序”对听证做了规定。

2. 司法听证与检察听证

听证理念及其规则已经融入现代审判程序之中,已无单独研究的必要。因此,一般意义上的司法听证指向的是审判程序外适用于审判程序之前、之后的司法活动中的听证,其核心要义在于听取当事人及其他相关人意见、陈述。基于中国司法制度的特点,司法听证应包括人民法院的申诉程序听证、执行程序听证和检察机关的检察听证,而根据"四大检察"业务并行发展的理念和思路,检察听证又可分为刑事检察听证、民事检察听证、行政检察听证和公益诉讼检察听证四类。

(二)民事检察听证概述

1. 民事检察听证溯源

最高人民检察院于1999年5月通过了《人民检察院办理民事行政抗诉案件公开审查程序试行规则》。该规则中有关"公开听取当事人陈述"的规定,可以视为民事检察听证制度的雏形。随着民事检察工作实践的发展和时代的发展,2013年11月公布实施的《人民检察院民事诉讼监督规则(试行)》第五章第二节对组织听证进行了专门规定,民事检察听证制度正式确立。

2. 民事检察听证的特点

对于民事检察听证的特点,有实务工作者进行了概括和归纳,一是公开性;二是非讼性,即听证本身不是法定的诉讼程序,但又具有一定的诉讼特征;三是效力的不确定性,当事人对证据的认证与反驳,如果与原审不一致,其效力是不确定的,需要结合全案证据及案件情况进行综合判断;四是效力受限性,听证中检察机关对当事人质证、认证及陈述所作笔录,即使由当事人签字认可,其效力仍不能超过法庭审理笔录。

3. 民事检察听证的作用

民事检察听证作为民事检察制度建设的成果,对于拓宽民事检察监督方式、充分发挥民事检察监督职能具有重要作用。

一是实施法律监督的需要。《民事诉讼法》第14条规定:"人民检察院有权对民事诉讼实行法律监督。"按照《人民检察院组织法》第20条第5项规定:"人民检察院对诉讼活动实行法律监督。"作为法律监督机关,检察机关实施法律监督需要借助一定的手段、途径,而上述法律并没有明确规定检察机关对民事诉讼活动实施法律监督的明确方式。"无论是书面审查,或询问当事人、案外人,抑或是对特定范围的案件设立听证程序听取意见,都属于办案具体方法层面的选择”①,只要为办案所需,检察机关就可以依职权适用。对确有必要的民事诉讼监督案件进行听证是检察机关充分履行法律监督职责、行使司法权的需要。

二是保障司法公正的需要。听证制度对于司法公正的推动作用毋庸置疑。第一,可以保障当事人充分行使权利。让相关当事方参与到决策过程中并发挥作用是司法的特点之一。通过听证程序,让案件双方当事人都参与进来,为维护自己的合法权益充分表达意见,围绕事实认定和法律适用等问题进行辩论,这既给予了当事人对与己有关的决定提出意见的正当机会,又通过公开、科学的方式确保了当事人这一正当权利不被非法剥夺,更易于获取当事人的认同感,也有助于提升检察机关案件处理结果的权威性。第二,可以保障检察机关公正行使检察权。听证的公开性特点将案件处理过程置于当事人的监督之下,不仅能倒逼检察工作人员提升办案和控场能力,也有助于提升民事检察案件办理的规范化程度。同时,通过听证程序可以使案件审查更加公正、公开,从而杜绝暗箱操作现象。第三,可以进一步提高司法的民主性和公信力。《人民检察院民事诉讼监督规则》(以下简称《民诉监督规则》)第 54 条规定:“人民检察院审查民事诉讼监督案件,认为确有必要的,可以组织有关当事人听证。人民检察院审查民事诉讼监督案件,可以邀请与案件没有利害关系的人大代表、政协委员、人民监督员、特约检察员、专家咨询委员、人民调解员或者当事人所在单位、居住地的居民委员会、村民委员会成员以及专家、学者等其他社会人士参加公开听证,但该民事案件涉及国家秘密、个人隐私或者法律另有规定不得公开的除外。”根据《人民检察院办案活动接受人民监督员监督的规定》,检察机关可以安排人民监督员对公开听证活动依法进行监督,对人民监督员的监督意见,依法作出处理;监督意见的采纳情况应当及时告知人民监督员;人民检察院经研究未采纳监督意见的,应当向人民监督员作出解释说明。社会人士参与听证并发表意见,可以防止检察人员的恣意、专断,进一步提高司法的公信力和公正性。

三是确保案件质量,实现精准监督的需要。民事诉讼监督案件的书面审查方式有简便、快速、节省诉讼成本的优点,另外,由于书面审查不全面、缺乏亲历性,办案人员对案件事实的认定、法律的适用容易流于主观随意。对一些重大、疑难、复杂案件,仅依靠书面审查还不足以查清案件事实,正确适用法律。而进行听证,通过双方当事人的对抗及第三方观察建言,办案人员“兼听则明”,对新证据、新

① 陈卫东:《审查逮捕听证改革实践价值与理论基础》,载《检察日报》2019 年 4 月 15 日,第 3 版。

事实的分析把握更加深入客观,有利于最大限度弄清案件事实,确保办案质量,从而实现精准监督的目标。

四是化解矛盾,维护社会稳定的需要。《民事诉讼法》规定的民事案件经过人民法院一审、二审、再审和检察机关检察监督之后诉讼程序终结的“3+1”模式,是我国解决民事纠纷的程序主干道。检察机关民事诉讼监督作为“3+1”的最后一个环节,寄托着申请检察监督一方当事人的最后希望,但却以做出不支持监督申请的结果为常态。这种情况下,“息诉”并不一定能起到“罢访”的效果。采取听证的形式,双方当事人在听证检察官的主持下,面对面平等公开地提出申请监督理由,充分辩论,各抒己见,体现了对双方当事人的平等对待和对诉讼权利的保障,有助于各方正确评估己方提供的理由和证据能否得到检察机关的支持。同时,听证检察官可以通过掌握适当的听证时机,向当事人宣传法律,做好思想工作,推动当事人息诉罢访。此外,通过听证,也有助于促成双方当事人达成和解,最终解决纠纷,实现“双赢”“共赢”的目的,达到“案结、事了、人和”的效果。

4. 关于听证是否会导致检察监督的“审判化”问题

听证制度在形式上有法庭审理“两造对抗”的表面特征,因此,有人担心在民事检察监督中推广听证制度会造成检察权的“异化”,导致检察监督“审判化”的后果。对此,应当明确,民事检察听证的直接目的是查清案件事实、正确适用法律,制度功能设计上则是惩处违法、纠正法院生效裁判在事实认定和法律适用上的错误,这与指导法院民事审判活动的权利救济思想不同。实践中出现的一些民事检察“审判化”的现象,“根本原因是民事检察功能的‘审判化’和由此产生的指导思想‘审判化’”①。听证是立法、行政、司法这三种公权力运行过程中所共有的一种程序制度,是对于听取相关主体意见的一种制度化表达,与“审判”并无必然的联系,立法听证和行政听证制度的存在和发展都充分表明,基于主体不同、指导思想不同、制度设计要达到的最终目标不同和适用的阶段不同,在民事检察监督中适用听证制度并不会导致检察监督审判化的后果。

(三)近年来民事检察听证工作中存在的问题

近年来,各地检察机关民事检察部门在原有工作的基础上,全面推开民事检察公开听证工作,切实促进司法公开,保障司法公正,提升司法公信,为新时期做强民事检察工作奠定坚实的基础。但是,在开展民事检察听证工作中也存在一些

---

① 孙加瑞:《民事行政检察的审判化误区与检察化回归》,载《国家检察官学院学报》2012年第3期。

问题亟待解决：

1. 思想认识不到位，能力素质有待进一步提高

一是有的地方民事检察部门在适用听证程序方面尚存在畏难情绪，担心公开听证会增加工作负担，会导致矛盾激化、场面失控，不敢主动适用听证程序。二是有的地方民事检察部门司法理念的更新不及时，对公开听证工作的必要性和重要意义认识不足，仍然依赖书面审查为主的办案习惯，没有形成运用公开听证化解矛盾、释法说理的办案思维，不愿适用听证程序。三是有的地方民事检察听证工作起步晚、底子差，检察干警组织公开听证的能力较弱，在一定程度上也限制了公开听证工作的开展。

2. 听证程序不够规范

一是关于民事检察听证案件的范围不明确，这也是各地反映最普遍、最强烈的问题。《民诉监督规则》第 54 条第 1 款规定："人民检察院审查民事诉讼监督案件，认为确有必要的，可以组织有关当事人听证"。但其对于什么情况下才是确有必要并无明确界定，导致实践中争议很大。2020 年 10 月最高人民检察院公布实施的《人民检察院审查案件听证工作规定》第 4 条规定，人民检察院办理民事诉讼监督等案件，在事实认定、法律适用、案件处理等方面存在较大争议，或者有重大社会影响，需要当面听取当事人和其他相关人员意见的，经检察长批准，可以召开听证会。这客观上扩大了听证案件的范围，但仍没有完全解决对民事检察听证案件范围的规定过于粗疏的问题。二是相关证据的效力问题。比如，检察机关通过公开听证形成的听证笔录、对证据的质证结论等，是否能够作为民事诉讼的新证据使用，有待进行明确。

3. 公开听证制度无强制力，当事人配合度不高

如生效裁判结果监督案件中，胜诉方往往不积极甚至抵触、拒不参加公开听证，而检察机关对无故缺席或中途退席的行为缺乏有效制约手段。虽然《民诉监督规则》第 57 条规定，"参加听证的当事人和其他相关人员应当按时参加听证，当事人无正当理由缺席或者未经许可中途退席的，不影响听证程序的进行"，但由于一方不参加公开听证，使公开听证活动只能成为接待谈话，难以达到双方当面发表意见有助于查清案件事实、厘清焦点、消解矛盾的目的，也有损司法活动的严肃性。

4. 听证的配套保障存在问题

一是由于大部分基层检察院民事、行政、公益诉讼三大机构合并设置，人少事多矛盾突出，公开听证从前期筹备、听证员选取到正式举行需要大量时间和精力，给民事诉讼监督案件公开听证工作带来了一定压力。二是民事检察听证的场所

和设备保障问题。目前,各地听证室建设工作进度不一,有待进一步推进;此外,对于听证现场的音视频设备等听证设备保障事项,也需要进一步加强。

5. 听证案件范围的选择不够准确

作为民事检察的重要工作方式,听证本身就是一种宝贵的资源。而近年来申请检察监督的民事案件数量又日益增多,且多数案件并无听证的必要,为确保有限的司法资源得到合理使用,应将听证案件限定在"确有必要"范围内。在实践中,应避免"一窝蜂"组织听证的情形,以免其成为一种负担,从而影响检察机关民事检察部门使用听证程序的积极性和听证的效果。

二、民事检察听证工作内容

《人民检察院审查案件听证工作规定》(以下简称《听证工作规定》)共四章23条,规定了听证案件范围、听证会类型、听证会参加人、听证会程序、听证员意见效力和听证活动经费管理等内容,对民事检察听证工作具有很强的指导作用。2021年12月30日,最高人民检察院第六检察厅发布的《民事检察部门诉讼监督案件听证工作指引(试行)》(以下简称《听证工作指引》)则结合民事检察工作实际,对民事检察听证各项工作进行了具体的规定。下步工作中,要以以上两个规范性文件为指导,继续推进民事检察工作向前发展。

(一)民事检察听证的基本原则

《听证工作规定》第3条规定了检察听证的基本原则,即"人民检察院以听证方式审查案件,应当秉持客观公正立场,以事实为根据,以法律为准绳,做到依法独立行使检察权与保障人民群众的知情权、参与权和监督权相结合"。在此基础上,《听证工作指引》将民事检察听证的原则具体规定为:依法原则、客观公正原则、公开原则和必要原则。

1. 依法原则。民事检察听证应当以事实为根据,以法律为准绳,做到依法独立行使检察权与保障人民群众的知情权、参与权和监督权相结合,严格按照法律规定组织听证。

2. 客观公正原则。检察机关作为法律监督机关,组织民事检察听证的目的是查清案件事实,发现法院生效裁判在事实认定和法律适用上的错误。检察机关不是双方当事人任何一方的利益代言人。在听证工作中,民事检察部门应严格按照自身的职能定位,遵循客观公正原则,秉持中立,对案件保持客观态度,平等对待案件双方当事人,不偏听偏信,杜绝"角色代入"。

3. 公开原则。民事检察听证应严格遵循公开原则，除涉及国家秘密、个人隐私等情形外的案件，听证均应向社会公开，允许公众旁听和新闻记者采访，自觉接受社会各界的监督，增强办案工作的透明度，以公开促公正，以公开赢公信。

4. 必要性原则。民事检察听证应当对民事诉讼监督案件组织听证的必要性进行认真审查。根据案件办理的实际需要，人民检察院认为确有必要的，可以举行听证活动。

此外，民事检察听证还需要贯彻简便原则。在实践中，程序烦琐、无谓的约束较多的听证程序会影响听证工作的效率，也会影响民事检察部门、特别是部门整合后"人少事多"的基层检察机关民事检察部门开展听证工作的积极性。从一定角度看，民事检察听证的程序设计越灵活，工作效率会越高，工作效果会越好。鉴于此，民事检察听证工作应遵循简便原则，在充分保障当事人程序性权利的前提下，能简化的程序应当尽量简化。

（二）民事检察听证的案件范围

《听证工作规定》第4条采用概括加列举方式对听证案件范围进行了界定，但都是原则性的规定："人民检察院办理羁押必要性审查案件、拟不起诉案件、刑事申诉案件、民事诉讼监督案件、行政诉讼监督案件、公益诉讼案件等，在事实认定、法律适用、案件处理等方面存在较大争议，或者有重大社会影响，需要当面听取当事人和其他相关人员意见的，经检察长批准，可以召开听证会。人民检察院办理审查逮捕案件，需要核实评估犯罪嫌疑人是否具有社会危险性、是否具有社会帮教条件的，可以召开听证会。"各个业务条线具体的听证案件范围尚须自行制定细则来规范。《民诉监督规则》第54条规定：人民检察院审查民事诉讼监督案件，认为确有必要的，可以组织有关当事人听证。但对于什么情况下才是确有必要并无明确界定，容易引起争议。结合《民诉监督规则》的相关规定①，《听证工作指引》将民事检察听证的案件范围规定为：(1)人民检察院有可能实施监督的。这主要指符合《民事诉讼法》第207条第1～3项、第6项②规定的案件。理由是：一般而

---

① 《民诉监督规则》第58条规定：听证应当围绕民事诉讼监督案件中的事实认定和法律适用等问题进行。

② 《民事诉讼法》第207条规定：当事人的申请符合下列情形之一的，人民法院应当再审：(1)有新的证据，足以推翻原判决、裁定的；(2)原判决、裁定认定的基本事实缺乏证据证明的；(3)原判决、裁定认定事实的主要证据是伪造的；(4)原判决、裁定认定事实的主要证据未经质证的；(5)对审理案件需要的主要证据，当事人因客观原因不能自行收集，书面申请人民法院调查收集，人民法院未调查收集的；(6)原判决、裁定适用法律确有错误的等。

言,《民事诉讼法》第207条第1~3项、第6项规定的法院原生效裁判在事实认定、证据采信和法律适用方面的错误,可能通过听证程序予以查明;但听证程序对于查明原审法院是否存在上述该条除第1~3项、第6项外的情形,并无裨益。(2)当事人对案件的事实认定、法律适用和案件处理等方面存在较大争议,或者当事人之间矛盾尖锐,可能引发涉检信访等情形的。(3)有可能通过听证程序实现和解的案件。理由是:在检察监督阶段,案件的证据情况和双方当事人的心理都有能出现新的变化,在双方当事人都有和解意愿的情形下,通过组织听证程序,由检察人员主持和解,因具有熟悉案情的亲历性和决定案件处理结果的震慑力,可在一定程度上提高化解纠纷的成功率。(4)案情重大疑难复杂,在本辖区内有重大社会影响的。理由是:对重大疑难复杂案件和有重大社会影响的案件进行听证,一则可以提升检察机关办理民事诉讼监督案件的社会公信力;二则可以起到普法效果,引导社会大众知法、学法、守法。(5)涉及国家利益、社会公共利益的;督办、交办、转办的;人大代表、政协委员、特约检察员、人民监督员等密切关注的。(6)检察机关认为需要听证的其他案件。以此项作为兜底条款,由检察机关灵活掌握。

(三)关于公开听证和不公开听证

《听证工作规定》第5条区分了公开听证和不公开听证,规定拟不起诉案件、刑事申诉案件、民事诉讼监督案件、行政诉讼监督案件、公益诉讼案件的听证会一般公开举行。审查逮捕案件、羁押必要性审查案件以及当事人是未成年人案件的听证会一般不公开举行。在民事监督案件中,关于不公开听证案件的范围应进一步细化,按照《民事诉讼法》第137条的规定,法院审理国家秘密、个人隐私案件,一般不公开。离婚案件、商业秘密案件,当事人申请不公开审理的,可以不公开。但民事检察监督与民事审判不同,基于商业秘密案件的复杂敏感和离婚案件往往涉及个人隐私,这两类案件,一般情况下不宜进行公开的检察听证。

(四)听证参加人

《听证工作规定》和《听证工作指引》对听证参加人特别是听证员的定位和条件进行了规定。《听证工作规定》第7条规定,人民检察院可以邀请与案件没有利害关系的社会人士作为听证员,参加听证会的听证员一般为3人至7人。《听证工作指引》进一步明确参加民事检察听证会的听证员一般不少于3人。同时,听证员需要具有较强的政治素养和社会责任感,有一定的调查研究、分析论证和议事能力;具备化解民事纠纷相关背景或专业知识。对于有特殊专业要求的案件,可根据案件具体情况,优先选取专业背景与案件类型相关的听证员;对于社会影响较大的案件,可以邀请人大代表、政协委员、特约检察员和人民监督员担任听证员;对于侧重矛盾纠纷化解和法治宣传教育的案件,可以邀请人民调解员和居民委员会、村民委员会人员等担任听证员。

(五)听证会的准备

《听证工作规定》将听证会的准备程序和听证会的进行统一规定在听证会程序一章中,《听证工作指引》根据民事检察工作实际,将听证准备程序单独予以规定。根据《听证工作指引》第 13 条,无论是当事人申请听证或是检察机关依职权启动听证,启动听证的权利都属于检察机关,只有在检察人员认为确有必要听证的,才组织召开听证会。《听证工作规定》第 10 条规定,人民检察院决定召开听证会的,应当制定听证方案。《听证工作指引》则对听证工作方案的内容进行了具体的规定。一般而言,听证会工作方案包括以下要素:听证会召开的时间、地点;听证会参加人员;听证方式,公开听证或者不公开听证;现场听证或者网络视频听证;公开的方式(通过中国检察听证网直播、录播、主流媒体报道、检察自媒体宣传等途径);听证内容,围绕争议的焦点,在事实认定、证据采信和法律适用等方面简要说明;实施程序,包括选任听证员、通知参加听证人员方式、会务保障(安全、场所、设备等)、邀请新闻媒体、是否允许公民旁听等相关听证前准备工作;听证会具体程序安排;听证会后的案件处理预案、新闻宣传报道方案等;应急预案,根据案件具体情况,配备司法警察、医护人员等;对社会影响较大,或者存在信访风险,有可能引发网络舆情的,制定应对预案;听证预算等。

(六)听证会的进行

《听证工作规定》第 15 条规定:听证会一般按照下列步骤进行:(1)承办案件的检察官介绍案件情况和需要听证的问题;(2)当事人及其他参加人就需要听证的问题分别说明情况;(3)听证员向当事人或者其他参加人提问;(4)主持人宣布休会,听证员就听证事项进行讨论;(5)主持人宣布复会,根据案件情况,可以由听证员或者听证员代表发表意见;(6)当事人发表最后陈述意见;(7)主持人对听证会进行总结。为确保民事检察听证能够发挥应有作用,《听证工作指引》在《听证工作规定》基础上,将听证流程细化为十六个步骤:(1)主持人宣布听证会正式开始,由书记员宣读会场纪律,并告知听证权利义务。主持人宣布听证会参加人员名单,核实当事人及其法定代理人、诉讼代理人身份,并询问各方当事人是否申请回避;(2)承办检察官介绍案件情况;(3)申请人陈述申请监督请求、事实和理由;(4)其他当事人发表意见;(5)主持人归纳争议焦点,确定需要听证的问题;(6)申请人和其他当事人提交出示新证据并予以说明,对方当事人对新证据予以质证;(7)当事人申请的证人出席作证,并接受询问;(8)出示人民检察院调查取得的证据并听取意见;(9)主持人围绕争议焦点开展调查,听取意见;(10)听证员向当事人或其他参加人提问;(11)针对专业性问题,当事人咨询听证员,听证员给予解答;(12)主持人询问当事人是否同意和解,对当事人有和解意愿的,根据合法自愿的原则组织当事人和解,签署和解协议;(13)主持人宣布休会,听证员就听证事项进行讨论,发表意见;(14)主持人宣布复会,根据案件情况,可以由听证员或者听证员代表发表听证意见;(15)当事人发表最后陈述意见;(16)主持人对听证会进行总结,宣布听证会结束。

此外,为发扬新时代"枫桥经验",《听证工作指引》对民事检察听证中的检察和解工作进行了规定。《听证工作指引》第25条规定,听证过程中,各方当事人有和解意愿的,听证主持人可以宣布休会,组织各方当事人依据自愿、合法原则进行和解:一是当事人和解成功,达成一致意见的,经承办检察官向各方当事人确认和解内容,可以当场制作和解协议,并在协议中声明和解协议得到履行前提下放弃申请监督权利,且不损害国家利益、社会公共利益或者他人合法权益,经各方当事人签名或盖章后,案件终结审查;二是当场和解不成功,或者一方或多方当事人听证中明确表示不同意和解的,听证主持人应当告知各方当事人在听证结束后,案件审查过程中,当事人仍然可以自行和解。

(七)检察机关的处理决定

《听证工作规定》第17条规定:"人民检察院充分听取各方意见后,根据已经查明的事实、证据和有关法律规定,能够当场作出决定的,应当由听证会主持人当场宣布决定并说明理由;不能当场作出决定的,应当在听证会后依法作出决定,向当事人宣告、送达,并将作出的决定和理由告知听证员。"民事监督案件,少有当场作出决定的,事后告知是常态。

(八)关于听证会笔录

《听证工作规定》第18条规定:"听证过程应当由书记员制作笔录,并全程录音录像。听证笔录由听证会主持人、承办检察官、听证会参加人和记录人签名或者盖章。笔录应当归入案件卷宗。"《听证工作指引》第30条规定:"听证过程应当由书记员制作笔录，并全程录音录像。听证笔录由听证主持人、听证员、记录人、其他听证参加人等有关人员校阅后签名或者盖章。拒绝签名盖章的，应当载明情况。笔录应当归入案件卷宗”。民事检察听证中的笔录一般不能作为新证据使用。原因有以下几点：一是司法的被动性、检察监督的中立性。虽有权利救济的功能和定位，但不是某一方的代理人。如果能作为新证据，实质就是检察机关自己形成监督的依据，不符合监督机关作为第三方的角色设定。二是面临着合法性困境。证据材料能否转化为法院认定事实的依据，并没有法律作为支撑，也很难得到法院的认可。三是与法院的庭审笔录比较，同为对程序的客观记录，是检察机关作出审查决定的重要依据，但不是证据。听证是民事检察部门查清案件事实、发现新证据，提高办案质效、实现精准监督目标，推动民事检察办案工作的工具，如果把发现新证据的工具和新证据本身混为一谈，属于角色错位。

（九）听证员意见的效力

《听证工作规定》第 16 条规定：“听证员的意见是人民检察院依法处理案件的重要参考。拟不采纳听证员多数意见的，应当向检察长报告并获同意后作出决定”。检察听证中听证员是必然参加人，引入第三方是保障听证工作公开、公平和工作的需要，同时也是听证的必然含义。但民事检察工作中，一些地方检察机关民事检察部门将听证作为一种常规办案手段来使用，听证是常态，这种情况下，可以探索简易听证程序或者没有听证人员参加的公开审查程序，以减少工作压力、减轻负担。如何使用听证员意见关系到听证工作的效果和意义。但大部分听证员并非法律专业人士，即使是法律从业人员，也不大可能比检察机关办案人员更熟悉案情。为贯彻落实《听证工作规定》的要求，切实发挥听证员在民事检察听证工作的作用，一是需要在听证准备程序中，有针对性地选择听证员，对涉及法律适用问题的，尽可能邀请法律专业人士；涉及做社会矛盾化解工作的，尽可能邀请群众工作经验丰富的人员；涉及医学、建设工程等专业问题的，尽可能邀请相关专业从业人员。二是需要将案情具体、详尽地向听证员予以说明，使参加听证会的听证员能够熟悉案件、吃透案情，避免临时突击邀请听证员的情况。三是要充分体现检察担当，案件承办人如果认为听证员多数意见不当，应当与听证员充分沟通，并向上级部门予以说明，确保案件得到公正办理。

（十）听证会的直播直录

《听证工作规定》第 19 条规定：“公开听证的案件，公民可以申请旁听，人民检察院可以邀请媒体旁听。经检察长批准，人民检察院可以通过中国检察听证网和其他公共媒体，对听证会进行图文、音频、视频直播或者录播。公开听证直播、录播涉及的相关技术和工作规范，依照有关规定执行”。《听证工作指引》第 27 条规定：“公开听证的，并且案件类型适合通过媒介方式传播的，经检察长批准，人民检察院可以通过中国检察听证网和其他公共媒体，对听证会进行图文、音频、视频直播或者录播”。需要注意的是，民事检察案件中的一个重要类型是关于夫妻共同债务的案件，要注意根据被监督行为发生时失效法律《婚姻法》及相关司法解释处理。对于涉夫妻债务纠纷案件，往往会涉及当事人婚姻状况等家庭隐私，因夫妻债务纠纷案件往往涉及《婚姻法》第 41 条与最高人民法院《关于适用〈中华人民共和国婚姻法〉若干问题的解释（二）》第 24 条的冲突问题，检察机关对法院该类案件生效裁判的监督容易引发社会关注和连锁反应，因此，该类案件一般不宜公开听证，更不宜网上直播听证。

（十一）听证保障问题

《听证工作规定》第 21 条规定：“人民检察院听证活动经费按照人民检察院财务管理办法有关规定执行，不得向当事人收取费用。”受邀参加听证会的听证员、办案人员、证人、鉴定人的差旅、食宿等经费，按照检察机关财务管理办法有关规定执行。《听证工作指引》第 22 条规定：“听证会应当配有音视频监控设备。听证过程中，可以配备司法警察全程保障，负责维护听证会秩序”。

为了使听证发挥应有作用，达到预期效果，必须高度重视对听证的保障工作，投入充足的司法资源。一是民事检察听证的安全保障。目前各地检察机关普遍存在听证安全保障措施不严格、不明确的问题，需要加以重视。一方面，检察机关作为法律监督机关，在民事诉讼监督过程中组织进行的听证属于司法活动，通过严格听证举行前的安检程序、司法警察驻场维持听证秩序等工作强化听证的司法仪式感，可以增强当事人对检察监督的信任感和尊重，有利于树立检察监督的司法权威。另一方面，加强安全保障措施也是防范办案安全事故、确保参加听证会相关人员安全和听证工作顺利进行的需要。二是民事检察听证的场所和设备保障。民事检察听证是一种严肃的司法活动，需要一定的场所和设备保障。目前，一些地方仍缺少专门的听证室，存在借用会议室来作为临时听证场所的情况，席位牌设置及摆放也不统一，亟待规范。此外，对于听证现场的音视频设备等听证设备保障事项，也需要加强。三是当事人参加听证的保障。一方面应当明确，是否参加听证是当事人的权利，当事人无故缺席听证，只是承担可能对自己不利的后果，因此一方当事人缺席听证检察官不应撤销听证。另一方面针对原生效裁判胜诉一方当事人不配合、甚至抗拒检察监督的自然心态，应当通过对其提前阐明缺席听证后果、加强沟通协调力度等方式，最大限度保证双方当事人都参加听证，以实现听证制度功能设计的初衷。

三、进一步加强民事检察听证工作的几点思考

（一）加大指导力度，转变司法理念

理念变革是检察机关在新时代实现转型发展、创新发展的前提，也是做大、做强民事检察的关键。张军检察长提出，各地检察机关要按照“能听证、尽听证”的原则，全面推开公开听证制度。下步工作中，上级检察机关要继续加大对下业务指导力度，引导各地更新监督理念，坚持以人民为中心的发展思想，切实把司法为民的宗旨和“案结、事了、人和”的目标作为办案指引，自觉增强做好公开听证工作的责任感、使命感，着力解决对听证程序不敢用、不愿用、不能用的问题。

（二）强化做好公开听证的配套保障工作

一是针对原生效裁判胜诉一方当事人不配合、甚至抗拒检察监督的自然心态，要通过对其提前阐明缺席听证后果、加强沟通协调力度等方式，最大限度保证双方当事人都参加听证，以实现听证制度功能设计的初衷。二是加大对听证室的建设力度。指导各地按照最高人民检察院《人民检察院检察听证室设置规范》的规定，加快推进风格统一的专门检察听证室建设，对场所地点、格局、面积、席位设置、听录设备、视频监控、安检设施、配套设施等进行明确。同时，对场所管理规范、建设和运行经费等亦进行规范，保证建设标准统一、管理有序、运转高效。三是推进公开听证网上直播工作，推动“智慧检务”建设成果与民事检察听证深度融合。指导各地民事检察部门充分利用“中国检察听证网”这个直播平台，提升听证质效。与此同时，在进行公开听证特别是进行网络直播时，要处理好公开听证和不公开听证的关系，对涉及国家秘密或者个人隐私的案件依法不公开听证；对离婚案件、涉及商业秘密的案件和涉及未成年人的案件，原则上不进行网络直播。

（三）加大民事检察公开听证宣传力度

要注重发挥典型案例的示范引领作用，及时梳理、制作并对外发布民事检察公开听证典型案例，介绍公开听证案件的经验做法、监督效果，提升民事检察的影响力。

专题十

虚假诉讼监督工作的新变化

张勇利* 最高人民检察院

目　次

---

* 张勇利，最高人民检察院第六检察厅检察官助理。

近年来，虚假诉讼问题引发社会广泛关注。党的十八届四中全会提出要加大对虚假诉讼的惩治力度。检察机关深刻领会中央精神，在习近平法治思想引领下，积极有效开展虚假诉讼监督。最高人民检察院（以下简称最高检）首次发布民事检察指导性案例就选择虚假诉讼监督，体现对其的重视，但也侧面反映出问题的严重性。笔者基于对相关规定、案例的学习及实践的思考，与大家共同梳理虚假诉讼监督的基本情况、存在困难，出现的新问题、新变化及努力方向。

一、虚假诉讼监督工作基本情况

（一）检察机关持续关注虚假诉讼，不断推进理论研究与检察实践

1. 检察机关较早关注虚假诉讼现象。2003 年 10 月，河南检察机关举办"虚假（恶意）民事诉讼"研讨会，提出要注意民商事领域虚假诉讼。后随着案件频发、数量逐增、类型日趋广泛，检察机关针对"打假官司"，加强理论与实践探索，在检察环节严惩虚假诉讼行为。浙江民间借贷等民事经济相对活跃，虚假诉讼一直处于高发状态，自 2009 年起，该省检察机关就将虚假诉讼作为司法机关打击重点，严查虚假诉讼案件。

2. 最高检高度重视治理虚假诉讼。2018 年 10 月 24 日，张军检察长在向十三届全国人大常委会第六次会议报告检察机关加强民事诉讼和执行活动法律监督工作情况时，重点报告了虚假诉讼监督。自 2019 年起，张军检察长连续三年在人大会议上作工作报告时指出，要重视民事诉讼监督，监督纠正"假官司"，推动解决虚假诉讼顽疾。

3. 开展专项监督。2015 年以来最高检民事检察部门连续将虚假诉讼监督列入工作要点。2015 年，部署开展虚假诉讼专项监督，对 5178 件虚假诉讼提出抗诉或再审检察建议。2016 年、2017 年，对民间借贷、企业破产等领域 3877 件"假官司"进行监督。2018 年 6 月，召开虚假诉讼和审判人员违法监督现场会，总结交流经验、研究举措。2019 年，部署开展虚假诉讼深层次违法行为监督专项活动，实现虚假诉讼监督与审判人员违法监督并举。自 2018 年起，虚假诉讼监督案件

数连续三年呈上升趋势。

4. 健全相关法律制度。针对“套路贷”等涉罪虚假诉讼，最高人民法院、最高检、公安部、司法部联合发布了《关于办理黑恶势力犯罪案件若干问题的指导意见》和《关于办理“套路贷”刑事案件若干问题的意见》，最高人民法院发布了《关于依法妥善审理民间借贷案件的通知》，最高人民法院和最高检联合发布了《关于办理虚假诉讼刑事案件适用法律若干问题的解释》等司法解释和司法文件，为准确甄别民间借贷与诈骗等犯罪行为，打击“套路贷”、虚假诉讼等违法犯罪提供较为明确的法律依据。2020 年 7 月，最高检下发《关于充分发挥检察职能服务保障“六稳”“六保”的意见》，强调从严追诉通过虚构金额等方式制造“套路贷”等违法犯罪行为。

5. 总结虚假诉讼案件特点、规律，发挥案例示范指导作用。最高检公开发布了以民事虚假诉讼监督为主题的第十四批指导性案例，并召开“打击虚假诉讼，共筑司法诚信”新闻发布会，推送具有典型意义的案例。2020 年 7 月，最高检召开“加强民事检察监督，精准服务民企发展”新闻发布会，发布第二十一批指导性案例，虽然此次没有虚假诉讼监督案例入选，但通报了近年来检察机关通过依法办理一批虚假诉讼案件，维护社会诚信与市场秩序，为民营经济发展提供法治化营商环境。

（二）主要做法

1. 立足职能定位，将虚假诉讼监督融入中心工作抓紧抓实。检察机关围绕扫黑除恶专项斗争，充分发挥民事检察职能加强对涉黑恶势力虚假诉讼的监督。加强与法院、公安等协作配合，发现、查处涉黑恶势力虚假诉讼。着重查办“套路贷”诈骗、非法集资、暴力催收等利用虚假诉讼，以合法形式为掩盖，非法侵占他人财产的违法犯罪行为。围绕服务打好三大攻坚战，最高检发布《关于充分发挥检察职能为打好“三大攻坚战”提供司法保障的意见》，强调加强对涉“三大攻坚战”虚假诉讼的监督、惩治。加大对侵害民营企业财产权虚假诉讼的惩治力度，为民营经济健康发展提供有力司法保障。

2. 聚焦重点领域，开展精准监督。虚假诉讼类型化特征明显，集中在民间借贷、劳动争议、房屋买卖、离婚纠纷等领域，而民间借贷领域的问题最为突出。对此，各地结合实际，聚焦重点领域突出问题开展精准监督。浙江省人民检察院会同省高级人民法院、公安厅等出台《关于依法严厉打击与民间借贷相关刑事犯罪强化民间借贷协同治理的会议纪要》，协同治理民间借贷领域虚假诉讼，同时还重点关注、打击农村土地承包经营、拆迁安置等领域虚假诉讼。检察机关以重点领域专项监督为带动,深挖案件背后违法犯罪线索,推动监督向纵深发展,及时总结经验,延伸监督领域。

3. 坚持问题导向,破解监督瓶颈。一是加大宣传力度。挖掘检察实践和典型案例,充分利用微动漫、短视频等形式,通过制作宣传册、街头普法等开展警示教育,选聘懂法律、善宣教的在校师生、社区工作者等,结合本职工作宣传普法;发布典型案例,深度解读法律要旨和普法意义;组织召开主题新闻发布会、研讨会等。二是用足用好调查核实权。研究探索运用规律,综合运用查询、调取证据、询问当事人或案外人及委托鉴定等措施,并借助公安技侦手段等,增强案件突破能力。例如:吉林检察机关将调查核实作为查办虚假诉讼必要程序;山西检察机关把握阅卷求深、询问求全、鉴定求真基本准则。三是整合内外资源。加强内设部门特别是民刑之间的分工协作,健全信息共享、案情通报、线索移送等机制,既坚持民事检察部门主导作用,又强化与刑检部门协调配合,实现线索、结果双移送。吉林省人民检察院组建民事检察调查指挥中心,集中指挥虚假诉讼、民事执行监督等方面的调查核实。四川成都、巴中等地将各部门向民事检察部门移送虚假诉讼线索纳入目标考核;强化上下联动,优势互补。这一做法既发挥上级院指导作用,又利用基层院贴近违法行为优势,形成分工负责、各有侧重、联动配合格局。广东省市两级院以研判办案思路为主,基层院负责具体调查。辽宁省检察机关实行线索统一管理、建立台账,抽调人员专案查办重大、疑难复杂案件;强化外部协作,加强与法院、公安等沟通,通过个案协商、联席会议、联合调研等,争取支持和配合。部分检察院与法院等联合发文,明确分工负责、协作配合,如广东、浙江、江苏、江西、重庆等地。

4. 借助智能科技,依托数据共享提升监督质效。最高检提出加快人工智能、大数据发现虚假诉讼方面的应用。各地结合实际探索研发智慧民检,效果良好。2018 年年初,绍兴市人民检察院研发“民事裁判文书智慧监督系统”,并借助该系统形成了“智能排查—人工审查—深入调查—移送侦查—判决监督”“五步式”虚假诉讼监督模式,将民事检察从个别、被动监督转变为全面、主动监督。目前,该系统已在多数地方推广试运用。

(三)存在的问题和困难

1. 案件高发态势未有根本改观,且形式不断翻新。最高人民法院、最高检高度重视防治虚假诉讼,特别是最高人民法院近年来先后出台多部司法解释、司法政策性文件,指导各地法院在防范和制裁虚假诉讼上取得积极进展。但是,民商事案件数量众多,司法人员办案任务繁重,有时会出现无力精准识别、处理虚假诉讼案件的情况。现代信息技术的广泛运用等,也使虚假诉讼的形式不断翻新,极大增加了发现、处理难度。

2. 线索发现难。虚假诉讼隐蔽性强,利害关系人难以察觉、举报,主要靠司法机关依职权主动调查。前述“民事裁判文书智慧监督系统”从文书信息中筛查线索,也是目前拓宽线索的重要渠道,但因裁判文书网公开的文书对身份信息等作了处理,不适合人工智能技术筛查嫌疑线索,包含完整信息的裁判文书及其他形式的法律文书还没有全部在网上公开。同时,智能系统的运用还涉及数据安全,因此安全有效实现民事裁判文书、案件信息的共享,才有助于解决虚假诉讼线索发现难的问题。

3. 衔接配合需继续加强。目前各环节相互配合总体较好,但也存在认识不够统一、协同发力不够等问题。一些地方认为认定标准及受理条件、方式等有不同认识,不少地方认为虚假诉讼案件均应适用“先刑后民”,导致再审启动不及时。有些案件刑民交叉程序衔接不畅,错失查办时机。例如:A 公司、B 公司企业借贷监督案,B 公司控股股东甲与 C 公司控股股东乙系亲兄弟。2014 年 2 月 17 日,B 公司作为出借人向 C 公司转账 1300 万元,C 公司作为借款人出具 1300 万元的收条,乙及家人控股的 A 公司为上述债务提供担保。同年 12 月,乙等将 A 公司股权全部转让给案外人丙和丁,丙及家人共支付转让款 7229.2 万元。2015 年 12 月,B 公司起诉,要求 C 公司和 A 公司承担相应责任。B 公司、C 公司一审、二审基本无抗辩,A 公司认为是虚假诉讼,原审法院认为 A 公司缺乏证据,判其败诉。A 公司申请监督,检察机关调查了涉案资金来源,调取出借人与借款人之间银行走账等证据,证实涉案款项来源及流向形成闭合式运转,借贷关系并未实质发生,借贷双方及担保方原股东存在关联关系,恶意串通虚构借贷及担保,侵害 A 公司现股东合法权益,构成虚假诉讼,遂发出再审检察建议。此案的认识分歧有二:一是对启动再审程序,即在对虚假诉讼罪有管辖权的公安机关作出侦查结论之前,能否认定本案构成虚假诉讼,并据此认定本案是否确有错误,进而认定本案是否符合法院依职权启动再审的条件。二是对是否构成虚假诉讼以及对于民事案件虚假诉讼的审理与刑事案件虚假诉讼罪的认定之间是否存在冲突,即法院启动再审是否必须以侦查机关立案侦查为前提。诸如此类检法两院在民事虚假诉讼认定上的分歧客观存在,有待于检法两院进一步统一司法认识,严格按照现行法律及司法解释等的相关规定,准确界定民事虚假诉讼的概念和内涵,在司法实践中在对虚假诉讼的认识、线索移送、处理等方面加强衔接和协作配合。

4. 监督能力和办案质效亟待提升。总体上，检察机关办理虚假诉讼案件存在经验不足、能力不尽适应的问题。有些检察官在调查核实、协调配合等方面方法陈旧，难以适应监督工作需要。有的检察官就案办案，以点带面帮助法院发现虚假诉讼线索的意识不强，监督辐射面和实际成效还有待提高。

二、五号检察建议解读

（一）制发背景

1. 坚持习近平法治思想的指引。检察机关坚持以人民为中心，在办案中监督，在监督中办案，聚焦民间借贷、劳动争议等领域开展精准监督，办理了一批虚假诉讼案件，维护了国家利益、社会公共利益及第三人合法权益，维护了司法公正和司法权威，为经济社会发展提供法治保障。五号检察建议是检察机关对群众呼声、社会关切的及时回应，强化法律监督，积极参与对虚假诉讼的司法惩治。

2. 积极参与社会治理。虚假诉讼的成因和危害都溢出了司法场域，本质上是社会治理过程中出现的问题。在社会治理的宏观背景下，防治虚假诉讼有助于保护诉权的合理行使、保障群众法治权利、推动建设诚信社会、建设法治国家，进而通过有效参与社会治理实现社会秩序。

3. 做强民事检察。随着虚假诉讼监督的持续开展，效果日渐凸显，社会认知度显著提升，已逐步成长为民事检察新增长点。检察机关将虚假诉讼监督作为做强民事检察的重要抓手，总结积累经验，锻炼培养队伍，加强专业化、规范化建设，但与党和国家的要求、人民的法治需求仍有差距，问题和困难还比较多，特别是法检协作配合，急需达成共识。

（二）内容分析

1. 相关规定的具体执行。（1）责任意识及警惕性。如某租赁合同监督案中，张甲和其前妻张丙（案外人）协议离婚，约定“张丙分得J县一处房产、一辆汽车和10万元现金，剩余其他财产归男方所有”，后张丙以张甲离婚时隐瞒婚前D市、H市各一处房产及J县一处门店为由在S省D市C区法院起诉，请求重新分割财产。诉讼中，张甲为了得到张丙对涉案门店知情的证据，在明知租户张乙不欠租金的情况下，以其姐夫王某某名义向H省H市J县法院起诉，并以门店共有人身份参诉。庭前，张甲将张丙帮其领取J县某公司业务提成款所写收条交给张乙，充当张丙收租金条。法院虽判决驳回原告诉请，但认定张丙收取房租事实。张甲将判决书提交至D市C区法院，作为张丙知情涉案门店的证据，法院采纳该意见。张丙得知后，到H省H市检察院反映张甲虚构租户，非法获取法院确认其知悉案涉门店的事实，涉嫌虚假诉讼。检察机关调查核实并认定，涉案民事判决认定事实的主要证据系伪造，主审法官存在对主要证据审查不严、诸多程序违法等情形，对虚假诉讼发生负有重要责任。

（2）主动调查核实意识不强，忽视高度存疑的基本事实，机械适用“优势证据”规则，致使一些基于生活常识即可辨识的虚假诉讼有机可乘。如某车辆买卖合同监督案中，行为人虚构带车牌的车辆买卖合同提起虚假诉讼，又通过伪造营业执照、授权委托书等方式假冒车牌额度持有单位应诉，利用民事调解、执行非法获取车牌额度拍卖款。此案明显异常之处在于：讼争为车辆买卖纠纷，但调解结果均为被告对车辆进行报废且无需对原告经济补偿，不符合通常此类纠纷的诉求特征；100余起案件的被告委托代理人为同一律师，部分案件原被告送达地址为同一地址，超出一般常理。

（3）有些片面强调“当事人意思自治”和“调解自愿”，疏于对案件事实和证据的审查，调解结案的案件成为虚假诉讼的重灾区。检察机关办理的虚假诉讼监督案件中，调解结案占比较大。

（4）司法强制措施或作为刑事案件线索移送。有的司法机关简单准许当事人撤诉，放纵了虚假诉讼行为。如徐某某等人追索劳动报酬系列案中，袁某分包了某公司工程，该公司欠工程款9.6万元。袁某为了优先受偿，将9.6万元分解成徐某某等11人的工资报酬，要求熊某某（经理）以公司名义出具上述金额的虚假欠条，假借徐某某等人的名义起诉，在法院主持下达成调解协议，后袁某拿着11份民事调解书到法院申请强制执行。后某公司经理熊某某向检察机关申请监督。检察机关审查认为，该系列案存在虚假情形，11份调解书认定事实所依据的主要证据系伪造，案涉劳动报酬款实际上是某公司欠袁某个人的工程款，某公司与11人之间没有劳动合同关系。检察机关提出抗诉，法院启动再审，裁定准予当事人撤回起诉。

2. 对仲裁裁决、公证债权文书执行案件的审查。“两高”《关于办理虚假诉讼刑事案件适用法律若干问题的解释》第1条第3款对此有规定[①]，但有些法院对

① 该条款规定：向人民法院申请执行基于捏造的事实作出的仲裁裁决、公证债权文书，或者在民事执行过程中以捏造的事实对执行标的提出异议、申请参与执行财产分配的，属于《刑法》第307条之一第1款规定的“以捏造的事实提起民事诉讼”。

这一新情况新问题应对不够有力，对仲裁裁决、公证债权文书以形式审查为主，对可能涉及虚假仲裁、公证的案件，依职权调查核实力度不够。如周某某虚假公证执行监督案中，周某某多次向马某某负责的公司提供短期借贷资金，采取高额日息、砍头息、复利计息等方式，在累计还款已超实际借款情况下，虚增巨额非法债务，周某某让苗某等人截取之前和马某某负责的公司之间的交易流水，虚构借款合同和打款流水进行债权公证，向某公证处申请执行证书，再通过向法院申请强制执行，占有了马某某负责的乙公司名下的部分财产。后周某某采取同样方式，骗取乙公司的四套门面房、部分厂房、土地及其在另一公司的部分股权。

3. 审判、执行程序中的审查。部分虚假诉讼伴生有审判、执行程序不规范情形，即规避管辖、主要证据未经质证或质证流于形式、违规(公告)送达等，涉及受理、庭审质证、文书送达、执行等诸多环节，为虚假诉讼留下可乘之机。如 Z 公司与 L 公司买卖合同监督案。两公司签订瓦楞纸销售合同，Z 公司按合同要求发货，经双方对账，截至某日期，L 公司尚欠 Z 公司货款 2,157,433.22 元，此后 L 公司支付 19.8 万元。后双方签订协议，约定 L 公司用羽绒服和羽绒被折价 2,016,640 元抵欠 Z 公司全部货款。Z 公司接收货物并进行了入库平账。由于 L 公司抵账的羽绒服、羽绒被不好销售，难以变现，Z 公司平账后反悔，凭销售合同和对账单向法院起诉请求判决 L 公司支付货款。L 公司在合同中注明的地址是“某吉路”，Z 公司起诉状却写成“某古路”，法院依据错误信息邮寄应诉法律文书时因无法送达而退回，此后审判人员没有要求 Z 公司补充提供被告的联系方式即直接公告送达，导致 L 公司未能出庭应诉。诉讼中，Z 公司故意隐匿以货抵债协议并虚假陈述，骗取法院作出 L 公司支付所欠货款的判决。

4. 司法不廉。有些审判、执行人员与当事人、代理律师、诉讼掮客等相互勾结，参与实施虚假诉讼情形时有发生。(1)有些审判、执行人员接受当事人宴请或收受贿赂后，偏听偏信，对虚假诉讼“睁一只眼闭一只眼”。(2)有些审判、执行人员为实施虚假诉讼的行为人出谋划策，充当“智囊”，甚至枉法裁判。(3)有些审判、执行人员充当黑恶势力“保护伞”，为涉及“套路贷”等虚假诉讼行为大开方便之门。如李某某等“套路贷”虚假诉讼监督案。2015 年 10 月以来，李某某以其开设的金融小贷公司为载体，纠结冯某某等多名社会闲散人员，形成以李某某为首要分子，以冯某某等为组织成员的恶势力犯罪集团。该犯罪集团通过欺骗、利诱等手段，让借款人、担保人出具远高于本金数额的借条、签写虚假租赁或房屋买卖合同等文书，制造资金支付等虚假事实，并以电话骚扰、语言恐吓、堵锁换锁等软暴力手段非法讨要债务。在借款人、担保人无力还本付息情况下，以虚假的借条、租赁合同等向法院提起民事诉讼 50 件,涉及金额 140 余万元,欺骗法院作出民事判决、裁定或调解后,通过向法院申请强制执行,使借款人、担保人及其家人负担高额非法债务,在当地造成了较为恶劣的社会影响。检察机关对相关的民事案件进行了审查。以该系列案中李某某与于某某、王某某民间借贷纠纷案为例,存在个别法官违规接受吃请、关键事实未全面审查等违法情形。(4)有些审判执行人员亲自或串通炮制、(集体)参与虚假诉讼。如石某等人与杨某某、石某某民间借贷纠纷虚假诉讼监督案。马某某在任某法院法庭书记员期间,与法官马某甲(马某某之父)、李某共谋,伪造多份杨某某、石某某向石某等人借款的借据,并冒用石某、魏某某等 17 人的名义以 5 份起诉状将杨某某、石某某作为被告诉至法院。该法院将案件分流到马某某所在法庭办理,由孟某担任审判长,马某某担任书记员,马某某实际上为 5 起案件的具体承办人并独立办理。在杨某某、石某某不知情的情况下,由李某等 5 人分别作为二被告的诉讼代理人参诉。马某某明知双方均未到庭或代理人到庭但未实际参与调解,仍自行制作调解笔录、调解协议并交由马某甲找其他法官签字,违规制作 5 份调解书,涉案金额 650 万元。后马某甲等以石某、魏某某等人名义申请强制执行,法院依据调解书查封了杨某某、石某某开发的房产数套。

对此的建议内容为:加强审判、执行流程监督管理,准确把握诉讼程序;严格落实各项规定,加大对事实证据审查力度,严格执行各项司法强制措施,完善并落实好与刑事司法的程序衔接;聚焦虚假诉讼案件审理中的廉政风险和管理漏洞,压实防治虚假诉讼司法责任;依托智慧法院建设提升对虚假诉讼的识别能力;完善协作机制,形成防范制裁虚假诉讼合力。

(三)落实情况

司法机关应做到高度重视、综合施策、精准施策;促进审判现代化,促进社会管理创新;探索运用人工智能软件识别虚假诉讼,共享数据信息;提升队伍素质、加强廉洁教育、加强部门协作;严格追究虚假诉讼行为人刑事责任、民事责任,探索建立虚假诉讼失信人名单制度;建立长效机制。

三、民法典对虚假诉讼监督工作的影响

(一)诚信原则是虚假诉讼监督的价值基础

《民法典》坚持融合依法治国与以德治国,首次将“弘扬社会主义核心价值

观”列入民法典条文之首,集中体现于《民法典》的立法目的及第 4 条至第 9 条规定,如诚信、平等原则等以及合同编诚信义务,其中所强化、倡导的规则意识和契约精神为监督虚假诉讼提供了司法理念与价值标准。《民法典》将其所提倡的公民道德、社会公德上升为法定义务,融入民事法律规范,从立法层面将公民应当遵守的道德准则确定为法定义务,赋予强制力。

(二)“人民为中心”与虚假诉讼监督的精神内涵一致

中国特色社会主义法治建设的根本目的是保障人民权益。党的十九大报告提出中国特色社会主义进入新时代,我国社会主要矛盾已经转化为人民日益增长的美好生活需要和不平衡不充分的发展之间的矛盾。新时代,人民群众在民主、法治、公平、正义、安全、环境等方面的要求日益增长,希望对权利的保护更加充分、更加有效,民事法律制度随之面临确认新型民事权利、强化民事权利保护的新挑战。习近平总书记指出,《民法典》是一部体现对生命健康、财产安全、交易便利、生活幸福、人格尊严等各方面权利平等保护的民法典。作为私权保障的宣言书,《民法典》的颁布标志着一个权利保护的崭新时代到来。《民法典》将维护人身权放在更加突出的位置,同时广泛确认了各类主体的财产权及其保护制度,构建起相对完整的权利保障体系。《民法典》确认了诚实信用等对民事权利的行使进行必要的限制。检察机关虚假诉讼监督坚持“以人民为中心”,以贯彻实施民法典为契机,认真研究新倾向、新问题,着力解决法治领域人民群众反映强烈的突出问题,积极回应人民群众在新时代的法治新需求。

(三)护航中国之治是虚假诉讼监督助力国家治理体系和治理能力现代化的重要着力点

习近平总书记指出:《民法典》是一部固根本、稳预期、利长远的基础性法律,对推进国家治理体系和治理能力现代化具有重大意义。《民法典》深植中国特色社会主义制度,兼顾法与道德,融入社会主义法律体系,确立了组织社会的基本法律框架,与其他领域的法律规范一起,融入国家治理体系,支撑、保障国家制度和国家治理体系正常有效运行。同时,《民法典》为民事检察参与社会治理提供了重要途径,确立了民事活动中国家干预的法律规则,在保障私权的同时规范了公权。《民法典》总则编关于认定民事法律行为绝对无效的规定(第 153 条第 2 款),确认保障和维护的是公共利益,其中一项即是国家利益。虚假诉讼危害司法环境、社会秩序,涉及国家利益和社会公共利益,防治虚假诉讼需要凝聚多个部门及有关社会组织的力量,属于国家治理层面上的社会协作。

四、充分发挥《关于进一步加强虚假诉讼犯罪惩治工作的意见》的指导作用

随着《民事诉讼法》《刑法修正案(九)》《关于防范和制裁虚假诉讼的指导意见》等法律法规和司法解释的出台或修订,涉虚假诉讼法律体系不断完善。特别是“两高”《关于办理虚假诉讼刑事案件适用法律若干问题的解释》,对行为界定、定罪量刑标准、刑事政策把握等作出规定,为惩治虚假诉讼犯罪明确了法律依据和办案规则。虚假诉讼侵犯的是民事权利,采取的手段是进行虚假的民事诉讼,惩治虚假诉讼犯罪离不开检察机关对民事诉讼活动的监督。因此,《关于进一步加强虚假诉讼犯罪惩治工作的意见》(以下简称《虚假诉讼意见》)有多条涉及民事检察。

1. 关于“虚假诉讼(犯罪)”的概念(第 2 条)。“虚假诉讼犯罪”与民事诉讼意义上的“虚假诉讼”虽内涵和外延均有差别,但对“虚假行为”认定标准和方向是一致的。关于其构成要件较以前也有变化。一是不再以“双方恶意串通”为必要条件。之前民事和刑事法律对“虚假诉讼”的表述并不统一。《关于防范和制裁虚假诉讼的指导意见》主张以“双方当事人恶意串通”为必要条件,《关于办理虚假诉讼刑事案件适用法律若干问题的解释》在第 1 条“捏造的事实行为”第 7 项中规定“单方或者与他人恶意串通……”而在第1 ~3 项、第6 项中明确“恶意串通”、第4 ~5 项“知识产权”“破产案件”中未明确“单方”还是“恶意串通”。最高检第十四批指导性案例既有恶意串通,也有单方实施。《虚假诉讼意见》明确“单方或与他人恶意串通”均可能构成虚假诉讼。二是对“虚假诉讼”的描述更为客观,认定标准更加合乎当下司法机关加大对虚假诉讼打击力度的态度和目标。如“捏造民事案件基本事实”而不是“捏造民事法律关系”,前者是直接明确“虚假诉讼”的行为特征和方式手段,后者则是在法律层面上要求更进一步。“妨害司法秩序或侵害他人合法权益”前没有“严重”等表示程度的修饰词,即不以“严重与否”的结果特征为判断标准,而是强调只要“妨害司法秩序或侵害他人合法权益”就可能构成虚假诉讼。

2. 关于“捏造事实的行为”的认定(第4 条)。此条共有8 项,其中第8 项为兜底条款,主要是考虑到除上述 7 种情形之外,随着虚假诉讼类型及表现形式的日益翻新,行为人不断采取新手段和形式。例如既有申请执行仲裁裁决、公证债权文书的,也有虚构事实申请撤销仲裁裁决损害他人权益的情形。再如捏造“商标

侵权”事实提起驰名商标认定、捏造“票据被盗、遗失或有法律规定的其他情形”的事实恶意向法院申请公示催告程序等。

3. 关于案件类型(第 5 条)。该条第 1 项是民间借贷。该类案件因事实相对简单、成诉证据要求标准低、易制造银行交易流水等,使证据外观更显规范“真实”,已成虚假诉讼“重灾区”。第 2 项涉及房屋限购、机动车配置指标调控等以物抵债案件,行为人利用以物抵债转移责任财产、规避国家政策,以各类债权债务纠纷为由进行虚假诉讼(如前述虚构带车牌的车辆买卖合同),或在极短时间内过户价值远高于债务的房产,抑或签订以物抵债协议转移他人财产。第 3 项是以离婚诉讼一方当事人为被告的财产纠纷案件。离婚诉讼常涉及隐私,办案周期较短,庭审时当事人一般会主动接受调解,书面借据一般为事后补写。主要表现形式是侵害夫妻一方合法权益、第三人债权及国家、社会公共利益的虚假离婚诉讼,该项与第 5 项“以拆迁区划范围内的自然人为当事人的离婚、分家析产、继承、房屋买卖合同纠纷案件”有交叉重合,应结合《民法典》第 1064 条关于“婚姻关系存续期间夫妻共同债务认定”及第 1092 条关于“恶意减损夫妻共同财产或企图侵占对方财产行为法律责任”规定,审慎处理。第 6 项是公司分立、合并和企业破产案件,指企业所有人为逃避债务,捏造虚假借贷关系骗取裁判文书,主动申请让企业破产,或在企业破产案件审理过程中,企业所有人或其他当事人捏造虚假借贷关系、虚增借贷金额或伪造劳动关系、高管身份等,凭裁判文书参与企业债权分配,类型主要为逃避债务和牟取破产财产。第 7 项是劳动争议,行为人以提起民事、行政诉讼或申请强制执行的形式,采取虚构事实、提供虚假证据等手段,使法院作出错误判决或执行裁定。第 8 项涉及驰名商标认定,指单方或与“侵权人”通谋,虚构“商标侵权”事实,提供涉案商标为“驰名商标”的证据,根据法院对证据的认定获取“驰名商标”的司法认定。

4. 关于当事人异常情形(第 6 条)。主要包括当事人身份、诉由、(家庭)经济状况、社会人际关系、诉讼对抗性、结案方式及办理结果等方面存在的疑点、不符合常理或司法诉讼规律的异常情形。以前述虚假民间借贷为例,主要特点:出借人明显不具备涉案款项的出借能力;出借人诉由和诉请明显不符合常理;当事人之间常存在特殊亲近关系;当事人一方或双方无正当理由拒不到庭参加诉讼;当事人对借贷事实无异议或诉辩明显不符合常理;当事人不正当放弃权利等。

5. 关于诉讼参与人虚假情形(第 7 条)。虚假诉讼往往需要具备法律等专业知识和一定诉讼经验才能完成,有的代理人、证人、鉴定人等就成为违法行为人的“智囊”,为虚假诉讼顺利进行出谋划策。应加强对上述人员的主体资格、诉讼能力(代理、作证、司法鉴定等)、程序要求等方面的审查,及时发现诉讼参与人的虚假行为。

6. 关于线索来源(第 8 条)。主要包括报案、控告、举报、法律监督申请、刑事自诉、依职权发现、有关机关移送等。就检察监督而言,目前案源仍以依职权发现为主。监督办案中应当体现主动性,也要认真接收审查报案、控告和举报,及时纠正法院生效裁决与执行活动。强化法治宣传,提高群众寻求检察机关救济的法律意识,畅通监督渠道,扩展案源,并加强与有关部门协作,畅通线索移送。

7. 关于认定虚假诉讼犯罪的证据(第 11 条)。民事诉讼当事人、其他诉讼参与人或案外人的陈述、证言,是认定“虚假与否”的重要证据,有的当事人口供还可能是关键证据,但因大量虚假证据干扰诉讼,需综合判断证据体系,侧重于完整性和佐证证据(物证、书证或其他证人证言)的审查,结合案情找出矛盾点。如“套路贷”虚假诉讼,当事人陈述、证人证言和借款合同等往往比较齐全,符合诉讼形式要求,但通过调查核实资金流转、账目明细等书面证据,再结合当事人陈述、诉请与举证之间存在的出入、矛盾或明显不符合常理的言行等情况,可以辨别证据真伪。

8. 关于刑民程序衔接(第 14 条、第 15 条)。第 14 条规定,民事案件必对于虚假诉讼刑民交叉案件,采取相对分别处理原则,更有利于灵活办理虚假诉讼犯罪和民事虚假诉讼案件,从刑事和民事两个方向预防和惩治虚假诉讼。第 15 条规定,刑事裁判认定虚假诉讼罪中涉及已生效的民事判决、裁定、调解,人民法院依职权及时启动审判监督程序。检察机关要帮助和引导人民法院共享案件信息,对已认定虚假诉讼犯罪案件涉及民事审判执行案件,及时采取纠正措施或启动审判监督程序。

9. 关于虚假诉讼的民事检察监督(第 18 条、第 19 条)。《民事诉讼法》第 207 条规定了 13 种情形的再审法定事由,但并不包括“虚假诉讼罪”,检察机关对民事裁判、调解书的监督不应以行为人构成虚假诉讼犯罪为前提,只要有充足证据证明民事裁判、调解书系通过实施虚假诉讼骗取的,特别是部分篡改型等不构成虚假诉讼罪的虚假诉讼行为,应通过再审检察建议或抗诉启动监督程序,由法院依法撤销虚假民事裁判、调解书。虽然《虚假诉讼意见》未明确虚假调解与损害“两益”及“妨害司法秩序”与损害“两益”之间的关系,但实质上为监督虚假调解提供了法律支撑,检察机关对虚假调解书的监督并不必然局限于“两益”范围,根据该条规定,对于确有证据证明已经发生法律效力的调解书系通过虚假诉讼获得的,法院不应以其不属于损害“两益”为由拒绝检察机关的监督。

10. 关于民事检察调查核实权及法院调查收集证据(第 20 条、第 21 条)。第 20 条规定,检察机关应积极研究调查核实权运用规律,充分但审慎进行调查核实,综合运用查询、调取证据材料、询问当事人或案外人以及委托鉴定等调查措施,在必要情况下可以听取法院原承办人的意见,用足用好调查核实权,夯实监督查证基础,增强案件突破能力。同时,该条规定了保障检察机关的阅卷权,检察机关可以更全面掌握案件情况,发现虚假诉讼线索,并提出更有针对性的监督意见。第 21 条规定,正常民事诉讼严格适用当事人举证规则,但因虚假诉讼存在捏造事实、伪造证据等虚假举证行为,应加强法院、检察院核查证据的职责。因此该条特别规定了当事人自认的事实与法检依职权调查并经审理查明的事实不符的,法院不予确认,该内容源于《关于民事诉讼证据的若干规定》第 8 条①的规定,同时明确检察院在查办虚假诉讼案件中依职权调查核实的事实相对于当事人自认的事实具有同等效力。检察机关监督要着重审查可能损害国家利益、公共利益或他人合法权益的当事人自认的事实,严格排除与调查核实不一致的当事人自认事实,准确认定虚假诉讼。

11. 关于民事诉讼强制措施(第 23 条)。检察机关要做好与法院的沟通协调,合理行使建议权,共同及时对故意制造、参与虚假诉讼的当事人或其他参与人采取罚款、拘留等强制措施,正当、充分行使惩戒权。

12. 关于加强对有关行业人员的教育和管理(第 25 条)。主要规定对律师、基层法律服务工作者、司法鉴定人、公证员、仲裁员的教育和管理以及参与虚假诉讼犯罪线索的处理。

13. 关于协作机制(第 26 条、第 27 条)。第 26 条主要涉及探索建立裁判文书信息共享机制和信息互通数据平台,综合运用信息化手段发掘虚假诉讼违法犯罪线索,逐步实现虚假诉讼违法犯罪案件信息、数据共享。第 27 条规定落实"谁执法谁普法"的普法责任制要求。检察机关要结合工作实际,向社会广泛宣传虚假诉讼的危害、识别方法、救济途径和监督虚假诉讼职能,提高群众法律意识,营造全社会遵守诚信、共同预防和惩治虚假诉讼的氛围,促进社会诚信体系、道德体系建设。

现阶段虚假诉讼监督的方式方法、机制等,多能在《虚假诉讼意见》中找到对应内容,但实践中仍面临认识不到位、案源少、机制不健全等问题,尤其是在调查核实、部门协作等方面,制约了该项工作的高质量开展。《虚假诉讼意见》是指导

---

① 该条规定:"《最高人民法院关于适用〈中华人民共和国民事诉讼法〉的解释》第九十六条第一款规定的事实,不适用有关自认的规定。自认的事实与已经查明的事实不符的,人民法院不予确认。"

虚假诉讼监督的重要文件,应在办案中认真学习、强化实践运用。

五、关于虚假仲裁、公证监督

(一)基本情况

1. 表现形式。通常表现为行为人单独或与他人恶意串通,采取伪造证据、虚假陈述等手段,捏造事实,虚构民商事法律关系,向仲裁机关提起仲裁或向公证机关申办公证,意图牟取不正当权益。从实际案例看,常有以下形式:一是骗取仲裁、公证文书后,向法院申请强制执行,此类最常见;二是将骗取的仲裁、公证文书作为"生效法律文书"提交给法院或仲裁、公证等机构作为证据;三是将骗取的仲裁、公证文书用于企业核销呆账或在破产清算中改变债权债务比例以期多占财产、用于保险理赔或遗产继承等。上述违法行为,都是将仲裁、公证作为手段,达到侵占他人财产、转移自有财产或逃废合法债务的不法目的,客观上损害了国家、集体或他人利益,妨害法律统一正确实施,危害后果严重。

2. 成因。一是违法成本低、获益大,再加之随着防治力度的加大,传统虚假诉讼的生存空间被压缩,一些行为人利欲熏心,开始转向以虚假仲裁、公证的违法形式来获取不法利益。二是由仲裁和公证自身的特征所制约。如商事仲裁一裁终局,更为突出"效率"价值,高度封闭和自治,依仲裁条款约定受理,不受地域限制,程序便捷,仲裁机构对证据材料往往只作形式审查,自身纠错机制不健全(启动程序上只限于当事人、对"违背社会公共利益"依职权启动要层报最高人民法院审查),违法行为难发现。劳动法律中对劳动者权益的特殊保护,公证债权文书的"强制力"与"便捷性"容易被当事人利用。三是一些仲裁、公证机构工作人员及司法人员主体责任意识不强,审查不严,极个别甚至参与,导致虚假仲裁、公证更易得逞。如范某某等人虚假仲裁监督案,该团伙 3 年内在某仲裁委提起十余起同样事由的申请,多个被申请人出庭提交已归还全部或部分本息的证据抗辩,都没有引起仲裁员警惕,从而使该团伙屡屡获得胜诉裁决。

3. 案件特点。类型上,虚假劳动仲裁多以调解结案,虚假商事仲裁涉及金额较大,相关案件常涉及套路贷等违法犯罪。案源上,多数为当事人、案外人申请监督和基层检察机关依职权发现,其他部门移送线索较少。对象上,主要以监督法院执行为主,提出不予执行、执行回转、终结执行或撤销执行裁定等检察建议。此外,有些案件还向公证机关、仲裁委、人社部门提出撤销仲裁裁决、公证债权文书等检察建议。近些年,检察机关针对虚假仲裁、公证类案问题向有关方面提出社会治理检察建议,效果明显。

(二)主要措施

一是发布指导性案例、典型案例,弥补法律供给的不足。二是推动虚假仲裁、公证监督与相关专项工作紧密融合。检察机关以民事行政非诉执行监督、虚假诉讼领域深层次违法行为监督专项活动等为抓手,查处了一批虚假仲裁、公证案件。如辽宁丹东检察机关开展"煤矿企业产能置换金诉讼专项监督活动"。吉林检察机关查办虚假仲裁案件74件。湖南湘潭检察机关联合司法局整治虚假公证。三是从个案办理到类案治理,发挥法律监督在助力社会治理现代化中的重要作用。针对办案中发现的制度漏洞等,提出完善治理、加强管理等检察建议,促进仲裁、公证规范运行。四是加强工作衔接,强化共享共治。2020年9月,"两高"出台《关于建立全国执行与法律监督工作平台进一步完善协作配合工作机制的意见》,共享执行案件与检察监督信息,推动含虚假仲裁、公证监督在内的工作开展。广州市、衡水市检察机关与本地仲裁委、司法局共同出台《关于加强仲裁与检察监督工作衔接的实施意见》《关于在公证文书执行工作中加强协作配合的实施意见》,淮安及无锡滨湖区、咸阳秦都区等地也建立线索移送、电子卷宗对接、仲裁员诚信档案备查等工作机制。

(三)存在问题

1.法律依据尚不充分,影响监督效果。一是现行法律未明确规定检察机关可以直接对仲裁、公证实施法律监督。目前检察机关对仲裁、公证活动的监督是间接的,主要法律依据是《民事诉讼法》《仲裁法》《人民检察院民事诉讼监督规则》《虚假诉讼意见》等规定,通过对法院行使"撤销权"和"不予执行"活动的法律监督,间接实现对虚假仲裁、公证的监督。对于未进入司法审查范围的仲裁、公证文书,即使存在虚假情形,也不能直接提出个案监督意见,监督不全面问题较为突出。二是检察监督方式较为单一。根据最高人民法院《关于审理仲裁司法审查案件若干问题的规定》第20条①规定,多数涉仲裁、公证裁定不能纳入审判监督程序,该类案件即使存在应当监督情形,也无法以抗诉方式进行监督。按照最高人民法院《关于公证债权文书执行若干问题的规定》的规定,法院执行公证债权文

---

① 该条规定:"人民法院在仲裁司法审查案件中作出的裁定,除不予受理、驳回申请、管辖权异议的裁定外,一经送达即发生法律效力。当事人申请复议、提出上诉或者申请再审的,人民法院不予受理,但法律和司法解释另有规定的除外。"

书,通常是向被执行人送达执行通知书,而不出具执行裁定,因此对公证债权文书执行一般也不能适用抗诉进行监督,而只能采取检察建议的方式。三是纠错机制不明确。仲裁委在收到检察建议后,自行纠错没有明确的法律依据,往往只能依赖于法院撤销或不予执行,案外人申请法院对生效仲裁进行司法审查又缺乏法律依据。司法部《公证程序规则》第十章“公证争议处理”对当事人或者利害关系人申请复查作出了规定,但对于公证机关能否根据其他有关机关的建议启动复查程序并撤销虚假公证文书,没有明确规定。

2. 认识尚需统一,协调机制需健全。惩治虚假仲裁、公证所涉部门相互配合总体较好,但也存在认识不够统一、协同发力不够、数据信息未能共享等问题。仲裁、公证机构发现涉嫌虚假线索后,多是内部处理或怠于处理,而非及时移送相关部门,产生监督盲区和漏洞;仲裁、公证司法审查文书尚未实现共享,检察机关通过内外联动主动获取案件线索的渠道不畅、办法不多,源头防范风险难以到位,尚未形成稳定长效的案源机制。

3. 监督意识、能力、层次和质效需提升。目前实践中出现数量有限、规模效应不强、工作开展不平衡,理论研究跟不上,办案人员经验不足、能力不适应等问题。

六、加强虚假诉讼监督工作的几点思考

(一)进一步提高政治站位

坚决落实党中央关于惩治虚假诉讼的指示精神,及时将工作推进情况、困难和问题向当地党委、政法委请示汇报,充分发挥政法委统筹协调的作用,督促指导防治虚假诉讼各项工作部署的具体落实,帮助解决工作中面临的问题和困难,汇聚各方力量,形成在政法委直接领导下的工作合力,推动虚假诉讼治理不断向纵深发展。

(二)明确检察机关的法律定位

一是坚持“一盘棋”思想。张军检察长多次强调,检察监督要始终牢记双赢多赢共赢的理念。虚假诉讼监督所涉部门工作角度不同,但目标一致,都是为了预防和惩治虚假诉讼。监督的目的不是批评,而是帮助监督对象依法正确履职。张军检察长 2019 年在河南调研时也谈到,监督主要是建议、提起,最终处理和决定的是其他部门。监督的本质,是看着别人做事,而不是代替别人做事;法律监督,是依法看着司法者执行法律,而不是代替司法者执行法律。虚假诉讼法律监

督，是监督民事审判权是否依法正确行使，而不是代替法院履行审判职责。治理虚假诉讼是法检共同面对的问题，检察机关相关工作开展较早，近年来一直作为一项重点工作部署。随着案件数量逐年增加，检察机关也深刻认识到，仅靠自身的力量还不够，法检两院在防治虚假诉讼方面有着共同的目标，应加强协作配合，形成合力。同时，法检面临的问题、困难也是一致的，相比来说，法院环节更为靠前，压力更大，但防治时机最好。因此，虚假诉讼监督的主要任务是助力法院防治虚假诉讼。位置摆正了，工作开展起来也就相对容易一些。二是实事求是、因地施策。虽然虚假诉讼监督案件数量上升趋势明显，但地区差异大、工作开展不平衡问题也比较突出。部分地区办案量较大，也有部分地方案件量较少，有的为零监督或仅监督几件，也有部分地区不同年度的办案量起伏较大。由此可知，这项工作与所在地民事案件基数、裁判质量、执法环境、经济发展水平等客观因素均有关联。因此，开展虚假诉讼监督应建立在充分调研的基础上。

（三）学习、提升虚假诉讼监督能力

加强对《虚假诉讼意见》、指导性案例等的学习，依职权主动监督虚假诉讼。要锁定异常因素，加强主动调查核实，以案代练，着力提升检察监督能力；要聚焦虚假诉讼多发领域，围绕《民法典》的新规定、新精神研判虚假诉讼新动向，结合各地实际开展专项监督；要梳理总结虚假诉讼案件规律特点，有针对性地开展同级监督；要充分发挥基层检察机关在虚假诉讼监督中的基础性地位，把深入推进虚假诉讼监督工作作为补齐基层短板、做强民事检察工作的着力点。

（四）压紧压实司法责任，深化检法协同机制

一是强化共识，全面落实司法责任制。帮助法院强化审判职责，健全从立案、审判到执行各环节打击虚假诉讼的机制，制定覆盖诉讼全流程的举措。发挥民事检察职能，对虚假诉讼主动作为、敢于担责，严格依法监督，通过提出抗诉、再审检察建议等方式，以检察监督提升虚假诉讼治理成效。二是创新信息共享模式，深化虚假诉讼规律研究与类案分析，将科技手段有效运用于线索收集摸排，助力法院及时发现和制裁虚假诉讼。三是创新法治宣传报道方式，适时与法院联合召开新闻发布会等，强化正面引导。

（五）开展社会共同参与的虚假诉讼预防治理

推动执法司法机关之间线索移送、立案衔接、调查处置等相互配合机制。巩

固完善虚假诉讼失信人名单制度,督促落实虚假诉讼行为人失信联合惩治和追责制度。加强源头治理,通过案件办理,帮助发现监管漏洞,推动金融、法律服务、房地产等行业加强自律和执业管理,推动虚假诉讼社会治理综合化、系统化。

疑难复杂民商事案件判决文本分析与法官裁判思维*

田朗亮** 清华大学

目 次

* 本文系作者根据在国家检察官学院讲课录音的部分内容整理而成，收入本书时有大量文字修订，且保留了讲课本身的口语化风格。

** 田朗亮，北京仲裁委员会/北京国际仲裁中心仲裁员、中国人民大学民商事法律科学研究中心兼职研究员，曾任最高人民法院审判监督庭法官。

一个疑难复杂的民商事案件,往往很难说存在客观上唯一正确的结论,法官不管怎么判,都可能存在很大争议,这是此类案件本身固有的属性所决定的。那承办这个案件的法官,他的裁判思维是什么?也就是说,他到底是怎么想的才得出最终的裁判结果?这个问题,我们主要需要通过书面留存的卷宗材料进行研究,也就是承办人的审理报告、合议庭的合议笔录、法官会的讨论记录、审委会的讨论记录或纪要、最终的判决文本。当然,目前在民事检察工作中,就检察机关能否调取法院相关案件的副卷,法检两家之间尚未达成全面共识,但相关案件的判决一般都是公开的。下文从判决的文本分析着手,倒推分析法官的裁判思维。

一、什么叫作疑难复杂案件

简言之,疑难复杂案件就是争议很大的案件。那么怎么去定义“争议很大”呢?首先,合议庭评议的时候,内部的争议就很大;其次,合议庭和有签发权限的院长、庭长之间也存在分歧;最后,提交到法官会/审委会讨论的时候也有不同的声音。当然最后肯定会形成多数意见或者少数意见,但是,比方说法官会多数意见是八票,少数意见是六七票,其实并没有一个悬殊的、压倒性的多数意见。案件提交到审委会去,审委会可能也是有比较激烈的或者是票数接近的少数意见的存在。这样的案件,就毫无疑问是一个疑难复杂的案件。

这里跟大家分享我自己的一个感受,就是说因为我国大部分法院是中基层法院,所以大量的律师、法务等同行,绝大多数时候办案也是跟中基层法院打交道。但是我一直说其实中国存在两类法院,一类是包括最高人民法院和各个高院在内的高审级法院,另一类是法院就是中基层法院。这两类法院,他们在处理案件的思路上面其实是存在极大的不同的,包括在案件处理的流程上面都是有非常大的不同。我今天要分享的这种所谓的重大疑难复杂案件,其实主要是指在高审级法院的案件审理过程中的值得分享的一些点,以及相应在判决文书上的体现。

二、判决书首先是写给谁看的

刚入法院的时候,前辈法官就教我说判决书首先是写给败诉的一方当事人看的。为什么这么说呢?其实很多时候胜诉的一方当事人拿到判决之后,他首先是翻到最后一页,也就是看判项,传统上也叫主文。那么他主要就看主文,到底自己赢没赢,赢的一方,一看对方要给我多少钱、利息多少,那就很清楚了,如果他的诉请全部都得到主文支持了,那前面怎么写,他也不会再细看了;只有输的一方会说,我认为不该给钱的,法院却判我给对方钱,判的利息还很高,那我就一定要看法官是根据哪个证据认定哪个事实适用哪个法律，让我来给这么多钱，他就会逐字逐句地去解读这样一个判决的全文。

所以判决书肯定是首先写给败诉的一方当事人看的，这里面就有一个俗称的最高境界叫作“胜败皆服”。其实胜败皆服里面，胜的人当然服了，这个就不用说了，主要难就难在让败的这一方当事人看了判决书之后，他觉得自己输得明明白白、心服口服。这种情况在现实中，不是完全没有可能，但是我觉得可能性还是比较小的，是非常难的。其实很多时候判决书写完之后，一方面是要说服败诉的一方当事人，我们判你败是有理有据的，从证据到事实再到法律适用层面都是有依据的，不是瞎判的；另一方面也是要告诉他，这个判决写得很漂亮，你要挑刺不是那么好挑的，你要试图通过上诉或者再审推翻这个判决是很困难的。

三、判决书其次是写给谁看的

判决书的第二写作对象也不是胜诉的当事人，而是后续会审这个案件的法官。也就是说这是一个一审案件的话，那法官写的时候会考虑，上诉之后二审的法官会怎么看；如果这是一个二审判决，那么二审法官会考虑，当事人如果申请再审，再审审查的法官会怎么看。

而且我们也知道在中国是没有真正的、完全的、彻底的终审制度的，也就是说我们的二审终审，其实很难做到终审。当然二审不能彻底终审，这未必是一件不好的事情。反过来说，因为我们国家幅员辽阔，各地经济社会发展水平不一，有这么多省份，又有四级审级，如果真的完全做到二审终审，在重大民商事案件中对当事人合法权利的救济来说未必是一件好的事情。

所以呢，在我们国家一个案件按照法律的程序往下走的话，一个案件一审不服可以上诉，二审不服可以申请再审，申请再审被驳回了，还可以向检察机关申请抗诉，如果申请抗诉不被支持，仍然可以向该检察机关的上级检察机关申请一次复查。这样也使写作判决的法官，他要时刻意识到，即便他写的是最高人民法院的二审判决，写完之后，如果这个判决真的是写得有重大问题的，它后面仍然是会持续受到当事人的挑战，甚至是有可能被裁定再审改判的。如此也就在很大概率上能够避免个案裁判结果的极度偏颇。这也就是我之前为什么会说两审终审如果绝对贯彻未必是好事的原因。

四、写作复杂案件判决书时，法官的心态

作为一个法官，毫无疑问写判决时是要追求公平正义、说理充分，这一点我们

就不用重复多讲了。那么除了这个最重要的前提之外,法官还要考虑什么呢?他还要考虑两个风险,第一个风险是避免上诉或再审改判的风险,也就是改判风险,第二个风险是避免当事人信访闹访风险,也就是信访风险。

当然有的法律同行可能会说,那是不是也要考虑这个案件判完之后好不好执行呢?理论上来说,审判庭的法官写判决的时候应当要考虑执行的问题,要让判决便于执行。但是,据我了解,大部分审判庭的法官写判决时,当然会大致考虑执行的问题,不过对这样判执行是否便利的细节问题,不会考虑得太多。法官就管判就完了,判完之后执行这个问题主要是执行局要解决的问题,跟审判庭其实没有太大的关系。而且,法院执行部门的同事在执行的时候是有很多办法去解决各种问题的。

要避免我们这里讲的两个风险,改判风险和信访风险,法官首先需要做到避免"硬伤"。因为二审改一审、再审改二审的时候,内部讨论时往往会说原审有"硬伤",所以需要改。与"硬伤"相对应的表述,往往是所谓的"认识问题"。常见的"硬伤"有哪些?这里可以做一个不完全的列举。比如,原审认定事实的证据未经质证,这就是二审或者再审法官很难圆过去的一个"硬伤",所以一、二、再审的法官开庭的时候,都会反复问双方当事人,到底有没有新证据,有的话拿出来,给对方质证。因此,我给法务、律师讲诉讼文书写作课的时候,也会反复强调,证据册中一定要对新证据做重点标注和提示,没有新证据,也要在证据册的目录把没有新证据这个事情写清楚。还有的"硬伤"是认定的事实明显缺乏证据支撑,以及对法律的理解明显错误。当然,这里大家可以思考一下,是事实认定更容易出现"硬伤",还是法律认定更容易出现"硬伤"?

五、复杂案件判决书的论证方法

我们刚刚讲到了,有的事实或法律问题,本身就有较大争议,合议时就有了分歧,其实也很难说有唯一正确的答案,那么法官写判决的时候就必须要考虑,万一后续二审或者再审的法官的意见跟我相反怎么办?怎样才尽可能会让二审或者再审的法官即便跟我意见相反也会维持我的判决呢?这里就需要一些论证表达的技巧。个人总结,至少有以下五种论证方法是复杂案件判决书中经常会出现的:转移式论证、饱和式论证、让步式论证、预备式论证、打包式论证。

(一)转移式论证

我们通过一个例子来说明什么是转移式论证,请看下面对同一个事情的三种不同的表述方式："(1)被告乙公司在本案合同履行过程中的行为并不构成违约；(2)原告甲公司关于被告乙公司在本合同履行过程中存在违约行为的主张，不能成立；(3)对原告甲公司关于被告乙公司在本合同履行过程中存在违约行为的主张，不予支持。"上面的第一种表述是一种类似依职权的上帝视角，法院对一个事情做了一个非常客观的认定，我们可以看成是法院一个主动的立论。第二种和第三种表述方式就是转移式论证，法院不是主动的立论，而是对当事人某一种主张的一个驳论，从而把论证的负担更多地转移到了当事人身上，也就是说法院不认定你当事人主张的这个事情，是你当事人自身在诉讼中举证、论证不力导致的。

(二)饱和式论证

接下来说什么是饱和式论证。我用几个简单的公式来说明："饱和式论证：A + B + C→结论。非饱和式论证：A→结论，B→结论，C→结论。"也就是说，单独的 A、B、C 就能得出同一结论，但我们写判决的时候把 A、B、C 全都写上去来支持同一结论。这样的好处就是后面的二审、再审中，即便当事人拿出新证据推翻了 A 或者 B，但只要 C 还没有被推翻，结论就不会被推翻，也就是案件不会被改判。我在写作"最高人民法院(2015)民抗字第 2 号陈某清与汕头市达濠建筑总公司买卖合同纠纷一案"的民事再审判决书的时候，为了论证本案达濠公司对达濠公司北京分公司及其负责人胡某和的管理行为存在明显过错，就采用了饱和式论证的方法，判决的具体行文如下，"本案达濠公司对达濠公司北京分公司及其负责人胡某和的管理行为存在如下明显过错，第一，在达濠公司与胡某和的承包期限于 2007 年 2 月到期前后，达濠公司与胡某和之间未能完整交接，达濠公司从胡某和处收回了胡某和于 2004 年刻制的达濠公司北京分公司印章和财务专用章(以下简称 04 年财务章)，但未能及时收回胡某和于 2004 年刻制的达濠公司北京分公司合同专用章(以下简称 04 年合同章)；第二，2007 年 5 月 31 日达濠公司北京分公司工商年检相关材料和 2007 年 7 月 17 日胡某和代表达濠公司北京分公司与杨某锡等签订的达濠公司北京分公司第八项目部承包经营协议书中，均加盖了上述 04 年合同章；第三，从胡某和承包期满后到本案所涉交易及纠纷发生，达濠公司一直未能及时办理北京分公司的工商变更登记，胡某和仍然是工商登记记载的北京分公司负责人，其对外仍有权代表北京分公司开展经营活动；第四，迟至 2008 年 2 月 18 日本案一审诉讼庭审时，胡某和仍然代表达濠公司北京分公司与达濠公司委托代理人同时出庭，且达濠公司一方对胡某和代表北京分公司的身份问题当庭并无异议；第五，在杨某锡以达濠公司北京分公司第八项目部名义与京顺泽公司开展钢材购销交易中,达濠公司北京分公司向京顺泽公司开具了日期为2008年1月16日的转账支票一张,且该转账支票经法院委托鉴定,其上加盖的达濠公司北京分公司财务章恰恰是前述达濠公司已于2007年1月从胡某和处收回的04年财务章”。有兴趣的朋友可以去数据库里面搜这个判决的全文看看。

(三)让步式论证

接下来跟大家讲一下让步式论证。让步式论证其实也很简单,就是一方当事人不是主张A来论证自己不需要承担责任吗?(当然,这个时候往往对方当事人说A这个主张是不成立的,也就是说A的成立与否本身是一个争议焦点)判决里面会说,即便A成立,你也仍然需要承担责任。我们可以看最高人民法院(2014)民二终字第56号民事判决中的这段判词,“中航油上海公司与中设贸易公司签订《框架合同》,约定中航油上海公司向中设贸易公司购买燃料油。中航油上海公司对《框架合同》的签订及所载内容并不否认,即其对合同形式上的真实性并无异议。中航油上海公司抗辩称涉案合同系双方‘走单、走票、不走货’的虚假合同,不是真正意义上的买卖合同,其签订该合同的目的在于达到增加产值,完成业绩考核,并以此为由否认双方之间建立的买卖合同关系,于法无据。即使如中航油上海公司抗辩所称‘走单、走票、不走货’交易的客观事实存在,在双方签订《框架合同》建立了买卖关系、中航油上海公司向中设贸易公司出具了《收货证明》明确表示其已收到涉案合同项下货物、中设贸易公司亦按照中航油上海公司的要求为其开具了《北京市增值税专用发票》的情况下,不能仅仅依据中航油上海公司未实际提取货物即‘未走货’为由,否定双方之间业已形成的买卖法律关系。在我国现行法律、行政法规对其所谓‘走单、走票、不走货’的交易方式没有明确强制性禁止规定,且双方当事人意思表示真实的情况下,中航油上海公司以此为由主张买卖合同无效,本院不予支持”。以上这段就是典型的让步式论证。

(四)预备式论证

然后我们再看预备式论证。这是一种技巧性更高的判决说理论证的方式。我们看一下最高人民法院(2018)最高法民终268号民事判决中的这段判词,“大唐公司在二审庭审中提出其已向国家发改委提交材料,申请对龙王沟煤矿的储量予以重新核定,本院认为,其提交的证据仅能证明其提交了相关材料,不能否定此前双方的协议约定。更何况从双方协议中支付款项的时间来看,除第一期付款条件为相关各方签署股权过户的履行协议并办理完成全部工商变更登记外,其余各期的付款条件均指向国源矿业取得国家发改委对项目的核准文件之日起的相应时间内，由此可印证国家发改委对项目的核准文件之日应是双方有所预期的特定指向，而不能理解为无时间和次数限制的核准之日，否则股权转让款的支付日期将始终无法确定，有违商业交易惯例，亦有悖于诚实信用原则。需要特别指出的是，本案重点所要关注的并非为对矿区资源储量的确认，更不是国家职能机关审批权限的区分和认定，而仅是两方商事主体之间对于股权转让价款的协商确定。现双方在协议中对于如何计算股权转让价款、付款条件何时成就的约定具体而明确，因此，按照股权转让协议约定并结合案涉事实，案涉股权已经转让完成，合同约定的国家发改委对项目的核准文件亦已出具，且双方此后并未形成变更股权转让价款的新的合意，故本案争议的第五期、第六期股权转让价款的付款条件已经成就。依据前述《股权转让协议》有关违约责任的约定，大唐公司未履行继续给付股权转让价款的合同义务，属违约行为，应按协议约定给付未付部分的款项，并应依约支付违约金”。这段判词对判决作出后国家发改委可能出具的储量重新核定文件进行了预防，即便大唐公司真的取得了具有其声称的内容的文件，也难以撼动已经对此作出了预防的本案判决。

（五）打包式论证

最后我们看打包式论证。打包式论证大家平常应该都见过很多。最常见是在过错比例的分担上，比如说我们确定甲和乙的过错有主次之分，但九一开、八二开、七三开、六四开，都是甲主乙次，那具体确定为多少呢？这个时候，我们就把所有能罗列的应予考虑的因素都罗列在判决上，最后酌定一个具体比例。在赔偿数额认定的时候，也常见打包式论证。我们看北京市西城区人民法院（2019）京0102 民初 9546 号民事判决中的这段判词，“鉴于北冰洋饮料公司未举证证明其因涉案侵权行为所遭受的经济损失或者二被告的侵权获利，故本院将根据如下因素对赔偿金额予以酌定：（1）涉案包装的商品经较大广告投入，进行了广泛宣传，具有一定影响，知名度较高；（2）济南北冰洋公司申请‘北冰洋’文字商标未获成功后，二被告作为生产、销售同类饮料的经营者，明知原告主张权利的商品和商标的存在，仍从事近似包装商品的生产销售行为，其主观恶意明显；（3）被告自称自2018 年 5 月 18 日起开始生产销售，截至庭审之日，并无证据表明其侵权行为已经停止，因而其侵权时间长达一年以上，侵权时间较长；（4）被告的商品在北京和山东均有销售，销售范围较广。综合如上因素，本院酌定二被告赔偿北冰洋饮料公司经济损失 30 万元”。这里确定 30 万元这个具体数额之前也罗列了 4 种考虑因素进行了打包式论证。我们可以设想,假定这个判决没有罗列第 4 种因素,那么原告是不是可以就在上诉状中写,一审判赔额过低,系因没有考虑到侵权商品销售范围较广这一重要因素?所以,打包式论证的操作要点,就是把能写上去的全部都写上去。

六、判决书的结构框架

我们看一下判决书的五级结构,它是从下到上依次支撑的,最底层是"证据材料";然后基于证据材料形成"本院查明",也就是事实认定;再往上是相应的"法律条文",因为这些事实能够构成适用某一个条文的事实要件;再往上就是"本院认为",实际上就是适用到特定法条的法律效果;最后最顶层就是判项主文,也就是"判决如下"的内容。当然,"证据材料"→"本院查明"→"法律条文"→"本院认为"→"判决如下"这个五级结构的每一级,和当事人的主张也有对应关系。比如证据材料基本都是当事人提交的,查明对应的是当事人主张的事实,法条一般也是当事人诉请所依据的法条,本院认为对应当事人的分析说理,判项对应原告的诉讼请求。"本院查明"和"本院认为"的区分就在于作为"本院认为"论述的基础的事实,应该在"本院查明"中已经做过认定了,不能未经论证突然在"本院认为"冒出来一个事实。